L'obsession Ou Géopolitique De La Nécessité ?:
The Trump Obsession or the Geopolitics of Necessity?

Dieurat Clervoyant

Langaa Research & Publishing CIG
Mankon, Bamenda

Publisher:
Langaa RPCIG
Langaa Research & Publishing Common Initiative Group
P.O. Box 902 Mankon
Bamenda
North West Region
Cameroon
Langaagrp@gmail.com
www.langaa-rpcig.net

Distributed in and outside N. America by African Books Collective
orders@africanbookscollective.com
www.africanbookscollective.com

ISBN-10: 9956-554-65-0

ISBN-13: 978-9956-554-65-2

© Dieurat Clervoyant 2024

All rights reserved.
No part of this book may be reproduced or transmitted in any form or by any means, mechanical or electronic, including photocopying and recording, or be stored in any information storage or retrieval system, without written permission from the publisher

À propos de l'auteur

Dieurat Clervoyant ou, deuxième orthographe admise après jugement rectificatif tardif, Clairvoyant, est né en Haïti. Entré en France dans sa prime jeunesse, il y vit depuis 36 ans. Ecrivain, il a consacré son tout premier essai à Nicolas Sarkozy : "Qui peut battre Nicolas Sarkozy…" aux Editions Bilingue, en janvier 2007, travail dans lequel il avait donné Sarkozy vainqueur sur tous ses concurrents à la présidentielle. En 2012, il a donné sur le même personnage un autre essai : "Nicolas Sarkozy : Démagogue, génie à court d'idées ou cynique Machiavélien …", Amazon, 2012 . Il a aussi participé à la publication collective d'un recueil de poèmes sur la condition des Noirs : "Les douleurs de la plume noire : Du Cameroun anglophone à Haïti", paru chez Langaa Research, 2010, puis consacré, entre autres écrits, trois livres à Haïti : "Haïti. Entre beauté et blessures", paru en 2012 chez Langaa Research ; "Haïti. Expositions sans gant" et "Haïti. Le vice dans le sang", tous deux parus chez L'Harmattan en 2015. En 2016, il a publié aux Editions Croix du Salut, "Raisons chrétiennes de croire". En 2023, il a publié son dernier livre "L'Etoile poignardée ou Poétique de la nécessité" où il mélange dans deux genres différents réflexions philosophiques et poésie, Langaa Research. Suivant les informations de la Worldcat Identities, il figure en quatrième position parmi les écrivains haïtiens dans les bibliothèques du monde, après Dany Laferrière, Lyonel Trouillot et Frankétienne. Intéressé par les Sciences Humaines et les Lettres, il détient un doctorat de Lettres et un Master en anthropologie politique et historique qu'il a préparés en France. Il prépare actuellement un Master de philosophie, spécialité « épistémologie », et enseigne le français. Quelques-uns de ses poèmes ont été traduits et publiés par la Pr Elizabeth DODD de l'Université du Kansas dans la prestigieuse revue littéraire de travaux universitaires Transference du *Département de langues et de littératures* de l'Université du Western Michigan, vol.7, Automne 2019. Aussi, il a fait l'objet d'une étude présentée par la Professeure Elizabeth DODD à la 61ème Convention annuelle de l'Association de Lettres Modernes du Midwest, tenue du 14 au 17 novembre 2019 dernier.

Table des matières

Confidences aux lecteurs 1

Introduction 5

Avant-propos 9

Foreword 17

Préface 25

Partie 1 41

Part one 41

    Conclusion partie 1 63

Warning 65

Partie 2 : 67

I- Mutations sociales, historiques, politiques et
géopolitiques profondes 69
  1. Un monde en ébullition 69
    a) Le malaise sociologique 70
    b) La responsabilité de l'Etat 72
    c) L'effondrement de l'autorité dans
    toute l'Occidentalia 74
    d) Les nationalismes 76

  2. Le président Donald Trump sur tous les fronts 79
    a) Le Deep State ou l'Etat profond 80
    b) La question morale 86
    c) La criminalité 89
    d) La réduction drastique de
       la population mondiale 91
    e) L'establishment contre la
       population américaine 92
    f) Les confiscations 94
    g) L'industrie de la guerre 96
    h) La prétention de Donald Trump

       que l'élection de 2020 lui a été volée 98
      i) Kennedy, 11 septembre, 6 janvier 101

**II- La panique générale et la psychologie
des stratégies d'affolement** 103
  1. La panique générale 103

  2. Méthode de guerre et stratégies 109
     a) La russiagate ou le dossier de
        la connivence Trump-Poutine 110
     b) L'appel du président ukrainien
        Volodymyr Zelinsky 114
     c) L'élection de novembre 2020 116
     d) Le 6 janvier et l'assaut du Capitole 127
     e) La stratégie des inculpations 144
        e.1) Le dossier Alvin Bragg 144
        e.2) Le dossier Laetitia James 147
        e.3) L'affaire Willis ou le dossier de Georgia 148
        e.4) L'affaire Jack Smith 150
     f) La tentative d'assassinat de Trump
        fait-elle partie du programme ? 156
     g) La stratégie du désespoir 172
        g.1) La géopolitique de la peur 173
        g.2) Caricatures et palabres aberrants 176
        g.3) Une vivacité intellectuelle bafouée 178
        g.4) Une campagne violente et injurieuse 180
     h) La manipulation des sondages comme stratégie 183
     i) Des plans pour annuler l'élection ? 185
     j) Menace d'une troisième guerre mondiale 188

Péroraison 195

Conclusion 205

Epilogue 225

Sources 229

Confidence aux lecteurs

Nous avons été motivé par deux idées au moment où nous avions écrit ce livre, il y a quasiment un an, et que nous l'avions proposé à la publication. Tout d'abord, nous avons constaté depuis un certain temps, et nous le constatons encore, que la liberté de penser, de s'exprimer, et encore plus de publier en toute liberté sur n'importe quel sujet, avait pris, ou plutôt a pris un sévère coup et que nos sociétés semblent de plus en plus bâillonnées. Et le pire c'est que c'est dans les sociétés qui s'illustrent comme les champions de la démocratie que point cet obstacle à la démocratie, si tant est vrai que ce mot garde encore le même sens qu'on lui a toujours connu. La deuxième chose qui nous avait motivé était que, par rapport à ce constat alarmant, mais aussi par quelque volonté d'innover, nous avions voulu créer un nouveau genre littéraire auquel nous avions voulu donner le nom ou le statut de genre interrogatif.

Notre conception était que personne n'adopte jamais de position absolument neutre dans un arbitrage juridique ou narratif[1] mais qu'on est toujours enclin à faire pencher la balance de la justice d'un côté ou d'un autre, et que pour contourner ce problème, et ne pas surtout faire les frais de certains comportements tyranniques, il fallait interroger les faits et les choses sans les exposer, ni les décrire, ni non plus les argumenter. Mais était-ce un pari gagné ? Nous avions reconnu que le genre interrogatif ne mettait pas nécessairement à l'abri d'accusations et de représailles et qu'il ne garantissait pas non plus une quelconque neutralité chez l'auteur. La psychologie même qui se dégage d'un texte, peu importe son genre, sa nature ou sa finalité, n'échappe qu'à seulement ceux qui n'ont pas les moyens de psychanalyser un texte ; or, tout texte porte l'état d'esprit de son auteur. Aussi, alors que nous avions envoyé notre manuscrit dans son état de texte uniquement interrogatif à quelques éditeurs, dont

---

[1] Si l'on tient compte du fait que tout récit, toute narration, journalistique ou historique, comporte une dimension d'arbitrage latent qui empêche psychologiquement ou humainement tout court celui qui le (la) tient d'adopter une impartialité absolue à l'égard des parties en conflit.

quelques-uns l'avaient refusé uniquement parce que la nature du travail, complètement fait en interrogations d'un bout à l'autre, semblait cacher notre intention, nous avions toutefois imaginé en parallèle un travail d'argumentation dialectique dont le style interrogatif devait être, dans une mesure non négligeable qui devait traverser le texte d'un bout à l'autre, laconique, elliptique et rhétorique.

En fait, l'invention de notre genre interrogatif nous préoccupe encore, nous n'avons pas abandonné le projet, car nous ne l'avions pas nécessairement conçu en rapport étroit avec le présent travail. Néanmoins, nous ne venons pas vous proposer ici une refondation de notre tentative avortée, mais un travail qui satisferait probablement quelques curiosités ou répondrait aux exigences ou à certaines lignes de la politique éditoriale de quelques éditeurs. Nous reviendrons sûrement sur notre concept ultérieurement dans d'autres travaux, afin de le proposer comme un mouvement littéraire général qui traverse toutes les sciences de la pensée abstraite, de la littérature aux sciences sociales et humaines. Cela aura non seulement le bonheur de satisfaire l'auteur qui se plaira d'avoir fait un travail où l'*aistétikos* et le *placere* trouveront toute leur place, mais également où il jouera le rôle socratique d'un pédagogue qui accouche les esprits en les poussant à la réflexion. Cela dit, nous avouons que le genre interrogatif, surtout comme nous l'avions prévu au premier jet que devait consister ledit travail avant sa réécriture, n'avait pour fonction et finalité que d'amener les gens qui le peuvent à s'interroger sur le monde comme les puissants veulent nous le donner, un monde où un dictat qui ne dit pas son nom nous impose le silence absolu et sa propre vision, sa propre philosophie des choses et de la vie. Nous l'avons vu à travers les événements tirés par des ficelles tenues dans les mains des puissants et l'attitude irréfléchie des masses au cours de ces dernières années, lesquels sembl(ai)ent nous avoir contraints (ou nous contraindre) tous de rompre ou de divorcer avec l'exercice de notre liberté et les prérogatives de la démocratie classique, pour accepter une tyrannie qui se donne pour la nouvelle démocratie.

Si nous sommes revenu sur notre travail pour rapporter tout ce que nous avons entendu chez les partisans d'une partie ou de l'autre parmi les deux qui s'affrontent dans une guerre impitoyable et sans merci – et nous nous demanderons si nous devons argumenter au risque d'être confronté à ce auquel nous voulions échapper à travers notre proposition de type interrogatif pur –, ce n'est pas pour prendre parti pour tel ou tel camp. Nous estimons encore ne rien savoir sur la vérité, ne pas savoir quel camp est du côté du peuple ou de la démocratie, ni lequel défend des intérêts de caste ou ceux de l'ensemble de la population. Nous sommes seulement, comme bon nombre, un témoin de la bataille féroce et sanglante qui se livre entre les deux parties qui se déchirent, mais encore et surtout nous sommes quelqu'un qui nage dans les eaux des sciences sociales et qui essaie de comprendre, en même temps que de prévenir l'une ou l'autre partie des conséquences désastreuses qui résulteraient de ce conflit. En effet, l'histoire, comme on le sait, regorge d'exemples depuis la plus haute antiquité qui montrent la pénibilité des adversités consécutives à ce genre de situations. Est-ce à dire que les adversaires qui se donnent dans le genre de scènes auxquelles nous assistons ne le savent pas, pour que nous ayons l'outrecuidance de vouloir les en prévenir ? Bien sûr qu'ils sont conscients de tous les risques qu'ils encourent tous des deux côtés. Mais étant donné que les passions qu'on éprouve dans certaines situations nous aveuglent, il se pourrait que la volonté de se défendre et de défendre ses intérêts, l'emportant sur les dangers encourus, amène les protagonistes d'un camp comme de l'autre à s'engager dans une géopolitique de la survie au point où les risques semblent peu importer. Et nous voilà en face d'une géopolitique, d'une politique du tout ou rien.

Si nous disons ne pas vouloir, d'un point de vue éditorialiste diplomatique et stratégique, continuer la rédaction de cet ouvrage suivant notre ancienne perception d'une production interrogative, mais que nous allons l'argumenter avec des faits narratifs que nous présenterons ici, par contre nous sommes face à un dilemme en ce qui a trait à la façon dont nous devons le présenter du point de vue méthodologique. D'un côté nous aimerions le diviser en deux parties, de sorte à laisser voir la forme qu'il avait prise dans son premier état auquel nous aimerions ajouter une deuxième partie narratologique et argumentée ; d'un autre côté nous sommes tenté de le refondre en argumentant chaque partie dans son état interrogatif antérieur de présentation, de sorte à avoir un livre qui n'a à voir avec ce que nous avions proposé antérieurement que le seul fait que les interrogations sont argumentées, contrairement à la première conception. Néanmoins, cette dernière façon de faire nous confronterait à au moins deux problèmes, en ce sens que la méthode pourrait ne pas être très rigoureuse, car nous n'avions volontairement pas donné une rigueur méthodologique stricte à notre première proposition, puis la fusion des deux parties pourrait ne pas laisser voir ou apparaître au premier coup d'œil les frontières entre ce que nous avions proposé dans un premier temps et ce qu'est devenu le travail remanié par l'argumentation. Mais encore, le troisième problème qui risque de provenir de notre choix est que le volume augmenterait considérablement, si nous optons pour un travail qui montre les deux parties, à savoir la première proposition et ce qu'est devenue celle-ci à travers son remaniement augmenté.

Paris, le 25 octobre 2023.

Introduction

Cette introduction que vous lirez avant l'avant-propos est pourtant postérieure à ce dernier. Il y a environ un an d'écart entre eux. Je la rédige aujourd'hui, à ce moment précis où je décide de revenir sur mon travail. Et puisque la circonstance qui m'amène à reprendre ce travail exige de moi un certain engagement narratif dans ma production, non par quelque imposition éditoriale, encore que je ne sache pas si un éditeur voudrait me le publier, mais par une volonté personnelle d'être présent dans mon récit, je prends la résolution de faire une introduction digne du titre que je propose.

L'inexorable guerre qui s'est livrée entre Donald Trump et les élites de l'establishment prend une dimension aux proportions illimitées. L'ancien président ne paraît pas seulement en guerre avec ses seuls compatriotes de l'appareil d'Etat américain, tout semble montrer qu'il se bat, probablement tout seul, contre toute l'élite mondiale. Mais qui est cet homme si têtu, si bizarre et si farfelu pour vouloir affronter tous les gens puissants du monde ? Est-il possible qu'un seul homme, qu'il soit milliardaire ou non, puisse brandir des prétentions, folles ou fondées, pour oser vouloir ou aller affronter le système politique et social d'un monde apparemment pérenne et bien stable, et en l'occurrence les hommes les plus puissants de la planète, sans être suicidaire ? C'est pourtant la plus grande prétention que projette l'ancien président des Etats-Unis. Cela nous amène à nous poser la question de savoir, comme le fait tout le monde, si le milliardaire américain est sain d'esprit, car nous n'avons pas d'exemple dans toute l'histoire de l'humanité où un seul homme a jamais pu combattre contre tout un système en place, et pire contre tout un système mondial bien établi, et gagner contre celui-ci.

Il n'est que de suivre toute la mass-média du monde et notamment les médias grand public pour s'apercevoir que Donald Trump ne s'est pas engagé dans une petite lutte, mais dans une très grande guerre contre le reste du monde. Il est dépeint de la plus péjorative manière et dans des traits les plus abominables. C'est le monstre parfait tel qu'on n'en a jamais vu dans toute l'histoire de l'humanité. C'est un homme vil et effroyablement repoussant, tel qu'il ressort de la peinture générale qu'on lui voue. On n'a jamais vu d'être aussi affreux, exécrable et infect, inspirant le dégoût immense et inénarrable ! Il est fou, inculte, arrogant, xénophobe, misogyne, misanthrope… Bref, l'exemple parfait par excellence de tout ce qui est antihumain, antivaleur, antisocial, anti-civilisation, antihistorique.

Il n'est pas un seul être humain, petit ou grand, riche ou pauvre, analphabète, inculte ou cultivé, où que ce soit dans le monde, pour qui Donald Trump n'est pas le grand Satan infréquentable qui cherche à déstabiliser le monde et à détruire toute la grande, la belle et la noble charpente sociale, humaine et politique de la relation entre les hommes et les peuples, sauf pour une minorité de gens qui se reconnaissent dans son mouvement MAGA. Il est tellement corrompu, tellement vicieux, tellement traitre à l'égard de la nation, mais aussi à l'égard du monde entier, que pour ne pas accepter sa défaite aux élections de 2020, il est allé jusqu'à provoquer une sédition contre l'un des plus grands symboles de l'institution américaine, le Capitole. Et pire, depuis lors, il ne cesse d'agiter des remous dans l'objectif de renverser les élections. C'est le discours ambiant qu'on entend un peu partout dans le monde.

Mais au regard de tout ce qu'on voit dans le comportement de Donald Trump et de tout ce qu'on entend de lui, on peut se demander s'il n'est pas légitime de se poser la question de savoir si l'homme est aussi fou qu'on veut le faire croire. En fait, ce n'est pas une seule question qui nous vient à l'esprit, c'est tout un tas. Ainsi peut-on se demander s'il est vraiment seul ou s'il est seulement avec la partie de la population américaine qui le suit, ou encore pourquoi est-il aussi imperturbable dans ce qu'il fait, en dépit de toutes les accusations et de toutes les charges qui pèsent sur lui, environ 91 au total. N'est-il pas légitime de se demander comment un homme de cette sorte, le plus corrompu et le plus dangereux de toute l'histoire de l'humanité, n'est-il toujours pas mis en prison ? Pourtant, il semble que toutes les procédures lancées contre lui tombent misérablement toutes, les unes que les autres. Cela nous interpelle et nous avons envie de nous demander si l'homme n'est pas plus puissant qu'on ne l'imagine, et alors nous nous demanderons qu'est-ce qui fait sa super-puissance. Mais bien d'autres questions peuvent encore traverser l'esprit de tout observateur ou de tout homme curieux. Dans la liste de celles-ci, on pourrait se demander si l'institution américaine est si démocratique ou si le gouvernement de Joe Biden est si respectueux des lois de la République pour ne pas réduire déjà au silence Donald Trump, le fauteur de trouble, le violateur des lois et des principes républicains, puisqu'il y a assez de charges contre lui. D'aucuns pourraient prétendre que les choses ne peuvent ou ne doivent se faire que dans le respect des lois et des institutions. On dirait même que c'est ce qui se fait, au regard des diverses poursuites judiciaires à son encontre auxquelles on assiste depuis un certain temps.

Aussi est-on en droit de se demander pourquoi a-t-on attendu ce moment précis où il fait campagne pour se représenter aux prochaines élections et où ses chances de gagner semblent avérées pour lancer les poursuites contre un « criminel aussi dangereux » et dont les crimes seraient connus depuis longtemps. Que faut-il et que doit-on vraiment comprendre dans cette campagne judiciaire contre l'homme, la plus exceptionnelle et la plus extraordinaire qui se puisse voir de tout temps ? Qu'un homme qui traîne autant de charges derrière lui, qu'un aussi grand traître coure encore les rues, et qui plus est, défie tous, soit encore libre ! Voilà quelque chose qui donne à réfléchir. Et l'on se demanderait, sans contrevenir aux principes républicains ni non plus aux fondements des allégations, si ce qui est mis sur son compte est vrai ou s'il ne fait pas un contrepoids de puissance qui pose véritablement problème à ses adversaires, « véritables gardiens du bon ordre institutionnel et social ». Et si les garants du bon ordre social, politique et judiciaire ne parviennent pas à faire taire un tel homme, ne serait-ce pas parce qu'il y a quelque chose qui échappe au grand public ? Mais quelle est cette chose ?

10 mai 2023.

Avant-propos

Le livre, outil par excellence d'information et de formation, obéit à des critères définitoires auxquels il n'est pas permis de déroger sans remettre en question la conception même de la notion. Que serait donc un livre qui n'apporte aucune information au lecteur ou dont la prétention ne serait pas d'enseigner, de former, de défendre un point de vue, une cause, d'expliquer le monde, la nature, l'univers, l'existence, la vie, la mort, d'exprimer une certaine vision du monde, de polémiquer, etc. ?

Est-il logique de qualifier de livre un ensemble de pages blanches, sans contenus, reliées par un éditeur ? Est-ce un livre qu'un amas de pages blanches proposé par un musicien à son éditeur qui le publie ? Quelle est la finalité d'un livre pédagogique dont les pages ne sont point remplies par le mathématicien, le physicien, le philosophe, l'historien, le mythologue/mythographe[2], le sociologue, le politologue,

---

[2] Je propose ce mot comme un néologisme sémantique et non lexical, différent du sens qu'on lui connaît, à la place des expressions « littérateur », « homme ou femme de lettres », « littéraire » attribuées à ceux qui font profession d'enseignants ou d'écrivains officiant dans la littérature littéraire ou légendaire, compte tenu du fait que le philosophe, l'historien, le linguiste, le grammairien, l'anthropologue, le sociologue, l'ethnologue, le géographe, le politologue, etc., sont eux aussi des littéraires, des gens de lettres et, par-delà, des littérateurs. De plus, on mettra l'accent sur le *graphein* en tant qu'activité d'**écriture** et non en tant que **compilation de textes**, ce dont sont responsables la *grammata* et la *philologia*, ou encore non en tant qu'**étude de mythes ou de textes mythologiques**, ce dont s'occupe la *mythologia* ou encore la *philologia*, en ce sens que mythographie et mythologie ne sont pas nécessairement interchangeables. Je récuse la pratique selon laquelle on donne au mythographe le même sens que le mythologue. Le praticien qui fait uniquement œuvre d'écriture-composition-invention en tant que créateur de mondes ou d'univers, sans être dans l'analyse ou le commentaire de texte, dans la critique mythographique (ou littéraire), dans l'essai ou dans l'enseignement du fait mythographique ou mythologique, est un mythographe. Celui qui est dans toutes ces pratiques indifférenciées, en même temps ou non qu'il est créateur de mondes ou d'univers légendaires ou mythiques, est un mythologue. Pour finir, rappelons qu'il est incorrect d'attribuer la spécialité, ou trop vague de qualifier de littérateur, de littéraire, d'homme ou de femme de lettres, de grammatologue ou de

l'informaticien, le biologiste, le boulanger, le pâtissier, le cuisinier, etc. ? Oui bien sûr qu'un tel livre pourrait avoir une finalité, mais une finalité qui serait en déconnexion avec la finalité conventionnellement assignée au livre.

De même pouvons-nous nous demander si un livre aux plusieurs dizaines ou plusieurs centaines de pages au milieu duquel on rencontre un simple point ou un point d'interrogation, ou encore un point d'exclamation est digne de s'attribuer la désignation de livre. Pourtant, en dépit de la rareté de telles publications, on en trouve. C'est le cas par exemple du *Perché Salvini Merita Fiducia Rispetto E Ammirazione* d'Alex Green ou du *Family Tree French*, ou encore du grand livre de recettes *Mon cahier de recettes*, du *The big Book of ideas* ou du *Grimoire vierge papier*, etc.

Oui certes qu'il existe des livres aux pages blanches ou contenant tout juste un seul petit élément typographique, pour rarissimes puissent-ils être. Mais une telle invraisemblance gratuite ou une telle *absurdité philosophique* ne se retrouve que dans certaines papeteries où l'on vend des produits simples, des sortes de carnets appelés abusivement livres, ou n'est possible que chez les philosophes et les mythographes, poètes ou romanciers. Fi fait des fantaisies à tort appelées livres, les produits sérieux de cette sorte, c'est-à-dire des livres aux pages blanches ou contenant seulement quelques éléments typographiques, qui portent à raison le nom de livres sont des livres qui invitent à la plus grande réflexion philosophique, des livres qui dégagent une vision du monde de l'auteur d'une très haute importance. Ces genres d'ouvrages, quasiment inexistants, auxquels le grand public n'accorderait aucune importance seraient sans doute les plus réussis, en ce sens qu'ils ne s'adressent qu'à un public très hautement lettré et ne peuvent être proposés que par des figures notoires. Pourtant, même en tenant compte de cette

---

philologue, (à) celui seul qui fait profession de littérature légendaire, mythique ou mythologique, car ces appellations conviennent à tous ceux qui sont dans la littérature dans sa généralité, autant dans l'écriture-création de mondes concrètement inexistants que dans les sciences humaines et sociales ou dans la science des chiffres. Il n'est rien de tout cela par spécialité sinon que par appartenance au monde large des lettres, il est mythographe ou mythologue de spécialité. Ne parle-t-on pas de littérature scientifique ?

exceptionnelle singularité ou en supposant qu'il puisse exister un public spécial pour ce genre de délire philosophique, aucun auteur, et encore moins de lecteur, ne perdrait son temps à se morfondre longtemps dans une pareille aventure. Mais si nous tenons compte des carnets de notes dits livres vendus en papeterie, dont nous disons qu'ils portent à tort le nom de livres, ne serait-il pas fondé de nous réinterroger sur le sens et la signification du mot livre ?

Enfin, que serait donc un livre qui n'exprime que des interrogations ou des interjections d'un bout à l'autre ? Répondrait-il aux critères qui font d'un livre qu'il en est vraiment un ? La question posée à la fin du paragraphe précédent vaut tout autant pour cette dernière interrogation. En effet, plus que pour le livre aux pages blanches ou celui qui ne contiendrait que sur une seule de toutes ses nombreuses pages blanches un simple signe typographique, ou encore un livre avec une tache apposée sur une seule parmi ses dizaines ou ses centaines de pages qui permettraient tous de psychanalyser l'état d'esprit de leurs auteurs, il serait plus loisible encore de deviner l'état d'âme de l'auteur qui propose un livre aux interrogations ou aux interjections interminables. Eh bien, c'est l'aventure à laquelle nous vous invitons ici.

Il est certaines choses de la vie publique, même parmi celles qui sont les plus simples ou apparemment telles, que la plus grande majorité des gens ignore. Parfois il s'agit même de choses à propos desquelles ils ont légitimement le droit d'être informés. Mais on les tient parfois de façon délibérée dans l'ignorance de telles choses ou leur ment systématiquement à propos. Le mensonge devient tellement la règle d'or qui gouverne les consciences et les esprits que tous mentent à loisir. Il en est résulté une telle morale universelle que le fait de mentir n'est plus tenu par la casuistique des consciences comme un vice réprimable qui pourrait seulement bénéficier de quelque indulgence, en raison de quelques circonstances contingentes ou exceptionnelles qui peuvent le dédramatiser. Il en appelle au contraire à une casuistique qui le légitime, le légalise même comme une nécessité morale absolue. Nous sommes en présence d'un changement de paradigme sérieux qui nous perd, au point où nous ne pouvons plus distinguer entre le mensonge et la vérité lequel est moralement bien, lequel est moralement mauvais. Les repères étant perdus, nous ne savons plus qui nous ment, ni non plus qui nous tient un discours vrai, ni d'ailleurs qu'est-ce que la vérité ou qu'est-ce que le mensonge ? Peut-être qu'il y va d'une refondation aveugle de la langue ou de la civilisation humaine par des facteurs causaux naturels ou surnaturels qui dotent chaque civilisation de ses propres codes, ses propres règles, ses propres valeurs ! Et il faudrait croire qu'il n'y a plus de places dans le monde à venir pour aucun d'entre nous, sauf à nous muter pour être adaptés à ce nouveau monde !

Pendant que nous sommes encore dans notre ancien état, comment pouvons-nous réfléchir, dans le brouillard cognitif où nous nous trouvons, sur l'état du monde en mutation sous nos yeux ou sur certains sujets sociétaux brûlants ? Nous n'avons pas d'idées, d'ailleurs on nous interdit même d'en avoir, et nous serions très prétentieux de prétendre en avoir, puisque nous ne savons plus rien et que tout ce que nous pouvons produire comme pensée ne peut que refléter l'état ancien des choses ; or, cet état semble révolu. Qui peut prétendre comprendre le monde d'aujourd'hui afin de pouvoir l'expliquer ? Ne peut expliquer que celui qui comprend. Mais qui comprend quoi ? A-t-on même le droit de comprendre ? Et comment pourrait-on expliquer ce qu'on ne comprend, ni n'a le droit de comprendre ? Les commentaires, les analyses, les explications ne servent à plus rien, puisqu'on ne comprend rien et qu'il n'y a peut-être rien à comprendre.

Malheureusement ceux qui peuvent expliquer le mal-être ou le bien-être du monde sont muets. Ils n'ont pas l'usage de la parole, mais ils détiennent l'absolu pouvoir de diriger le monde où ils veulent. Ils nous donnent tantôt l'impression d'appartenir à des groupes différents et qu'ils défendent des causes et des valeurs différentes, tantôt le sentiment du contraire. Mais pensons-nous qu'ils appartiennent vraiment à des catégories sociales aux valeurs et aux croyances différentes ou qu'ils fassent partie d'une seule et même caste ? Il semblerait que l'Occident eût cherché à unipolariser, à uniformiser les choses de sorte qu'il n'y ait qu'une seule caste. Ou encore, il semblerait qu'il eût tout fait pour que les observateurs perçoivent les conflits d'intérêts qu'on observe parmi ces gens non point comme une lutte entre castes, mais une guerre fratricide entre les éléments d'un même groupe, quoiqu'ils donnent par ailleurs l'impression qu'il n'y a pas de division entre eux. On est en face d'une contradiction voulue dans laquelle on nous entraîne expressément. Ah ! nous voilà nous surprendre à commenter les choses, alors que nous ne savons rien et que nous ne sommes pas autorisé à comprendre !

Devant les incertitudes et l'ignorance dans laquelle on nous tient, nous ne pouvons émettre aucune soi-disant forme de pensée sur les choses. Nous ne pouvons rien faire d'autre que de nous occuper à ne produire que des questionnements, quoiqu'il nous soit interdit de nous interroger ou d'interroger, sous peine d'être chargés, d'un côté, de conspirationnisme et, de l'autre, de traîtrise ou de corruption. Si l'on ne veut pas choisir son camp, c'est-à-dire si on ne veut pas être tenu soit pour des conspirationnistes, soit pour des corrompus, puisqu'on ne peut être que soit l'un, soit l'autre dans cette dialectique des contraires où on ne laisse à personne la possibilité de se positionner à travers quelque neutralité, contingente ou nécessaire, il n'y a que deux derniers choix possibles. Soit qu'on « *se livre en aveugle au destin qui [nous] entraîne* » à travers une sorte de neutralité passive qui s'exprime dans la résignation ou qui se traduit par un accommodement à toute éventualité, soit qu'on se lève courageusement pour ériger une neutralité dialectique et active, advienne que pourra. Et cette dialectique de la neutralité ne peut se concevoir qu'à travers des questionnements profonds qui traduisent un désir de comprendre et de démêler le vrai du faux, la vérité du mensonge, le bien du mal, le complot du complotisme, la conspiration du conspirationnisme, le camp de ceux qui accusent ceux qui interrogent les choses de conspirationnistes de celui qui les accuse de traîtrise et de corruption. Aucun parti pris par prudence pour tel ou tel camp, puisque nous ne savons plus ce que c'est que la vérité ou ce que c'est que le mensonge, puisque les valeurs dans lesquelles nous avons été éduqués s'altèrent au point où nous ne savons si c'est notre ancienne conception des choses qui était fausse ou si nous sommes aujourd'hui en face d'un prodigieux leurre !

La dialectique de la neutralité entre ces deux versants du monde entre lesquels nous sommes pris en étau, c'est-à-dire le questionnement philosophique impartial par lequel nous cherchons à comprendre les choses, est une nécessité existentielle pour la survie de l'individu et de la société. C'est une démarche essentialiste qui vise à préserver intacte la vérité inhérente à toutes choses, et, dans le contexte géopolitique qui nous intéresse, à la chose humaine et sociale. Elle doit poser ou instituer, de façon unilatérale, comme fondement le principe de la recherche de la vérité par l'interrogation, principe qui part de l'idée que nous ne savons rien de la gestion des choses du monde par les forces puissantes qui nous dirigent, à quelque camp qu'elles appartiennent. Aucune réponse aux questions que nous posons, car si nous ne savons rien, nous ne pouvons disserter sur quoi que ce soit. C'eût été comme si nous en savions quelque chose, et personne, sauf les agents du (ou des) système(s), ne peut avoir la prétention d'en savoir quelque chose.

Cette dialectique de la neutralité que nous confondons volontiers avec la nécessité dialectique – quoiqu'elles traduisent deux postures différentes, en ce sens que la première pourrait avoir la tendance de se prévaloir, à juste titre ou faussement, d'un quelconque statut de pensée, et même une pensée à prétention doctrinale, tandis que la seconde est seulement une attitude prudente à l'égard des choses – pourrait donner lieu à une nouvelle forme, un nouveau genre littéraire. Si nous connaissons dans la rhétorique la figure dite d'interrogation, nous ne connaissons pas de genre ou de productions de textes volumétriquement importantes élaborées unilatéralement ou absolument autour de l'interrogation. Ce serait fade et monotone que de proposer des actes ou des productions littéraires fondées uniquement sur l'interrogation, sans développement. Mais, comme nous l'avons déjà remarqué, on ne peut rien développer sur ce qu'on ignore ; c'est le désir de comprendre, de comprendre sans parti pris des choses, qui doit nous pousser à poser des questions, rien que des questions, et qui pourrait justifier la nécessité de ce nouveau genre littéraire.

Adopter la dialectique de la neutralité à travers la production littéraire de textes arbitrairement interrogatifs, c'est, comme il en va des tout petits enfants qui posent plus de questions qu'ils ne formulent de phrases, accepter que nous ignorons tout de la gestion du monde. Mais c'est aussi l'expression d'une exigence qui va au-delà de la naïveté enfantine dans laquelle on nous enferme, l'exigence de la vérité, la nécessité de savoir ou de comprendre comment fonctionne l'administration ou la gestion du monde, afin que nous ne prenions pas position, avant de savoir, contre ou pour tel ou tel autre parti, accusé, faussement ou à juste titre, par le parti adverse de conspiration, d'extrémisme et de tyrannie, d'un côté, ou de félonie et de corruption, de l'autre. L'exigence de la vérité que nous formulerons à travers notre attitude prudente nous vaudra probablement de ne pas être rangés parmi les conspirationnistes ou parmi les traîtres et les corrompus. Il s'agit donc, en ce qui a trait à nos revendications formulées tel que nous entendons le faire à travers le genre interrogatif, non seulement d'une dialectique de la neutralité où nous ne prenons aucunement parti pour tel groupe ou pour tel autre, mais encore d'une *dialectique de la nécessité* qui pose l'exigence de l'information du citoyen à travers une rhétorique judiciaire qui fait apparaître le style ou le genre interrogatif exploité dans cette forme d'écriture comme un interrogatoire.

Il importe peu de savoir si ce nouveau genre aura quelque succès éditorial ou littéraire ou non ; en tout cas, il aura au moins une utilité sociologique et politique. Il aura permis de voir qui est comploteur ou non, qui est tyran ou non, à moins seulement que ces notions aient changé de registre comme il semble l'être pour vérité et mensonge, vu qu'il y aura incontestablement un camp qui sera dérangé par quelle que soit la forme de littérature qui questionne ses pratiques, quelle que soit la prudence dont on maquille le questionnement.

Il nous importe de questionner dans le même temps la nécessité géopolitique qui fonde les valeurs de chaque camp. Il serait vain et trompeur de croire que dans cet affrontement violent qui oppose les deux systèmes, l'actuel et l'autre en gestation, il y a une nécessité universelle à laquelle ils tendent tous, alors qu'ils sont en conflit d'intérêts entre eux. Loin de là ! Il y a autant de nécessités qu'il y a d'entités à s'en prévaloir. S'il y a une nécessité universelle, elle est naturelle. Autrement dit, la nécessité est plurielle et partisane, dès lors qu'elle s'applique à des projets d'homme et de société. Ce qui est nécessité pour tel groupe ne l'est pas forcément pour tel autre, et cela motive tous les conflits d'intérêts qui ravagent les communautés humaines et sociales. Voilà pourquoi pensons-nous qu'il faut une dialectique de la nécessité qui gère les questions d'homme et de société, de sorte qu'il y ait une vraie géopolitique de la nécessité qui se fonde sur des valeurs universelles réelles et non sur des valeurs partisanes ou de groupe qu'on promeut pour des valeurs faussement universelles.

Paris, le 10 novembre 2022.
M. Dieurat Clervoyant.

Foreword

The book, perfect tool of information and training, obeys defining criteria from which it is not allowed to derogate without calling into question the very conception of the concept. What would a book be if it does not provide any information to the reader or whose claim is not to teach, train, defend a point of view, a cause, to explain the world, the nature, the universe, existence, life, death, to express a certain vision of the world, to argue, etc. ?

Is it logical to call a book a set of blank pages, without content, bound by a publisher? Is it a book just a pile of blank pages offered by a musician to his publisher who publishes it? What is the purpose of an educational book whose pages are not filled by the mathematician, the physicist, the philosopher, the historian, the mythologist/mythographer[3],

---

[3] I propose this word as a semantic and non-lexical neologism, different from the meaning we know of it, in place of the expressions "literator", "man or woman of letters", "literary" attributed to those who are teachers or writers officiating in literary or legendary literature, given that the philosopher, historian, linguist, grammarian, anthropologist, sociologist, ethnologist, geographer, political scientist, etc., are also literary people, people of letters and, beyond that, literators. In addition, the emphasis will be on *graphein* as **writing** and not as a **compilation of texts**, for which *grammata* and *philologia* are responsible, or even not as the **study of myths or mythological texts**, what *mythologia* or even *philologia* deals with, in the sense that mythography and mythology are not necessarily interchangeable. I reject the practice according to which the mythographer is given the same meaning as the mythologist. The practitioner who does only a work of writing-composition-invention as a creator of worlds or universes, without being in the analysis or commentary of text, in mythographic (or literary) criticism, in the essay or in the teaching of mythographic or mythological fact, is a mythographer. The one who is in all these undifferentiated practices, at the same time or not he is creator of legendary or mythical worlds or universes, is a mythologist. Finally, let us remember that it is incorrect to attribute the specialty or too vague to qualify as « littérateur », literary, man or woman of letters, grammatologist or philologist, to the one who only makes a profession of literature legendary, mythical or mythological, because these appellations are suitable for all those who are in literature in its generality, as much in the writing-creation of concretely non-existent worlds as in the human and social sciences or in the science of numbers.

the sociologist, the political scientist, the computer scientist, the biologist, the baker, the pastry chef, the cooker, etc. ? Yes, of course such a book could have a purpose, but a purpose that would be disconnected from the purpose conventionally assigned to the book.

In the same way we can ask ourselves if a book with several tens or several hundreds of pages in the middle of which we meet a simple point or a question mark, or even an exclamation point is worthy of attributing the designation of book . Yet, despite the rarity of such publications, there are some. This is the case, for example, of the *Perché Salvini Merita Fiducia Rispetto E Ammirazione* by Alex Green or the *Family Tree French*, or even the large cookbook *Mon cahier de recettes*, or *The big Book of ideas* or the *Grimoire vierge papier*, etc.

Yes, of course, there are books with blank pages or containing just one small typographic element, however rare they may be. But such gratuitous implausibility or such philosophical absurdity is only found in certain stationery shops where simple products are sold, sorts of notebooks improperly called books, or is only possible among philosophers and grammatologists, poets or novelists. Except fantasies wrongly called books, the serious products that rightly bear the name are books that invite the greatest philosophical reflection, books that release a very high important world vision of the author. These kinds of books, almost non-existent, to which the general public would attach no importance would undoubtedly be the most successful, in the sense that they are only addressed to a very highly literate public and can only be offered by notorious figures. However, even taking into account this exceptional singularity or supposing that there could be a special public for this kind of philosophical delirium, no author, and even less reader, would waste his time moping around for a long time in such an adventure. But if we take into account the notebooks called books sold in stationery, which we say are wrongly called books, would it not be justified to re-examine ourselves on the meaning of the word book ?

Finally, what would a book be that expresses only questions or interjections from cover to cover? Would it meet

---

He is none of this by specialty except that by belonging to the broad world of letters, he is a mythographer or mythologist by specialty.

the criteria that make a book truly one? The question posed at the end of the previous paragraph is just as valid for this last question. Indeed, more than the book with white pages or the one which would contain only on one of all its many white pages a simple typographical sign, or even a book with a stain affixed on only one among its tens or hundreds of pages which would all make it possible to psychoanalyze the state of mind of their authors, it would be even easier to guess the state of mind of the author who offers a book with endless questions or interjections. Well, that is the adventure to which we invite you here.

There are certain things in public life, even among those which are the simplest or apparently so, which the great majority of people are unaware of. Sometimes these are even things about which they have a legitimate right to be informed. But they are sometimes deliberately kept in the dark about such things or systematically lied about. Lying becomes so much the golden rule that governs consciences and minds that everyone lies at leisure. This has resulted in such a universal morality that the fact of lying is no longer held by the casuistry of consciences as a repressible vice that could only benefit from some indulgence, due to a few contingent or exceptional circumstances that can play it down. On the contrary, it appeals to a casuistry that legitimizes it, even legalizes it as an absolute moral necessity. We are in the presence of a serious paradigm shift that is losing us, to the point where we can no longer distinguish between the lie and the truth which is morally good and which is morally bad. The benchmarks being lost, we no longer know who is lying to us, nor who is telling us the truth, nor what is the truth or what is the lie? Perhaps it is about a blind refoundation of language or human civilization by natural or supernatural causal factors that endow each civilization with its own codes, its own rules, its own values! And we would have to believe that there are no more places in the future world for any of us, except to change ourselves to be adapted to this new world!

While we are still in our old state, how can we reflect, in the cognitive fog we find ourselves in, on the state of the changing world before our eyes or on certain hot societal topics? We have no ideas, moreover we are even forbidden to have any, and we would be very pretentious to pretend to have any, since we no longer know anything and all that we can produce as thought can only reflect the old state of things; however, this state seems to be over. Who can claim to understand the world today in order to be able to explain it? Can explain only the one who understands. But who understands what? Do we even have the right to understand? And how could we explain what we do not understand, nor have the right to understand? Comments, analyses, explanations no longer serve any purpose, since we do not understand nothing and there is perhaps nothing to understand.

Unfortunately those who can explain the ill-being or the well-being of the world are silent. They do not have the use of speech, but they hold the absolute power to direct the world where they want. They sometimes give us the impression of belonging to different groups and that they defend different causes and values, sometimes the feeling of the opposite. But do we think that they really belong to social categories with different values and beliefs or that they are part of one and the same caste? It would seem that the West had sought to unipolarize, to standardize things so that there is only one caste. Or again, it would seem that he had done everything so that observers perceive the conflicts of interest that one observes among these people not as a struggle between castes, but a fratricidal war between the elements of the same group, although they also give the impression that there is no division between them. We are faced with a deliberate contradiction into which we are expressly drawn. Ah! here we find ourselves commenting on things, when we know nothing and are not authorized to understand!

Faced with the uncertainties and ignorance in which we are kept, we cannot emit any so-called form of thought on things. We can do nothing other than occupy ourselves with producing only questions, although we are forbidden to question ourselves or to question, under pain of being charged, on the one hand, with conspiracy and, the other, of treason or corruption. If we do not want to choose sides, that is to say if we do not want to be held either for conspiracies or for corruption, since we can only be either one or the other in this dialectic of opposites where no one is given the possibility of positioning themselves through some neutrality, contingent or necessary, there are only two last possible choices. Either we "surrender ourselves blindly to the destiny that drags [us] along" through a kind of passive neutrality that is expressed in resignation or which results in an accommodation to any eventuality, or we stand up courageously to erect a dialectical and active neutrality, come what may. And this dialectic of neutrality can only be conceived through deep questioning that translates a desire to understand and disentangle the true from the false, the truth from the lie, the good from the bad, the conspiracy from conspiracy theory, the camp of those who accuse those who interrogate things of conspiracy from the one who accuses them of treachery and corruption. No bias taken out of prudence for this or that camp, since we no longer know what the truth is or what the lie is, since the values in which we were educated are altered to the point where we do not know if it is our old conception of things that was wrong or if we are today in front of a prodigious lure!

The dialectic of neutrality between these two sides of the world between which we are caught in a vice, that is to say the impartial philosophical questioning by which we seek to understand things, is an existential necessity for the survival of people and society. It is an essentialist approach that aims to preserve intact the truth inherent in all things, and, in the geopolitical context that interests us, in the human and social thing. It must lay down or institute, in a unilateral way, as a foundation the principle of the search for truth by questioning, a principle which starts from the idea that we know nothing of the management of the things of the world by the powerful forces which lead, whatever side they belong to. No answer to the questions we ask, because if we don't know anything, we can't talk about anything. It would have been as if we knew something about it, and no one except the agents of the system(s) can claim to know anything about it.

This dialectic of neutrality, which we happily confuse with dialectical necessity – although they translate two different postures, in the sense that the first could have the tendency to claim, rightly or falsely, some status of thought, and even thought with doctrinal pretensions, while the latter is only a cautious attitude towards things – could give rise to a new form, a new literary genre. If we know in rhetoric the so-called figure of interrogation, we do not know a genre or volumetrically important productions of texts elaborated unilaterally or absolutely around the interrogation. It would be bland and monotonous to offer acts or literary productions based solely on questioning, without development. But, as we have already remarked, we can not develop anything on what we do not know; it is the desire to understand, to understand things without bias, which must push us to ask questions, only questions, and which could justify the need for this new literary genre.

Adopting the dialectic of neutrality through the literary production of arbitrarily interrogative texts is, as is the case with very small children who ask more questions than they formulate sentences, accepting that we know nothing about the management of world. But it is also the expression of a demand that goes beyond the childish naivety in which we are locked up, the demand for truth, the need to know or understand how the administration or management of the world work, so that we do not take a position, before knowing, against or for this or that other party, accused, falsely or rightly, by the opposing party of conspiracy, extremism and tyranny, on the one hand, or felony and corruption, on the other. The demand for truth that we will formulate through our prudent attitude will probably lead us not to be ranked among the conspiracy theorists or among the traitors and the corrupt. It is therefore, with respect to our claims formulated as we intend to do through the interrogative genre, not only a dialectic of neutrality where we in no way take sides for one group or another, but also of a dialectic of necessity which poses the requirement of information for the citizen through a judicial rhetoric which reveals the style or the interrogative genre exploited in this form of writing as an interrogation.

It matters little whether this new genre will have any editorial or literary success or not; in any case, it will at least have a sociological and political utility. It will have made it possible to see who is a plotter or not, who is a tyrant or not, unless these notions have changed register as it seems to be for truth and lies, since there will undoubtedly be a camp which will be disturbed by whatever form of literature that questions its practices, whatever the caution with which the questioning is disguised.

It is important for us to question at the same time the geopolitical necessity that underlies the values of each camp. It would be vain and misleading to believe that in this violent confrontation which opposes the two systems, the current one and the other in gestation, there is a universal necessity towards which they all tend, whereas they are in conflict of interests between them. Far from there ! There are as many necessities as there are entities to avail themselves of. If there is a universal necessity, it is natural. In other words, necessity is plural and partisan, when it applies to human and societal projects. What is necessary for one group is not necessarily necessary for another, and this motivates all the conflicts of interest that ravage human and social communities. This is why do we think that a dialectic of necessity is needed to manage the questions of man and society, so that there is a true geopolitics of necessity which is based on real universal values and not on partisan or group values that are falsely promoted for universal values.

Paris, on November 10 2022.
Mr Dieurat Clervoyant.

Préface

L'histoire politique des sociétés et des nations, et l'on peut même parler de l'histoire en général, ressemble à un théâtre de scènes rocambolesques à peine imaginables. Si on n'en a pas une nette conscience au point de se dire en toute connaissance de cause qu'on nage en pleine illusion, du moins on est en droit de se demander si notre monde est sérieux, mais encore qu'il faille que certains faits émergent dans notre conscience et nous amènent à nous poser une telle question. Toutefois, pour les rares individus qui ne sont pas subjugués par la pensée aberrante et subversive qui se donne pour la pensée pure, droite et juste, ou qui ne sont pas plongés dans une certaine léthargie sous l'effet de quelque mortel opium, il apparaît clairement que le monde dort, inconscient, dans un conte merveilleux pour la plus grande majorité, fantastique, pour une petite minorité qui garde encore un tant soit peu de bon sens.

Oui nous sommes les témoins, éberlués ou enjoués, d'une guerre impitoyable entre deux groupes d'individus, deux camps qui nous promettent monts et merveilles, comme il a toujours été le cas dans toute l'histoire politique du monde moderne. Chaque camp cherche à rallier à sa cause les masses qui ne bénéficieront d'absolument rien, comme cela se voit le plus souvent possible, dans les retombées politiques qui résulteront de la victoire de l'une sur l'autre partie, et les méthodes de ralliement varient selon les camps. Tel use de la séduction et de la finesse, tel autre, de la force et de la tyrannie, mais ils s'accusent mutuellement de torts et de choses parfois invraisemblables qui peuvent cacher des vérités qu'on n'aime pas entendre. A-t-on raison ou non de donner son soutien à tel ou tel autre ? Qu'en tirera-t-on comme bénéfice en fait ? Ne devrait-on pas les laisser s'entretuer en eux, puisque le peuple n'en tirera aucun parti ?

A ce propos, j'aimerais laisser la parole à Negro Pavon Dalmacio qui nous dira sa conception de la gouvernance politique. Selon lui, « derrière toutes les formes de gouvernement connues (monarchie, aristocratie, démocratie … dictature), il n'y a qu'une minorité qui domine l'immense majorité. Une oligarchie. » Il constate que « les positions oligarchiques ne sont jamais disputées par les masses [mais que] ce sont les différentes factions de la classe politique qui se les disputent », que les « gouvernés n'interviennent pas dans [le] litige permanent [entre les oligarques] si ce n'est comme vivier des nouveaux aspirants au pouvoir, comme vivier des nouvelles élites ». Est-on en train d'assister au même scénario politique avec Trump qui promet de redonner le pouvoir au peuple américain ? Nous ne savons. Mais avant qu'il y parvienne, si tel est sa volonté réellement, il faut déjà qu'il réussisse à se faire élire une nouvelle fois.

Dans cette bataille infernale entre Trump et ses ennemis, la vérité est difficile à saisir et plus difficile encore à affirmer. Mais alors que la vague déferlante des partisans des plus forts, du moins ceux qu'on croit l'être, exerce tous les moyens de pression existants pour empêcher qui que ce soit de se faire une idée des choses, il n'est seulement que de suivre ou d'attendre l'issue des choses pour voir qui avait tort, qui avait raison. Pour le moment, il y a bien trop de passions dans les deux camps, pour que les fanatiques d'un camp ou de l'autre voient la vérité, encore que quand bien même la vérité s'éclaterait-elle, il se trouverait une quantité importante de gens appartenant à un camp ou à un autre qui refuseraient de souscrire à cette vérité. Quoi donc ? C'est que les masses ont trop bu à l'opium qui les tient assoupies dans leur état de léthargie sempiternelle, et cela les empêche de voir quoi que ce soit et de prendre parti pour la majorité.

Pour tenir les foules dans cet endormissement éternel, il faut toujours leur administrer le mortel opium, encore qu'il faille en trouver d'autres potions de plus en plus fortes à leur donner afin de les tenir dans l'état. Mais les ressources de ceux qui les fabriquent et les administrent aux destinataires populaires semblent sinon tout à fait épuisées, du moins ont commencé par donner des signes de faiblesse très sérieux. Pourtant, à partir du moment où les gens mis en addiction à ce drogue qui émousse toute sensibilité n'en trouvent plus pour se maintenir dans l'état, il s'en suit, au malheur du fabricant ou des grands utilisateurs qui s'en procurent pour asservir les masses, un réveil des zombis qui reviennent à leur état antérieur sain. C'est ce à quoi les Américains assistent actuellement, à un réveil des masses, et notamment de la plus grande majorité des Noirs longtemps considérés comme la propriété du Parti Démocrate. Qui l'eût dit, on voit se lever en masse les Noirs des coins comme Brooklyn, Bronx, Harlem, New-York et dans bien d'autres Etats encore, qui disent, pour de multiples raisons, qu'ils vont voter pour Donald Trump. Que s'est-il passé pour qu'il y ait ce désamour entre les Noirs et le Parti Démocrate ? Qu'y a-t-il en deçà des choses que nous ignorons ? Est-ce que l'opium ne produit vraiment plus d'effet actuellement ? Est-ce que les ennemis de l'autre camp n'en ont pas trop fait jusqu'à se trouver actuellement sur le point de perdre tout crédit ?

Il y a beaucoup d'erreurs qui se sont commises par la Défense. Celle-ci a-t-elle perdu la tête pour ne plus garder le minimum de bon sens possible pour ne pas victimiser l'autre aux yeux de la foule et passer elle-même pour le coupable ? Nous ne venons défendre qui que ce soit, puisque nous estimons encore ignorer la vérité, et quand bien même aurions-nous eu connaissance de la vérité, il ne nous a pas été confié le soin de défendre qui que ce soit, nous ne pensons pas que nous chercherions à le faire, gratuitement en plus. Mais quand on met 91 charges sur le dos de quelqu'un, un certain bon sens devrait amener les accusateurs à faire l'économie de quelques-unes, même si elles sont toutes vraies, afin de donner plus de sérieux aux accusations. Tous ceux qui verront les adversaires accuser l'ennemi d'autant de fardeaux, même si ceux-ci sont vrais, auraient le sentiment qu'on l'en affuble à tort, parce que le nombre est trop élevé. Les gens ne peuvent pas admettre qu'un homme puisse avoir autant à se reprocher, s'il n'est le diable en personne. Quand une telle chose arrive qu'on embarque quelqu'un dans autant de crimes, il se dégage immédiatement chez les gens, même chez les moins éduqués, l'idée que cela participe d'une politique et d'une psychologie de diabolisation de l'autre, comme Anne Morelli le souligne : « L'ennemi a le visage du diable.]On doit montrer au public (…) qu'il est quelqu'un de très dangereux, [qu'il est] un fou, un malade, un sadique. » Et Morelli de terminer : « Il faut cet élément, sinon l'opinion publique ne se mobilise pas. » C'est en fait à cette politique de diabolisation que pense maintenant le public qui se range derrière Trump, lequel se réveille du sommeil profond dans lequel il croit qu'on l'avait plongé.

Oui trop d'erreurs, et il y en a beaucoup, dans les procès intentés contre Donald Trump. Nous ne sommes pas en train de dire que ceux-ci ne sont pas justifiés, qu'en savons-nous ? Mais nous disons que le public pourrait y voir une machination politique pour détruire l'homme. Qui n'a pas le sentiment qu'avec quatre-vingt-onze implications, qui peuvent être vraies ou fausses, c'est toute une machine politique puissante et infernale à broyer et à détruire qui est lancée contre l'ancien Président ? Face à une telle auxèse de charges, du moins c'est l'impression qu'auront certaines personnes, on donne une grande aubaine à l'adversaire qui pourrait se victimiser et se défendre en disant : « Voyez combien ils me persécutent ? Pensez-vous qu'un simple homme peut porter toutes les charges des autres ? Pensez-vous que je sois assez mauvais, assez infréquentable pour incarner tout seul tous les crimes des Etats-Unis ? » Et de plus, étant donné toutes les accusations que son camp lancent contre ses adversaires démocrates qui ne font l'objet d'aucune mise en accusation, d'aucun procès, il pourrait se prévaloir de persécutions politiques contre lui, et le public aurait l'impression qu'il dit la vérité. Le camp adverse semble se tirer une balle dans les pieds. Nous verrons toutes ces erreurs au fur et à mesure de la narration, en sorte que tous puissent en prendre connaissance et juger de la situation par eux-mêmes. Peut-être que les auteurs, et nous en sommes presque certains, ne voudraient pas voir leurs erreurs et encore moins les voir exposées ; ils pourraient penser que toute exposition de celles-ci serait dérangeante et dangereuse même pour eux. Pourtant il a toujours existé des experts qui se spécialisent dans ces genres de situations et beaucoup de chaires à travers l'histoire qui les étudient afin de donner à ceux qui y sont confrontés aujourd'hui les moyens de les prévenir à l'avenir. Mais sans doute qu'il est plus confortable de se cacher derrière la vérité par peur de l'affronter, même si l'on vit au jour le jour avec elle et qu'on sait de quoi il retourne exactement. Il y va d'une attitude psychologique d'auto-préservation ou de refoulement du spectre qui fait peur de ne pas affronter celui-ci, même s'il nous hante en permanence. Les concernés ne voudraient pas entendre ces choses. Ils auront une attitude qui contraste avec le comportement de Nabuchodonozor qui avait reçu avec une certaine félicité les révélations de Daniel qu'il avait fini par placer auprès de lui comme conseiller spécial, quoique ces dernières eussent été d'assez mauvaise augure pour son royaume.

Il est évident que nous ne sommes plus à la même époque et que les puissants du grand empire occidental d'aujourd'hui, vestige et digne héritier de l'empire romain, sont plus arrogants que tous ceux que l'histoire antique a produits. Mais on assiste malheureusement à un renouveau du monde et de l'histoire auquel aucun empire dans l'histoire n'a pu résister ; est-ce que l'époque actuelle pourrait y échapper ? Nos sociétés actuelles ressemblent par force côtés avec l'épisode de Babel raconté par la Bible où les hommes cherchaient à défier Dieu en se faisant l'illusion que s'ils construisaient une tour assez élevée ils parviendraient à contourner tout éventuel dessein qu'il formulerait pour détruire le monde. Bien sûr que nos contemporains sont allés bien plus loin dans leur orgueil, puisqu'ils ont tué Dieu, au point d'occulter la dimension métaphysique et surnaturelle de l'histoire et de s'imaginer avoir suffisamment étudié les événements du passé et en avoir tiré suffisamment de leçon pour renverser le cours de l'histoire. Effectivement ils ont formé bien plus de spécialistes que toutes les autres périodes de l'histoire réunies au point où ils s'imaginent avoir remodelé celle-ci de façon à ne jamais se répéter. Mais ils sont malheureusement attrapés par l'irrésistible dimension surnaturelle de l'histoire qui se répète suivant un cycle non naturel mais surnaturel des choses.

On dira peut-être, dans un contexte rationaliste des choses, que c'est manquer de rigueur scientifique que d'évoquer la dimension surnaturelle de l'histoire à propos des événements chronologiques, puisqu'il est absurde d'étudier les phénomènes historiques et sociaux sous le prisme de considérations mythologiques. Mais, quoique nous ne soyons pas ici pour traiter de l'aspect métaphysique et surnaturel du fil qui sous-tend l'histoire, nous ne pensons pas que la sagesse des anciens Israélites connue sous le nom de Prophétie doive être tout à fait écartée dans la philosophie de l'histoire. En effet, quand on considère le chapitre onze du livre de Daniel par exemple, on trouve des informations sur le dénouement historique des événements qui se situent entre la période allant d'Alexandre le Grand jusqu'à la fin de notre ère tant redoutée, en dépit des fausses assurances sur notre capacité à l'éviter. Toute étude de l'histoire effectuée dans un état d'esprit non partisan et méticuleux montrera que tous les événements annoncés dans ce livre se sont scrupuleusement accomplis effectivement, depuis l'empereur jusqu'à nos jours avec les événements russes actuels qui saccagent l'ordre actuel du monde et promettent l'avènement d'un nouveau monde, en passant, entre autres, par la Révolution française, la Révolution russe, les guerres européennes.

Ce discours qui devrait amener à la sagesse, en ce qui a trait aux décisions à prendre pour éviter un tel désastre, quoique ce qui est décidé par les oracles le soit immanquablement, plutôt qu'être accepté comme un avertissement, pourrait provoquer le courroux des « puissants » qui, dans le refoulement de leur terreur, pourraient se montrer très menaçants, par peur d'affronter la réalité. Devant les situations inattendues ou non souhaitables pour certaines catégories de gens, les discours espérés sont le plus souvent possible ceux qui apportent de l'apaisement et de la sérénité, quand bien même l'exposition des dangers encourus aurait été mieux et aurait servi à les aider à mieux se préparer pour attendre ce qui doit advenir. Il en va psychologiquement de l'homme apeuré comme de l'animal en danger qui désespère et qui se prend à agresser, dans son instinct d'autodéfense et de préservation, celui qui lui apporte de l'aide afin de le tirer de son danger. Pire, contrairement à l'animal qui agit par instinct, l'homme en proie au danger lui-même, même s'il est conscient de ce danger, peut s'enfermer dans une fausse logique de bien-être mensonger, une sorte d'orgueil démesuré, pour refuser l'aide qu'on veut lui apporter, en vous demandant des preuves sur votre compétence, sur vos expériences, sur votre statut, etc. ; bref, tout ce qui est de nature à le conforter dans son délire de bien-être fallacieux où ce qu'il montre est en conflit flagrant avec qu'il éprouve.

L'être humain a toujours été sensible à la flatterie, en ce sens que le mensonge qu'on lui chuchote aux oreilles ou qu'on révèle au grand public à son profit a plus d'importance pour lui que les vérités qu'on lui révèle et qui pourraient l'aider à se tirer d'affaires dans bien des situations embarrassantes. Le problème est que toute vérité n'est pas bonne à dire, surtout quand elle s'ébruite et peut entacher quelque peu l'honneur de celui à qui ou sur qui elle est révélée. La seconde raison est que l'homme en général accorde une telle importance à son paraître qu'il est prêt à consentir les pires dépenses pour le maintenir intact, même si ses actes sont d'une hideur incommensurable. Dans cette entreprise de cure minutieuse du paraître, et il appert que c'est le plus généralement possible ceux dont l'être contraste le plus avec ce paraître qui ajoutent le plus d'importance à celui-ci ; tout est possible pour préserver l'apparence extérieure indemne. On est prêt à renverser les plus respectables valeurs, les paradigmes les plus exacts, logiques et rationnels, prêt à éliminer même tout un monde, quitte à se retrouver seul au monde et mourir de solitude et de chagrin, juste pour ne pas paraître faux et menteur, pour ne pas être avili et perdre son estime et son honneur aux yeux de tous. Juste pour sauver les apparences, l'être humain est capable de mobiliser ou de soulever des armées de populations pour le défendre et prêt à détruire tous ceux qui se mettent au travers de son chemin. Et les foules manipulées à son service se comportent généralement en d'impitoyables aveugles et tyrans irréfléchis, pour les pauvres-diables innocents, ou en de véritables serfs-tyrans exécuteurs d'ordres, s'agissant de ceux qui agissent en toute conscience de ce pour quoi ils sont employés.

Le monde des hommes est pathétique, bien plus même, pourrait-on dire, que celui des animaux, puisque l'être humain doté de raison comme nous nous plaisons à le dire devait montrer la différence par rapport à ces derniers en montrant plus de bon sens, de justesse, de justice et de raison dans ses actes. Le processus de civilisation de l'homme par ses propres efforts semble un très puissant plaidoyer contre l'acte de culture, tant vanté par les sciences de l'homme, sur la notion de nature, et Rousseau semblerait avoir raison sur Voltaire sur cette perception des choses qui met la nature au-dessus de la civilisation. Tout semble beau dans l'innocente nature du point de vue de la casuistique naturelle humaine, mais il semblerait, du point de vue biblique et rousseauiste, que du jour où l'être humain s'est mis à se civiliser, la déchéance humaine a commencé. Cette conception des choses est de nature à choquer les cinq-sixièmes de l'humanité, mais au regard de la déliquescence ou de la désagrégation programmée de l'être-en-soi, puis des mœurs et des valeurs humaines que la civilisation avait pourtant instituées comme valeurs pérennes, ne peut-on pas dire avec une certaine justesse que ce retour à la nature tant décriée comme étant en opposition avec la culture est un acte de pure folie ? Mais hélas, le monde est tellement factice – et l'on peut se demander s'il est réel ou s'il n'est pas une illusion pure – que la plus grande majorité des acteurs sur la scène de théâtre où se joue le mirage ressemble aux zombis hollywoodiens dressés contre le très peu de semblants d'êtres réels qui ne se rallient pas à leur monde sans consistance. Il semblerait que nous sommes passés de l'ère du monde à celle du non-monde, de l'ère de l'être à celle du non-être et de l'ère de l'existence à celle de l'absence. S'il était vrai que nous existions, il semblerait que nous ne le soyons plus, écrasés, pulvérisés, liquéfiés, gazéifiés par un nihilisme qui serait soit une déraison humaine inconcevable qui nous a totalement désintégrés, soit un néant où rien n'a jamais existé et où rien n'est de toute éternité.

Le grand civilisateur et constructeur qu'est l'homme, par qui tout a existé, finit par tout détruire. Après avoir créé Dieu, dit-on avec une grande arrogance, il l'a détruit et l'a remplacé par la Nature. Mais après avoir créé la Nature, il l'a détruite également au profit de l'Homme lui-même. Cause et Principe de tout, maintenant qu'il ne lui reste plus rien d'autre à détruire dans son absolue folie, il se redresse contre lui-même qu'il cherche à détruire également afin de parfaire le cycle de destructions qui doit ramener au néant primordial qu'il avait trouvé avant d'appeler tout à l'existence. Et cette déraison de ce créationnisme utopique, fallacieux et morbide s'appelle de l'anthropothéisme, la doctrine de l'homme-déicide qui s'illusionne d'être le Dieu qu'il croit avoir tué par une folie arrogante qui n'est qu'une décompensation ou, par un néologisme sans avenir, un « psycho big-crunch » de la personnalité, par analogie à la théorie astrophysique du « big crunch ».

A propos du conflit russo-ukrainien, les journalistes et la plupart des personnalités politiques et militaires les plus influentes ont clamé bien haut qu'il s'agit d'une guerre civilisationnelle, mais un certain nombre d'autres personnalités, des experts de toutes branches, surtout politiques, contredisent une telle information. Peut-être qu'il y a une méprise sur le sémantisme du mot civilisation tel qu'il est employé dans ce contexte, mais cette méprise est volontairement entretenue par la figure rhétorique dite d'ambiguïté, laquelle consiste, notamment en poésie, d'après Michèle Aquien citant Roland Jakobson, à « faire correspondre, à un énoncé linguistique entendu, différentes analyses ou interprétations. » Madame Aquien remarque que dans la communication à but informatif le phénomène est inverse, puisque l'objectif est de se faire comprendre sans ambiguïté. Oui, il y a effectivement sous-jacent un problème civilisationnel dans la guerre russo-ukrainienne. La professeure Aquien a cité comme références de mondes, entre autres, où le discours a pour finalité d'être clair et sans ambiguïté, les mondes scientifique et juridique. Nous pouvons croire qu'elle ait fait référence au monde télévisé ou radiodiffusé également. Mais il y a un aspect du discours qu'elle n'a pas pris en compte malheureusement, notamment en ce qui a trait au monde de l'information médiatique, à savoir le discours oral. Peut-être qu'elle laisse aux autres figures comme la syllepse et l'allusion le soin de prendre en compte l'équivoque, volontaire, qu'il peut y avoir dans un acte de communication qui ne se veut pas trop clair. Mais où se trouve donc l'ambiguïté sur le mot civilisation, telle qu'on la laisse planer dans le narratif sur la guerre russo-ukrainienne ?

Si nous étions dans un discours écrit, il est évident qu'il n'y aurait eu ni d'équivoque, ni d'ambiguïté, mais puisque nous sommes dans le discours oral, c'est là que prend toute son ampleur l'ambiguïté volontairement jetée sur le vocable « civilisation(nel) », et c'est à travers cette manipulation langagière volontaire de haut voltage que se sont fait prendre au piège les objecteurs qui pensent parler, à tort, du même signifié que leurs interlocuteurs. Si le signifiant est le même, le signifié, malheureusement, ne relève pas du même univers référentiel pour les uns que pour les autres. En effet, en l'absence d'un signifiant qui ne se prête pas à la vue mais uniquement à l'ouïe, or ce que l'on voit semblerait, dans un ordre prioritaire des sens, plus fort que ce qu'on entend, l'ambiguïté peut se jouer avec la plus grande finesse imaginable. La notion de civilisation telle qu'elle s'entend de la bouche des journalistes et des personnalités politiques et militaires ne s'écrit pas avec un « c », mais avec un « C ». Néanmoins, ceux qui leur objectent qu'il n'y a pas de dimension civilisationnelle dans cette guerre et qui voient dans cette prétention une « exagération » et une « manipulation », ne scrutent pas la notion avec les yeux mais avec les oreilles, oubliant que derrière le signifiant évoqué pour l'oreille peuvent se cacher à la fois un signifiant visuel à chercher soi-même, puis un signifié et un univers référentiel délibérément dissimulés et tapis par l'interlocuteur.

Ceux qui s'opposent à l'idée d'une guerre civilisationnelle évoquée par le narratif officiel doivent sûrement se dire que la Russie et l'Ukraine appartiennent à la même « civilisation » slave et à la même civilisation (occidentale) blanche et que parler d'un conflit civilisationnel relève de la surenchère ou même de l'absurdité pure. Et ils ont raison. Mais si ces évidences ethnographiques, anthropologiques et historiques sont indubitables, pourquoi les autres parlent-ils de guerre de civilisations pour le conflit ? Nous l'avons dit, il ne s'agit pas de guerre de civilisation ou de civilisations, mais de guerre de Civilisation. Par « Civilisation », il faut faire appel aux trois figures de style ci-dessus évoqués, à savoir, l'ambiguïté soigneusement projetée sur le signifiant, la syllepse que permet de voir cette ambiguïté et l'allusion à la Civilisation et non à une ou des civilisations opposées. Par « Civilisation », il faut entendre la Civilisation dans son acception macrostructurale ou macroscopique, laquelle dégage une vision philosophique globale de l'Humanité où il est question de l'Homme dans son ensemble et non de quelques hommes. Il ne s'agit pas d'une vision civilisationnelle ethnocentrique qui met le doigt sur des subjectivités individuelles locales ou des subjectivités collectives, dans une dimension régionale, ou non d'une vision qui départage le monde en entités disparates ou dissemblantes, mais d'une vision philosophique, anthropologique et civilisationnelle globale où la Civilisation est un tout qui englobe toutes les parties.

Cette conception de la Civilisation avec grand « C » telle qu'on prétend la voir ou qu'on veut la faire percevoir à travers la guerre russo-ukrainienne cache une intention qui peut se voir dans les projets tels que le Globalisme, le transhumanisme, le wokisme, le transgenre, etc., et bien d'autres concepts encore. On doit y voir ou y entendre une information sur le fait qu'on est parti pour un nouveau grand paradigme mondial de transformation de l'humanité. De ce point de vue, la Russie est frontalement opposée à ce monde que l'Occident veut nous donner, et voir une guerre de civilisation entre elle et l'Ukraine à travers le conflit qui les oppose, c'est faire allusion à deux mondes, deux visions qui s'opposent, où l'Ukraine apparaît dans son statut de microcosme d'Etat-nation comme un macrocosme miroir du nouveau paradigme mondial qui reflète et représente même l'Occident. Et la Russie elle-même représente le monde ancien en opposition avec l'Occident et, en l'occurrence, avec le Nouveau monde promu par ce dernier. Tout l'enjeu est là ; on n'en parle pas ouvertement, mais à mots masqués et en style ambigu ; comprenne qui peut ! Mais où est donc le rapport avec Trump pour que nous ayons fait un si grand détour ?

La similitude est pourtant là. La vision du monde de Trump est par bien des aspects semblable au monde de Vladimir Poutine et par bien des égards différente du monde proposé par les globalistes. Nous ne sommes pas venu dire laquelle de ces visions est bonne et laquelle est mauvaise. Nous venons seulement exposer ces deux visions qui s'affrontent et nous font constater une guerre entre les deux camps, laquelle tombe sous nos sens comme étant une guerre pour la survie, ce que nous appelons une géopolitique de la nécessité. Dans cette guerre acharnée entre les partisans d'un Nouveau Monde, les globalistes, et les conservateurs qui veulent conserver le modèle mondial actuel mais réactualisé par un feed-back aux anciennes valeurs morales, ce sont effectivement deux visions, deux paradigmes civilisationnels qui s'affrontent. Voilà peut-être ce qui rend la guerre si rude et cruelle entre les deux parties. Toutefois, il y a d'autres enjeux de grande importance qui doivent être pris en compte également dans l'analyse de cette adversité entre les deux camps pour appréhender la situation, mais il n'est pas dans notre intention de nous y arrêter dans ce travail, quoique ce soit extrêmement important ; nous ne ferons que les survoler.

Nous finirons cette préface en disant, un peu comme Negro Pavon Dalmacio, que tous les systèmes ou régimes politiques sont tyranniques pour les mêmes raisons évoquées par lui et qu'il n'y a pas de système qui soit meilleur que d'autres, tous amenant au même constat. Nous dirons également comme Alexandre Soljenitsyne que même la démocratie veut qu'on la flatte : « Je m'étais naïvement figuré vivre dans un pays où on pouvait dire tout ce qu'on voulait, sans flatter la société environnante. Mais, en fait, la démocratie elle aussi attend qu'on la flatte », a-t-il constaté. La démocratie nous semble parfois une grande hypocrisie, car s'il faut parfois qu'on se défende en appelant à la liberté d'expression en démocratie quand on fait quelque chose qui pourrait déranger par son caractère véridique, c'est qu'il y a sous-jacent une peur de représailles ou une menace quelconque qu'on veut camoufler ou éviter. Et s'il y a quelque peur qui nous empêche de nous exprimer librement en démocratie, qu'est-ce qui fait alors la différence entre elle et la tyrannie ?

Il n'y a pas de régime politique qui soit vertueux, juste et parfait, qu'il s'appelle la démocratie républicaine ou la dictature ; ce ne sont que des systèmes qui s'opposent et qui se dénoncent mutuellement à travers des propagandes qui utilisent le plus souvent possible quelques méthodes similaires. Et parmi ces méthodes, il y a celle, très puissante, qui consiste à utiliser une légion d'agents apologètes pour chanter les vertus du système mis en valeur et s'emploie à dénoncer les défauts du système à décrier. Il y a aussi une autre méthode aussi puissante que la première qui consiste à attirer dans son camp les opposants de l'autre système ou à séduire quelques partisans de celui-ci pour qu'ils viennent se constituer en témoins pour dénoncer et dénigrer ledit système, mais cette méthode est employée plus dans les sociétés qui s'identifient sous les couleurs de la démocratie. Quant aux méthodes d'intimidation et de musellement, elles peuvent montrer quelques différences, mais parfois elles peuvent être similaires, sauf que dans les dictatures elles sont ouvertes, alors que dans les soi-disant démocraties elles sont plus discrètes. Bref, la démocratie est la sœur siamoise de la dictature, sauf seulement qu'elle est plus hypocrite et qu'elle dépense beaucoup dans la propagande pour soigner son image.

Somme toute, nous avons fait pas mal de détours et nous ne nous concentrons pas sur Donald Trump ; il est peut-être temps de nous demander pourquoi y a-t-il depuis le 6 janvier 2021 un tel calme, une telle imperturbabilité, une telle assurance, une telle confiance chez lui. Pourquoi dit-il depuis quelque temps, depuis qu'il a répondu aux demandes insistantes et empressées des journalistes et de ses adversaires politiques qu'il était candidat à l'élection présidentielle de 2024, que rien de ce que peuvent faire ses adversaires n'ont aucune chance de l'atteindre, faisant allusion aux attaques de toutes sortes ? Cette assurance, il a commencé par l'exhiber depuis janvier 2022, quand il avait commencé à faire campagne pour ses partisans pour la mi-mandat de novembre 2022. Pourquoi montre-t-il une telle confiance ? Qu'est-ce qui le rend aussi sûr qu'aucune campagne qu'on puisse orchestrer contre lui, de n'importe quelle nature soit celle-ci, ne peut avoir aucune chance de réussir, aucun effet sur lui ? Qu'est-ce que nous ignorons ? Nous aimerions bien entrer dans ce secret, mais le pourrions-nous jamais ?

Cela nous amène à poser à nouveau les mêmes questions que nous avions posées quand nous avions écrit, il y a plus d'un an et demi, ce livre sous sa forme interrogative. Et nous pensons plus précisément à celles-ci : Trump est-il seul ? Est-il vraiment celui qui tient la ficelle ? N'est-il pas l'iceberg qui cache la montagne ? Et si tel est le cas, de qui ses ennemis doivent avoir vraiment peur ? De lui ou de ceux qui l'auraient choisi pour être le porteur du mouvement qu'il insuffle dans la nation américaine, et même dans le monde ? Contre qui lutte-t-on vraiment ? S'il est seulement un simple homme choisi par un groupe d'autres pour incarner le mouvement qu'on le voit incarner, qui sont ces hommes et combien puissants sont-ils ? Peut-on les mettre en échec ? Qui veut-on vraiment mettre en échec, de Trump et ces hommes ? Pourquoi Trump montre-t-il autant de confiance, autant d'assurance que rien ne peut lui faire échec ? Qui sont ces hommes qui le soutiennent ou avec qui il travaille ? Combien puissants sont ces hommes de l'ombre qui ne semblent même pas appartenir à l'appareil d'Etat ? Pourquoi une telle confiance chez l'homme qui fait l'objet de quatre-vingt-onze mises en accusation ? Qu'est-ce qui le rend si puissant, au point où tout ou presque tout l'ensemble des dossiers de son inculpation dans diverses affaires tombe l'un après l'autre ? Son innocence ? Les soutiens dont il dispose ? Que se cache-t-il derrière ce grand mystère ?

Qu'est-ce qui rassérène Trump à ce point que l'opinion publique ignore, au point de lui faire dire de façon insistante et d'une sérénité absolue que rien de tout ce que ses adversaires intenteraient contre lui n'aurait aucun effet ? Qu'est-ce qui justifie une confiance aussi sereine ? Pourquoi l'ancien président Donald Trump fait-il, de plus, de très nombreuses prédictions, à tout va, sur d'assez nombreux événements politiques et géopolitiques, et quelles sont les chances de réalisation de celles qui ne sont pas encore réalisées ? Est-il un prophète sur la scène politique ou dispose-t-il d'un service d'intelligence hypersophistiqué et hyper-puissant ? Pourquoi fait-il peur ? Quel danger représente-t-il pour ses adversaires et quelle est la nature de ce danger ? Que doit-on comprendre dans l'obsession provoquée par le plus « corrompu » de tous les citoyens américains et du monde même ou par le « démon en personne », pire que « Hitler » ?

Il y a une question parmi d'autres que nous ne nous posons pas, car il ne nous semble pas que puissions nous la poser sans montrer quelque partisannerie, sans faire pencher la balance. C'est la question sur l'authenticité des accusations portées contre l'ancien président. Quoique le nombre des accusations soit trop élevé, quatre-vingt-onze, pour faire basculer celles-ci dans la persécution politique, nous ne trouvons aucune espèce d'intérêt à verser dans cette logique, vu que nous restons encore sur notre position de ne rien savoir et qu'il nous faut uniquement poser des questions, encore que nous ne nous pensions même pas autorisé à nous poser de questions sur la situation. Mais outre le fait que nous estimons ne rien savoir et que nous ne pouvons prendre aucune disposition à analyser ce que nous ignorons, nous pensons également qu'il ne nous revient pas de nous comporter en juge ou en justicier qui cherche à rendre justice. Nous ne faisons même pas le travail d'un politologue qui analyse les données, et d'ailleurs nous n'en avons aucune, mais celui d'un curieux qui interroge sans oser demander de réponses. Qui sommes-nous d'ailleurs pour en demander ou pour brandir quelque prétention de cette sorte ? Donc, même en modifiant notre travail qui sort de notre conception du genre interrogatif que nous voulions inventer pour nous induire dans le style argumentatif, nous restons encore dans le style interrogatif que notre ignorance des faits ne nous permet pas de surpasser. Pour cette raison même, nous ne pouvons pas nous poser de questions qui engageraient notre subjectivité en nous faisant pencher d'un côté ou d'un autre, tout comme nous ne pourrons pas non plus argumenter, par crainte de froisser et l'un et l'autre des deux camps. Notre objectif, ce que seulement un bon roman ou un bon texte poétique aurait fait merveilleusement, n'est pas de faire un travail judiciaire, ni même d'emprunter le style judiciaire, sauf si nous étions dans une œuvre de littérature pure, mais de montrer qu'en tant que citoyen du monde concerné par tout ce qui se passe dans notre humanité, nous sommes en droit d'exhiber quelque curiosité sur les événements.

Avons-nous le droit de nous demander où se trouve la vérité ? Non, nous n'avons pas ce droit, dans n'importe quel système politique, car la vérité, qui n'est pas celle que nous entendons dans le sens commun où nous l'avions apprise, n'appartient qu'à un petit groupe. Dans chaque régime politique, la vérité n'appartient pas au peuple, mais à une oligarchie extrêmement restreinte, en démocratie comme en tyrannie. Et c'est d'ailleurs la raison pour laquelle elle dérange partout, dans n'importe quel régime, puisqu'elle ne doit être vulgarisée uniquement que par les éléments de l'oligarchie qu'on ne peut même pas appeler une caste, tant elle est restreinte. Tout compte fait, notre travail-ci ne sera plus qu'un récit de ce que nous avons entendu de part et d'autre, d'un camp ou de l'autre.

19.03.2024.

Partie 1/Part One

1

Pourquoi cette obsession Trump aux Etats-Unis et dans le monde ?

Why this obsession with Trump in the United States and around the world ?

2

Pourquoi une telle obstination chez Trump à combattre seul contre tous ?

Why such stubbornness on Trump's part to fight alone against all ?

3

Un homme normal et sain d'esprit peut-il combattre tout seul contre tout un monde, et de plus, tout un monde de puissants ?

Can a normal, a sane man alone fight a whole world, and moreover, a world of powerful people ?

4

Donald Trump ne serait-il pas suicidaire de livrer la guerre à tout ce monde de super-puissants ?

Would Donald Trump not be suicidal to wage war against all these super-powerful people ?

5

Donald Trump ne serait-il pas fou de se mettre à dos toutes les élites occidentales du système actuel ?

Would Donald Trump not be crazy to alienate all the Western elites of the current system ?

6

Pour quelle nécessité un homme sain d'esprit se mettrait-il en porte-à-faux avec un système aussi solidement établi ?

For what necessity would a sane man put himself at odds with such a so established solid system ?

7

Donald Trump se prend-il pour un héros ou le serait-il réellement ?

Does Donald Trump consider himself a hero or would he really be ?

8

Est-il un héros ou tout simplement un fou ?

Is he a hero or just a madman ?

9

Donald Trump est-il un utopiste qui vit dans un monde idéaliste qui n'est que son seul monde à lui ?

Is Donald Trump a utopian who lives in an idealistic world that is only his own world ?

10

Pourquoi a-t-on cherché à le destituer en février 2021, après son départ de la Maison Blanche ?

Why did they try to impeach him in February 2021, after his departure from the White House ?

11

Pourquoi Merrick Garland, dans son commentaire du 11 août 2022 dernier de l'événement de Mar-O-Largo, a-t-il mentionné : « Faire respecter l'état de droit signifie appliquer la loi uniformément sans *peur*, ni favoritisme » ?

Why did Merrick Garland, in his August 11 2022 commentary of the Mar-O-Largo event, mention: "Enforcing the rule of law means applying the law uniformly without *fear* or favour" ?

12

Pourquoi la mention du mot peur ? Peur de qui ? Peur de quoi ?

Why the mention of the word fear ? Afraid of whom ? Afraid of what ?

13

Qui est cet homme n'ayant jamais fait partie de l'Appareil d'Etat qui ferait peur à un système aussi solidement établi ?

Who is this man who has never been part of the State Apparatus who would scare such a solidly established system ?

14

Donald Trump est-il menaçant ?

Is Donald Trump a threat ?

15

Qui menace-t-il ?

Who is he threatening ?

16

Pourquoi menace-t-il ?

Why is he a threat ?

17

Un misérable loup peut-il porter la menace au sein d'une communauté de lions superbes et puissants, sans se vouer à la boucherie la plus cruelle ?

Can a miserable wolf carry the threat within a community of superb and powerful lions, without devoting itself to the cruellest butchery ?

18

Quel fou peut-il s'introduire dans le domaine privé et éminemment bien gardé d'une corporation de puissants individus pour y perpétrer des dommages et en sortir indemne ?

What madman can enter the private and eminently well-protected domain of a corporation of powerful people to perpetrate damage and come out unscathed?

19

Quelle cocasse idée que de vouloir tout seul se battre contre tout le monde ?

What a funny idea to want to fight alone against everyone ?

20

Mais qu'est-ce qu'on entend par « tout le monde » ?
What do we mean by "everyone" ?

21

Trump serait-il vraiment seul ?

Is Trump really alone ?

22

Aurait-il le peuple avec lui ?

Would he have the people with him ?

23

Mais qu'est-ce que le peuple ?

What are the people?

24

Le peuple a-t-il réellement quelque pouvoir, dans quel que soit le système politique ?

Do the people really have any power in any political system ?

25

Trump est-il seul face aux très puissantes élites de l'establishment ?

Is Trump alone against the very powerful establishment elites ?

26

Pourquoi s'obstine-t-il à se battre contre ses très puissants adversaires ?

Why does he insist on fighting against his very powerful opponents ?

27

Pourquoi obsède-t-il autant ?

Why does he obsess his enemies so much ?

28

Pourquoi inspire-t-il autant de peur ?

Why does he inspire so much fear ?

29

Trump est-il aussi puissant pour semer la panique dans le camp de ses ennemis ?

Is Trump so powerful to sow panic in the camp of his enemies ?

30

Qu'est-ce qui ne va pas ?

What's wrong ?

31

Qu'est-ce que nous ignorons ?

What are we ignoring ?

32

Qu'est-ce qui nous échappe ?

What are we missing ?

33

Sème-t-il vraiment de la panique dans le camp de ses adversaires ?

Does he really sow panic in the camp of his opponents ?

34

Trump vient-il de l'Appareil d'Etat ?
Does Trump come from the State Apparatus ?

35

A-t-il eu (ou a-t-il encore) les leviers de l'Appareil d'Etat ?

Did he have (or does he still have) the levers of the State Apparatus ?

36

Pourquoi ne pas oublier un homme comme Donald Trump et passer à autre chose ?

Why not forget about a man like Donald Trump and move on ?

37

Quel est l'intérêt du trop-plein d'intérêt que les mainstream médias occidentaux accordent-ils à Donald Trump ?

What is the point of the excessive interest that Western mainstream media give to Donald Trump ?

38

Machine de guerre ou panique ?

War machine or panic ?

39

Pourquoi serait-ce une machine de guerre contre lui ?

Why would it be a war machine against him ?

40

Pourquoi paniquerait-on devant lui ?

Why would people panic in front of him ?

41

Ce trop-plein d'intérêt ne construit-il pas l'homme ?

Doesn't this overflowing of interest build him ?

42

Ce trop-plein d'intérêt qu'on lui accorde n'est-il pas en train de le construire à devenir vraiment dangereux ?

Isn't this excessive interest that they grant him building him to become really dangerous?

43

Mais dangereux contre qui ?

Dangerous against whom ?

44

Dangereux contre quoi ?

Dangerous against what ?

45

De qui a-t-on vraiment peur, si peur y a-t-il ?

Who are people really afraid of, if there is fear ?

46

De quoi a-t-on peur, si jamais y a-t-il vraiment peur ?

What are they afraid of, if ever is there really fear ?

47

Est-il vraiment seul ?

Is he really alone ?

48

Mais pourquoi ferait-il peur ?

So why would he scare his opponents ?

49

Aurait-on peur d'un si pauvre diable d'homme, s'il était seul ?

Would they be afraid by such a poor man if he was alone ?

50

Cet homme serait-il un iceberg qui cache une montagne ?

Could this man be an iceberg hiding a mountain ?

51

De quoi aurait-on peur ? De l'iceberg ou de la montagne ?
What would these people be afraid of ? Iceberg or mountain ?

52

Contre quoi livre-t-on guerre, si vraiment guerre y a-t-il ?
Contre l'iceberg ou la montagne cachée par celui-ci ?

Against what are they waging war, if there really is war ?
Against the iceberg or the mountain hidden by it ?

53

Lequel est le plus effrayant, de l'iceberg à la montagne ?

Which is scarier from the iceberg to the mountain ?

54

Que représenterait la montagne ?

What would the mountain represent ?

55

Que cacherait la montagne ?

What would the mountain hide ?

56

Y aurait-il dans cette obsession et cette obstination machine de guerre contre machine de guerre ?

Would there be in this obsession and this obstinacy war machine against war machine ?

57

Y aurait-il disproportion de force entre les protagonistes, si protagonisme y a-t-il ?

Would there be a disproportion of force between the protagonists, if there is protagonism ?

58

Y aurait-il une guerre réelle entre deux camps opposés ?

Would there be a real war between two opposing camps ?

59

N'y aurait-il pas quelque absurdité à parler de guerre entre un Système, un Ordre mondial aussi solidement établi et un simple misérable homme ?

Wouldn't there be some absurdity in speaking of war between a System or such a solidly established World Order and a simple miserable man ?

60

Donald Trump est-il un Système à lui tout seul ou incarne-t-il un Système ?

Is Donald Trump a System on his own or does he embody a System ?

61

Mais quelles seraient l'importance et la puissance du Système qu'il porterait pour qu'il suscite autant d'obsession ?
What would be the importance and the power of the System that he would carry to create so much obsession ?

62

Pourquoi, diantre, Donald Trump partirait-il en guerre contre le Système mondial ?

Why the hell would Donald Trump go to war against the World System ?

63

Donald Trump, un fou ou un illuminé ?

Donald Trump, a crazy or a very big madman ?

64

Donald Trump, patriote, populiste, tyran ou zélé républicain ?

Donald Trump, patriot, populist, tyrant or zealous Republican?

65

Mais un seul homme peut-il imposer une tyrannie dans une grande démocratie républicaine ?

Can one man impose tyranny in a great republican democracy ?

66

Quel vaste étang, quelle immense mer peut cacher l'iceberg Trump ?

What vast pond, what immense sea can hide the Trump iceberg ?

67

Qu'est-ce qui ne va pas ?

What's wrong ?

68

Qu'est-ce que nous ignorons ?

What do we ignore ?

69

Ignorons-nous quelque chose ?

Are we unaware of something ?

70

Se peut-il que l'obsession Trump soit une manœuvre de l'Occident pour fabriquer un nouveau tyran au monde ?

Could the Trump obsession be a maneuver by the West to manufacture a new tyrant for the world ?

71

Le monde des puissants en panique devant Trump n'est-il pas en train de créer un très puissant personnage dans l'histoire de l'humanité ?

Isn't the world of powerful people in panic in front of Trump creating a very powerful figure in the history of humanity?

72

Comment expliquer qu'un simple individu jette-t-il dans autant d'obsession « les grands » du monde ?

How to explain that just one man throws into so much obsession "the most powerful people" of the world ?

73

Qui est réellement Donald Trump ?

Who is Donald Trump really ?

74

Qui commandent réellement derrière lui ?

Who really command behind him ?

75

De qui reçoit-il ordre pour paniquer autant les gens puissants ?

From whom does he take orders to panic powerful people so much ?

76

Pourquoi ne l'a-t-on toujours pas inculpé ?

Why hasn't he been charged yet ?

77

Serait-il trop puissant pour être inculpé ?

Is he too powerful to be charged ?

78

Qu'est-ce qui le rendrait si puissant et d'où aurait-il tenu autant de puissance ?

What would make him so powerful and where would he have gotten so much power from ?

79

Serait-il le Big Mister Clean ?

Could he be the Big Mister Clean ?

80

Ou bien, la toute-puissante force qui le soutient serait-elle si effrayante que les plus puissants hommes de la planète ne parviennent-ils pas à l'inculper ?

Is the almighty force behind him so fearsome that the mightiest men on the planet fail to bring him to justice ?

81

Trump est-il un nuisible qui met ou qui vise à mettre en échec le Système ou l'Ordre actuel du monde, ou même le Nouvel Ordre Mondial en gestation ?

Is Trump a pest who defeats or aims to defeat the current System or Order of the world, or even the New World Order in the making ?

82

Mais comment un si petit individu pourrait-il mettre en échec un monde d'aussi puissantes personnes ou un Système aussi puissamment établi ?

How could such a small person defeat a world of such powerful people or such a powerfully established System ?

83

Pourquoi ne lui a-t-on pas imposé silence ?

Why was he not silenced ?

84

Pourquoi ne l'a-t-on toujours pas supprimé sur la scène politique ?

Why has he still not been removed from the political scene ?

85

Pourquoi ne l'a-t-on pas jeté en prison ?

Why wasn't he thrown in jail ?

86

Serait-il si puissant qu'on ne parvienne toujours pas à l'inculper et le jeter enfin en prison ?

Could he be so powerful that they still cannot charge him and finally throw him in prison ?

87

Mais serait-il vraiment le Big Mister Clean ?

Is he really be the Big Mister Clean ?

88

Pourquoi ne l'a-t-on pas supprimé physiquement ?

Why did not they physically eliminate him ?

89

Serait-il si puissant ?

Is he so powerful ?

90

Serait-il celui qui a la manette et qui contrôle tout ?

Could he be the one who controls everything ?

91

Disposerait-il de toutes-puissantes forces qui le mettent hors de danger ou d'ennuis de toutes sortes ?
Could he have all-powerful powers that put him out of danger or trouble of all kinds ?

92

Qu'est-ce qui ne va pas ?

What's wrong ?

93

Y a-t-il guerre ? Entre qui et qui ? Entre quel camp et quel autre ?

Is there war ? Between whom and whom ? Between which side and which other ?

94

Et pourquoi cette guerre, si jamais celle-ci est réelle ?

And why this war, if ever this one is real ?

95

Serait-ce une guerre entre le Bien et le Mal ?

Could it be a war between Good and Evil ?

96

La dualité « axe du bien » / « axe du mal » chère aux Bush et leurs camarades Démocrates, Clinton et Obama, trouverait-elle ici sa parfaite justification ?
Could the important dualism "axis of good" / "axis of evil" of the Bush and their fellow Democrats, Clinton and Obama, find its perfect justification here ?

97

Serions-nous perdus ? Où se trouve le camp du bien ? Où se trouve l'axe du mal ?

Are we lost ? Where is the camp of good ? Where is the axis of evil ?

98

Avons-nous le droit de poser des questions, si toutefois nous n'étions pas autorisés à nous interroger nous-mêmes ? Trouverions-nous des réponses, fabriquées ou non ?

Do we have the right to ask questions, if however we were not allowed to question ourselves ? At least would we find answers, fabricated or not ?

99

Lequel des deux axes va gagner la guerre ?

Which of the two axes will win the war ?

100

C'est sûrement le Bien qui l'emportera ; mais qui nous convaincra que c'est vraiment le Bien qui aura gagné ?

It is undoubtedly the Good that will prevail, but who will be able to convince us that it is indeed the Good that will have won ?

101

Comment reconnaître le bien du mal ?

How do you recognize good from evil ?

102

Se pourrait-il que les protagonistes inversent la réalité en faisant passer le bien pour le mal et celui-ci pour le bien ?

Is it possible that the protagonists reverse reality by passing off good as evil and this one as good ?

103

Quelle est la proportion de chance pour le bien de gagner ? Le mal pourrait-il gagner ?

What are the chances for the good to win ? Could evil win ?

104

Mais qu'est-ce que le mal, qu'est-ce le bien aujourd'hui ?

In fact what is evil, what is good today ?

105

Quels enjeux géopolitiques et historiques pour l'humanité qui naîtra du Nouvel Ordre Mondial qui l'aura emporté sur l'autre ?

What are the geopolitical and historical issues for the humanity that will arise from the New World Order that will have prevailed over the other ?

106

Pour quelle nécessité tout cela ?

For what necessity is all this ?

107

Y a-t-il une réelle nécessité ou de simples contingences (nécessaires ou non) qui justifie(nt) une telle guerre sans merci que se livrent les adversaires ?

Is there a real necessity or simple contingencies (necessary or not) which justify such a merciless war between the adversaries ?

108

Pourquoi Trump donne-t-il des ordres sur un ton *ex cathedra* et se comporte-t-il comme s'il était encore le président légal en fonction ?

Why is Trump *ex cathedra* giving orders and behaving as if he were still the legal president in office ?

109

Pourquoi se projette-t-il sur l'avenir comme si rien, ni même la mort, ne peut l'anéantir ?

Why does he project himself into the future as if nothing, not even death, can annihilate him?

110

Pourquoi est-il si confiant dans son retour, alors que tout est possible : sa mort, en raison de sa condition humaine faillible, ou la victoire d'un autre Républicain à la primaire ?

Why is he so confident of his return, when anything is possible: his death, because of his fallible human condition, or the victory of another Republican in the primary?

111

Se croit-il immortel ou bien compte-t-il sur une équipe infaillible qui assurera la continuité du mouvement qu'il incarne, au cas où il meurt ?

Does he believe he is immortal or does he rely on an infallible team that will ensure the continuity of the movement he embodies, in case he dies?

Est-il seul ?

Does he work alone ?

Conclusion

Le monde serait-il une illusion ou une scène de théâtre où domine la farce ou le burlesque ? Pourquoi Trump paraît-il si puissant ? Pourquoi tant de confiance et de sérénité chez lui ? Qu'est-ce qui le rend si calme et si confiant dans son éventuel succès contre ses ennemis ? Avons-nous le droit de savoir ? Saurons-nous ?
Somme toute, dans quel train embarquer ou du moins dans lequel nous embarquera-t-on ?

Is the world an illusion or a theater scene dominated by farce or burlesque ? Why does Trump seem so powerful ? Why is he so confident in himself and has so much serenity ? What makes him so calm and confident of his eventual success against his enemies ? Do we have the right to know ? Will we know ?
Finally, what train to embark on or at least in which one will we be embarked ?

Warning

I warn my dear readers that I will not offer an English translation for this part of my text. If I translated the first part of this book, it was just because the text was less voluminous than this final one when I proposed only the first text as a new project of an interrogative genre to publication. But after I was asked to argue the work by refusal of my interrogative genre which did not clearly explain my position, I no longer want to continue proposing a translation. For the English-speaking public, I do hope that this work will be translated by an English-speaking publisher, so that they can read it.

30 mars 2024.

Partie 2

I

Mutations sociales, historiques, politiques et géopolitiques profondes

Il n'échappe à personne, sauf à ceux dont l'existence se réduit à une vie uniquement végétative et à propos desquels on ne peut parler hélas de facultés intellectuelles, que notre planète est en proie à des mutations profondes. Ces mutations sont de toutes sortes, mais celles qui nous intéressent ici dans ces lignes sont les mutations sociales, politiques, géopolitiques et humaines. On pourrait probablement nous objecter que nous avons tout évoqué à travers ce quadruple point énuméré, alors pourtant que nous disons ne pas être préoccupé à tout énumérer. Oui certes, à travers le quadruple aspect de ces mutations sur lesquelles nous avons mis le doigt, on pourrait voir l'exhaustivité de la question, sauf que nous pensons que pour que ce soit vraiment le cas il nous faudrait une liste énumérative bien plus longue qui délimite au maximum possible chaque situation dans sa singularité. Dans cette acception des choses où nous ne voyons pas le fait économique, le fait écologique ou le fait financier, etc., en tant que simples parties du fait social, du fait géopolitique ou du fait politique mais en tant que particularités autonomes de la problématique, quoiqu'ils soient en rapport d'interaction avec ces derniers, nous proposons de considérer seulement les quatre lieux ci-dessus évoqués dans notre prise en compte de la problématique. Mais disons dès l'abord que nous n'allons pas nécessairement consacrer de parties à ces topoi, ils seront traités dans leurs relations avec les thèmes qui y renvoient ou y sont afférents.

1. Un monde en ébullition

Le monde semble en grandes et chaudes ébullitions, et si nous ne le disons pas de façon catégorique, c'est seulement parce que nous savons qu'il plairait à certaines catégories de gens que nous ne le disions pas ainsi, mais les signes sont là qui le montrent. Ces bouillonnements, ces effervescences se voient à l'œil nu même pour ceux qui n'ont pas la capacité de les comprendre et de les expliquer, il n'y a pas l'ombre d'un seul doute qu'il y ait à tous égards, dans tous les domaines, un malaise profond dans le monde aujourd'hui. Les certitudes, les confiances, les arrogances qu'avaient certaines catégories sur la marche paisible du monde, sur la tranquillité de leurs affaires, sur l'immutabilité des relations de disproportion et d'exploitation avec les autres peuples et nations, sur l'irréversibilité de l'Ordre politique, économique et social construit par le *génie* de l'Occident, s'ébranlent profondément.

Face à tous ces bouleversements, d'aucuns prétendent que c'est la fin du monde qui arrive, d'autres, ceux qui se réclament de quelque rationalisme qu'ils estiment que ceux-ci n'ont pas, disent que c'est le monde qui se renouvelle, tirant ainsi leçon de l'histoire. Néanmoins, ni l'un ni l'autre de ces deux groupes d'individus n'a tout à fait raison, ni l'un ni l'autre n'a tout à fait tort non plus. En effet, ce n'est pas la fin du monde qui arrive, c'est plutôt celle d'un monde ; ce n'est pas non plus une régénérescence sociale, politique et historique du monde comme si cela faisait l'objet d'une fatalité surnaturelle ou de l'intervention d'un quelconque mécanisme naturel d'après lequel il y aurait un cycle prédéfini par un déterminisme au bout duquel le monde doit automatiquement et immanquablement se renouveler. La réalité est tout autre que cela, mais ce n'est pas tout le monde qui est prêt à l'entendre. Aucune des deux forces ou des deux parties qui se disputent n'est prête ou ne s'apprêterait à écouter la vérité à ce sujet.

a)   Le malaise sociopolitique

Dans presque toutes les sociétés du monde actuel, on sent un malaise social et politique sérieux. Certains lanceurs d'alerte, tout comme certains acteurs ou pour mieux dire, certains concepteurs ou constructeurs d'événements perturbateurs, ont mis quelques années, voire même quelques dizaines d'années, à prévenir sur ces malaises sociaux susceptibles de mettre en danger la cohésion sociale. Mais, comme s'il y avait de la part des détenteurs de pouvoir capables de réguler les choses quelque volonté de laisser celles-ci se putréfier pour on ne sait quelle fin, rien n'est fait ou presque pour changer l'état ou le cours des choses qui présagent des crises sérieuses et profondes à venir.

Sur le plan de la relation de confiance qui doit exister entre les dirigeants et les populations qui les portent au pouvoir, un peu partout dans le monde – à l'exception de quelques rares pays qu'on peut compter sur les doigts d'une main, encore qu'on puisse se demander s'il existe un seul pays au monde où le problème ne se pose pas –, on constate un certain désamour entre eux. Il apparaît dans un cadre quasi général de cette relation un sentiment d'évaporation de cette confiance qui panique sévèrement les élus, au point où l'on peut voir chez la plus grande majorité d'entre eux l'expression psychologique d'une grande épouvante qui amène l'observateur à s'interroger sur les décisions que ces derniers pourraient prendre pour renverser la situation. Effectivement, face à l'érosion du crédit accordé par les citoyens à leurs responsables politiques et leur droit de créance qui leur confère la prérogative d'exiger de ces derniers le respect du pacte de confiance, n'ayant pas les moyens de garantir le contrat, les autorités adoptent différentes postures, dont précisément l'usage du mensonge et de la psychose pour desservir impudemment les populations. Il y a même, un peu partout dans le monde actuellement, chez ces gens, pourtant élus pour conduire des politiques en faveur de leurs peuples, une forte inclination à vouloir réduire les citoyens à l'esclavage, et cela partout, en soi-disant démocraties comme dans les dictatures. Le contrat de confiance semble partout brisé, et bien des événements au cours de ces dernières années ou décennies le montrent assez clairement. Tous ces états de choses préparent certains événements qui présagent de très sérieuses crises sur lesquelles préviennent bon nombre de spécialistes.

Quant au grand pacte social du vivre-ensemble, ce sont les mêmes constats qui se font partout dans presque toutes les démocraties. On assiste à presque tous les égards, outre la fracture entre les peuples et les élites politiques, à un délitement de l'Etat de droit et des institutions dites démocratiques et républicaines. Cette désagrégation s'exprime à travers maints comportements tels que les incivilités, la violence, l'absence de respect à l'égard de toute personne incarnant l'autorité, le non-respect du droit de l'autre, le manquement à son propre devoir, les agressions de toutes sortes et dans tous les milieux contre les personnes âgées, les personnes fragiles, les gens paisibles, les professeurs, les chefs d'établissement, les agents de l'ordre, et même contre les autorités les plus haut placées, comme la gifle attentée contre Emmanuel Macron en 2022. Mais quelle est la réponse de l'Etat devant ces discourtoisies qui portent atteinte à divers et différents degrés à la bonne santé de l'Etat de droit ?

b) La responsabilité de l'Etat

Cela se comprend de soi, il n'y a pas de besoin d'apporter quelques précisions à ce propos, que nous parlons de l'ensemble des autorités qui ont la charge de conduire les populations quand nous parlons de l'Etat. A quelque strate que se situent les responsables, élus ou nommés, dans les sociétés dites républicaines, ils portent tous indistinctement une certaine et une grande responsabilité même dans la décomposition de l'ordre républicain du vivre-ensemble. Sans vouloir verser dans l'incongruité du vilain barbarisme appelé le complotisme, nous sommes tenté de dire qu'il y avait eu comme une volonté, une politique délibérée d'amener les sociétés à ce stade de la relation sociale, afin de créer des crises impossibles à gérer que par des affrontements civils.

A moins qu'il n'y ait eu que des charlatans pour penser les Etats dits démocratiques et la chose sociale dans toute la dimension plurielle de celle-ci ces dernières décennies, nous ne pouvons pas comprendre qu'on ait pu construire la gigantesque forteresse structurelle du laisser-faire qui a abouti aujourd'hui à l'explosion tant redoutée par certaines catégories sociales. Ce qui nous amène aux barils de poudre sociaux sous la combustion etnaïque et la déflagration exponentielle, aujourd'hui mûrs et prêts à exploser, n'est pas survenu du jour au lendemain, c'était sinon un programme du moins un laisser-aller, un laisser-faire, une attitude irresponsable, une politique qui met le doigt sur la culpabilité de tous les dirigeants des démocraties occidentales.

La démocratie n'est plus un modèle à vendre, elle devient le lieu par excellence de toutes les incohérences, de toutes les absurdités, de toutes les incongruités, de toutes les incivilités, le modèle du délitement de la société et de l'homme. Nous sommes même tenté de dire que c'est maintenant qu'elle porte vraiment son nom, au regard de ceux qui font lois aujourd'hui dans nos sociétés. Mais à tout scruter au peigne fin, nous ne pouvons pas verser dans cette dérive langagière, en ce sens que ce n'est pas le peuple, le « demos » qui dirige vraiment, car un gouvernement par le peuple tel que le concept de la « démocratie républicaine » le présuppose sous-entendrait que c'est l'ensemble des citoyens qui dirige. Néanmoins, quand on regarde bien les choses, on s'aperçoit que ce n'est pas la totalité des populations qui décide de l'orientation à donner à la « res publica », mais une oligarchie qui n'est ni l'aristocratie, car cette classe a fort longtemps disparu dans l'arène politique, ni la médiocratie[4] avec laquelle l'aristocratie s'était associée à un moment donné pour gérer la chose publique, puisque celle-là a été évincée par celle-ci, mais un petit ensemble de *nanogarques* pris dans chaque groupe pour former un régime spécial que nous appellerons par des néologismes cocasses, soit une *panoligarchie*[5], soit une aristochlocratie, soit une ochlaristocratie, soit une ochloligarchie ou enfin une médiochlocratie[6].

---

[4] Entendons ici la médiocratie non tout à fait dans le sens de « pouvoir tenu par les médiocres » qu'on lui connaît, en raison de la connotation négative que porte la notion de médiocrité, quoique ce sens ne soit pas véritablement différent de celui dans lequel nous l'entendrons. En effet, nous entendons la médiocratie dans le sens de la démocratie moderne ou contemporaine, vantée comme régime parfait, contrairement à sa conception plus ou moins classique qui en faisait un régime qui n'était ni le meilleur, ni le pire, mais quelque chose d'intermédiaire entre ces deux extrêmes. En tout cas, que ce soit dans ce sens-ci ou dans l'autre, la médiocratie est ce pouvoir tenu par la classe du « milieu », de l'étymologie latine de ce dernier, « medium », qui signifie « milieu », « moyen ».

[5] De « pan », « oligos » et « arkhein » : un régime partagé entre de rares individus tirés d'infimes parties de chaque classe sociale pour donner l'impression d'un melting pot politique formé de différentes oligarchies unies entre elles.

[6] Notons que, bien que nous ayons dit que l'aristocratie a longtemps disparu, d'après notre vision subjective et autotélique des choses, et que la démocratie (ou la médiocratie dans le sens précis où nous l'entendons) a été évincée, ces derniers concepts que nous inventons prennent pourtant en compte la pratique d'un pouvoir exercé dans une concertation inénarrable par les soi-disant meilleurs (l'aristocratie) et la plèbe (l'ochlocratie), sauf la *panoligarchie* qui propose un pouvoir exercé par une très petite minorité prélevée dans chaque classe sociale et la

Oui en effet, l'oligarchie classique autrefois composée, depuis la Révolution, d'une frange de l'aristocratie et des éléments de la médiocratie, partage de façon informelle, dans certains cas et dans presque tous les pays de la grande Occidentalia[7], le pouvoir avec une autre oligarchie tirée d'une petite minorité des foules plébéiennes – et même de la moyenne – qu'elle avait longtemps méprisées et qu'elle méprise encore, à qui elle confère des pouvoirs d'exécution énormes de ses volontés contre le reste des citoyens. Elle en fait des serfs contents de leurs statuts qui exécutent les ordres de leurs bienfaiteurs, étant enfermés dans la satisfaction et l'incapacité à comprendre les enjeux qui se cachent derrière de telles faveurs assorties de missions à accomplir en retour. L'aristocratie ou la semblant telle va délibérément se mettre en retrait pour propulser sur la scène politique des éléments composites issus du moyen et du bas-peuple qu'elle téléguidera à distance pour la mise en pratique de ses propres programmes. Par incompétence ou par servilisme enjoué, cette classe d'hommes de pouvoir, dans toutes les sphères de celui-ci, va opérer dans la fabrication d'éléments nuisibles pour les sociétés, à travers les politiques de destruction sociale qu'elle va mettre en application. La démocratie occidentale est devenue un moule à fabriquer des spécimens qui préfigurent la nouvelle espèce à la fois sociale et humaine des hommes de demain qui ne rassurent pas sur le devenir de l'espèce humaine et de nos sociétés.

c) L'effondrement de l'autorité dans toute l'Occidentalia

Le constat est alarmant sur l'effondrement du système social occidental. Mais dans cette partie nous mettrons le doigt précisément sur la question de l'autorité. Les centres ou les lieux où s'exerçait l'autorité il y a encore quelques décennies ont été à dessein démolis par des politiques publiques, sous le prétexte de la démocratie. Les parents se sont vus retirer le droit d'éduquer leurs enfants selon les principes qui ont fait leurs preuves pendant des millénaires, lesquels enjoignaient chaque enfant au respect des autres,

---

médiochlocratie où l'on trouve une collaboration entre la classe moyenne et la plèbe.

[7] Par analogie à la Romania.

dans une relation d'échanges citoyenne qui rendait chacun responsable. Il certes vrai que certaines méthodes étaient trop coercitives et tyranniques et méritaient d'être corrigées, mais celles-ci étaient marginales par rapport à celles qui donnaient des résultats éminemment positives dans toute l'histoire de l'humanité. Toutefois, au lieu de corriger les cas isolés des méthodes tyranniques, quoique en réalité assez répandus, en encadrant ou en rééduquant les parents (et les professeurs) qui en abusaient, sous le prétexte de vouloir corriger les dérives (qui le méritaient bien en réalité), les politiques publiques préféreront saper tout le fondement social et éthique des méthodes d'éducation positives dans leur ensemble. Elles vont créer des droits qui le devaient en réalité, tels le droit de l'enfant, l'interdiction de la punition et de la correction abusives, même si celles-ci n'ont, pour la plupart du temps, absolument rien à voir avec la maltraitance, l'abus d'autorité parentale, etc., qu'on met en avant pour contrevenir au droit des parents d'éduquer leurs enfants pour le bien de la société ou dans le cadre du bien-être social collectif.

Il résulte de ces politiques, qui veulent corriger les dérives autoritaires de certains parents, telle que la maltraitance par exemple, qui sont en réalité une situation réelle, un déplacement de l'autorité qui échappe aux parents, dans leur quasi-totalité, et revient aux enfants qui vont inverser, pour la plupart, les rapports pour devenir une nouvelle catégorie de gens à pouvoir. Ce type de déplacement se fait à la maison qui devient un espace de conflits où plusieurs autorités s'affrontent. En voulant traiter le problème et épargner certains enfants de la tyrannie de leurs parents, on en vient avec des législations générales qui retournent la tyrannie dans l'autre sens.

Confortés dans les droits qu'ils ont acquis, à raison, puisqu'il fallait effectivement corriger les dérives dictatoriales de certains adultes, les bénéficiaires vont partir eux-mêmes à leur tour vers une dérive à récrier, et il s'en suivra un deuxième déplacement du problème. De la maison où les premiers effets se font sentir, le refus de l'autorité par l'enfant et la volonté d'imposer sa propre autorité à l'adulte vont quitter le cadre familial pour s'exporter à l'école, dans la rue et dans la société en général. C'est ce qui se voit à travers de nombreux comportements et actes d'incivilité observés à différents moments et un peu partout dans les « démocraties » occidentales. Sans perdre notre temps à énumérer ces incivilités, encore que nous ne pourrions les recenser dans toutes les sociétés où elles ont cours, rappelons ces élèves qui agressent leurs professeurs, qui les tuent même parfois, ces jeunes qui giflent des adultes qui pourraient être leurs pères, leurs mères, leurs grands-parents, etc. ; ces incivils, ces délinquants fabriqués par les sociétés modernes qui n'ont aucun respect pour les agents de l'ordre, pour les élus, ni même pour les personnalités les plus illustres. On se souvient en France du jeune homme qui a failli gifler le président Emmanuel Macron.

Tous ces comportements regrettables ont été progressivement, pour ne pas dire soigneusement, forgés, afin d'amener nos sociétés là où elles sont aujourd'hui. Cela crée des exaspérations sociales qui vont provoquer à un moment donné des chocs sérieux dans les relations et donner lieu, tôt ou tard, à des affrontements et des explosions dans les communautés en présence. Et puisque les acteurs sont ceux qui appartiennent aux catégories les plus défavorisées dont notamment les étrangers, il en naît certaines formes de réactions comme les nationalismes actuels qui sont la résurgence de vieux et sempiternels sentiments et dispositions xénophobes tournés vers certaines catégories d'étrangers. Mais, tout dépend des pays, il faut avouer qu'il y a certaines incivilités ou certains actes de délinquance qui ne sont perpétrés dans leur majorité que par des sujets étrangers, et cela envenime le regard sur l'« autre » en même temps qu'il jette de l'huile sur le feu des rapports.

d) Les nationalismes

Les nationalismes, d'où qu'ils émergent, s'ils n'ont pas nécessairement partout les mêmes causes, ont néanmoins un facteur commun entre eux, à savoir leur finalité qui est la protection de la nation des différentes menaces auxquelles elle est exposée. Le degré de ces menaces peut être différent selon la nature de celles-ci, mais dès que certaines catégories sociales, le plus souvent possible celles qui se réclament de quelque patriotisme, s'aperçoivent qu'il y a certains malaises sociaux qui engagent l'avenir de la nation, elles en appellent à travers maintes actions à la protection de celle-ci.

Le nationalisme paraît, pour bien des individus, haïssable et intolérable, notamment pour ceux qui sont visés par cette politique protectionniste et les catégories de gens, parmi les populations où il s'applique, qui s'illustrent pour des philanthropes et des humanistes. Mais avant de jeter des pierres lapidaires sur ses tenants, il conviendrait de nous arrêter quelques instants sur les motivations et les raisons de ceux qui le tiennent. Rappelons que les menaces peuvent découler de la relation des catégories sociales entre elles, dans un contexte intra-national, tout comme elles le peuvent dans un contexte plus large d'échanges internationaux d'Etat à Etat.

Dans le cadre des rapports perçus entre les citoyens ou les habitants d'une nation entre eux, même si les causes peuvent être diverses, le plus souvent possible ce sont des raisons d'ordre ethnique ou catégoriel, d'une part, et d'ordre racial, d'un autre côté, qui justifient une telle attitude. Il vrai que les justificatifs d'ordre interethnique ou communautaire ne se percevront pas toujours dans un contexte essentiellement allophobe ou racial, mais donneront parfois lieu à un rejet de l'autre ou du groupe minoritaire, dans l'éventualité de résistance de celui-ci à la culture dominante ou de manifestation d'intérêts sectaires contre l'intérêt national supérieur ou supranational. C'est le cas par exemple des discours développés en France pendant assez longtemps sur les Bretons, les Normands et les Corses, puis, en Angleterre, sur les Irlandais.

Dans le cadre des relations engageant des autochtones et des immigrés installés chez eux, les rapports peuvent être extrêmement complexes et peuvent provoquer de sérieuses crises. En période d'inflation ou de récession économique, quand le chômage bat des records importants, quand tout fonctionne mal dans la société, quand il y a des troubles sociaux et qu'il semble que ce soient les descendants d'étrangers qui en sont responsables en grande partie, quand la violence gangrène la société et qu'il semble qu'elle soit pour une part, importante ou non, portée par certains groupes d'étrangers, etc., le sentiment qui naît chez la plupart des citoyens est la volonté de défendre la nation de ces menaces qui pèsent sur elle. Nous ne traitons pas de l'attitude qui consiste à trouver des boucs émissaires pour faire porter les responsabilités quand tout va mal dans les sociétés, nous parlons uniquement du constat observé dans certaines politiques publiques qui fabriquent des catégories sociales, notamment des fils d'étrangers, auxquelles elles attribuent un trop plein de droits ingérables qui les transforment en des éléments nuisibles pour les sociétés démocratiques occidentales qui les créent.

L'autre lieu ou terrain fertile, entre autres dont nous ne parlerons pas dans ce travail, où s'exerce le discours nationaliste s'observe dans le cadre des rapports d'échanges qui se font entre les nations entre elles. Que ce soit dans le cadre de certains régionalismes continentaux ou dans celui des relations bilatérales ou multilatérales des nations entre elles, certains paramètres peuvent amener à mettre les intérêts de la nation au premier plan, à travers des comportements et des politiques que les patriotes trouveront judicieux, mais que d'autres trouveront haïssables. La défense de la nation devient alors une nécessité impérieuse et se vante comme une politique de salut par certains groupes d'individus qui se dénomment des patriotes ou des nationalistes, en fonction du contexte ou de la conjoncture. C'est le cas des nationalismes européens résurgents portés par les partis de droite qui appellent leurs nations soit à quitter l'Union européenne, soit à revenir sur les traités de l'Union pour limiter les trop fortes influences de celle-ci sur les nations qui semblent fondues aussi de cette union. C'est aussi le cas des nations du Sud qui sont constamment écrasées par les impérialistes dans les relations et les échanges multilatéraux qu'elles entretiennent avec celles-ci. Dans toutes ces formes de mouvements, l'instinct de protection et de préservation se dresse en rempart absolu pour se parer contre ce qui paraît une menace contre la nation et la population, qu'elle vienne de l'intérieur ou de l'extérieur. Que dire donc de la question des flux migratoires ? C'est l'une des questions les plus épineuses qui génère le plus de mécontentements possibles. Par périodes de grandes difficultés nationales où le nationalisme s'en va incandescent, l'immigration est considérée comme une invasion de l'espace national qui justifie les comportements xénophobes les plus ostentatoires.

C'est dans ce double aspect d'une menace à la fois intérieure et extérieure pour les Etats-Unis que Donald Trump justifie ses actions. Mais contrairement à tout ce que nous avons dit ci-dessus, la double menace à laquelle sont exposés les Etats-Unis d'après Trump ne se perçoit pas nécessairement dans le même contexte géopolitique. Selon lui, nous le verrons plus loin, il y aurait une combinaison factice bien élaborée de facteurs internes et de facteurs extérieurs[8] qui s'agglutinent dans la conception intentionnelle de cette menace que certains groupes d'individus font expressément peser sur le pays. Il pointe du doigt des éléments, c'est-à-dire des acteurs de l'intérieur comme de l'extérieur qui se liguent entre eux pour détruire les Etats-Unis, et il se porte en sauveur qui viendra délivrer la nation américaine de ses traîtres. Il y a bien plus encore de prétentions chez Donald Trump, nous les verrons plus loin.

2. Le président Donald Trump sur tous les fronts

On n'en disconviendra pas, le président Donald Trump est l'un des hommes les plus mal-aimés de toute l'histoire. Mais paradoxalement, il est également l'un des plus aimés aux Etats-Unis et dans le monde, et c'est probablement l'une de toutes les raisons, et peut-être même la raison principale, qui lui attirent autant de contestations et de combats, et attisent autour de lui autant de passion et de haine. Un homme contre qui on brandit plus de quatre-vingt-dix griefs d'inculpations ! C'est tout juste phénoménal, c'est le diable de toute l'histoire humaine, un homme infréquentable ! Qu'un homme porte dans sa personne autant de vices et de gros vilains défauts et qu'il n'ait jamais fait l'objet, jusqu'à ce présent moment, d'aucune condamnation pénale spectaculaire et sévèrement punitive ! Pourquoi avoir attendu ces moments précis avant de faire exploser la boite de Pandore dans son visage ? Quelque vraies et sérieuses que puissent être ces accusations, la foule des gens qui les voient s'exposer à cette période précise risque de n'y voir que des persécutions politiques. Mais pour quelles raisons ? Recensons un peu les prétentions

---

[8] Nous faisons bien consciemment cette dichotomie entre les expressions « internes » et « extérieurs », au lieu de les agencer suivant la dualité logique « interne-externe » ou « intérieur-extérieur ».

de Donald Trump, peut-être pourraient-elles nous mettre sur une piste pouvant nous permettre de voir clair dans la situation, bien qu'étranger au monde politique américain et non proche de Donald Trump nous ne connaissions pas la vérité et ne puissions prendre parti pour tel ou tel camp, d'autant plus que le travail que nous proposons se veut le plus objectif possible.

a) Le Deep State ou l'Etat profond

L'Etat profond ou le Deep State en anglais est une expression utilisée dans certains milieux politiques ou dans le discours de certains spécialistes pour faire référence à une caste d'hommes qui dirigerait le monde sans être nécessairement dans les sphères visibles du pouvoir. Au contraire, tous les dirigeants du monde qu'on voit dans les sphères politiques, économiques et financières sembleraient, de l'avis de ceux qu'on appelle les conspirationnistes, des pantins employés au service d'une telle caste pour exécuter leurs plans. L'Etat profond entendu sous ce concept existe-t-il réellement ou bien n'est-il qu'une illusion ? Nous ne sommes pas venu apporter des confirmations à ces genres de choses qui divisent le monde des gens qui dirigent, ainsi que nous ne nous donnons pas non plus pour objectif de nous ranger de quelque bord que ce soit, afin de ne biaiser aucune espèce de réalité, quelle qu'elle soit. Nous ne ferons plaisir ni à ce camp-ci, ni non plus à ce camp-là. Nous rappellerons que notre objectif à travers ce travail est d'essayer de nous interroger sur les raisons qui font que le seul nom de Trump fait paniquer le monde entier. Nous ne pensons même pas analyser les choses, non que nous ayons nécessairement peur de le faire parce le camp adverse semble extrêmement fort, mais tout simplement pour rester dans notre idée de départ, à savoir que nous n'avons aucune espèce de certitude nulle part, ni du côté-ci, ni de l'autre.

Il est, pour tout dire en réalité, un certain nombre d'éléments qui sembleraient confirmer ou suggérer l'idée de l'existence d'une catégorie d'hommes, ceux qu'on appelle les plus puissants de la planète, qui mènent ou qui souhaitent mener le monde là où ils veulent. Et Trump paraît une menace sérieuse pour les intérêts, l'existence ou la continuité de cette classe. Parmi les éléments qui donneraient raison aux complotistes, on pourrait noter l'attitude orgueilleuse de ceux que certaines catégories de gens accusent de complots. Ces gens-là sont tellement sûrs de leur pouvoir qu'ils ne cachent plus leurs intentions, quoiqu'ils continuent de clamer ou de faire dire paradoxalement à leur place qu'il y a certaines idées conspirationnistes à tort élevées contre eux. Qu'est-ce qui illustre le plus l'idée du paradoxe de cette élite qui multiplie d'un côté des accusations de « complotisme » contre eux et affiche, de l'autre côté, des discours ou comportements empreints d'une arrogance très condescendante à l'égard du reste du monde, que *La grande réinitialisation* de Klauss Schwab ?

Autre attitude de ce clan, on sait que Trump est venu en 2016 avec le slogan « Drain the swamp » (assécher ou nettoyer le marais). A la fin de l'année 2018, au mois de décembre plus précisément, le journal The Economist, dont il paraît, suivant certaines personnes, que son numéro de décembre annonce habituellement sa politique pour l'année suivante, avait illustré ledit numéro par une photo de Trump assis au bord d'une rivière. Il avait les pieds nus dans l'eau, où l'on pouvait voir de gros alligators, et des bêtes sauvages tout autour de lui, des serpents et notamment un géant anaconda surmontant sa tête. Pendant qu'il était dans cette position, exposé à tous les dangers, on voyait passer dans un petit bateau de plaisance quelques hommes à l'air confiants. Sans perdre notre temps pour analyser cette image, ce que nous devrions pourtant faire, soulignons brièvement qu'une telle illustration à travers la page de garde du journal montrait tous les dangers encourus par Trump qui s'en était pris au Deep State. L'image de The Economist en question, élaborée autour de la figure rhétorique dite de l'hypotypose, qui est la plus magistrale, la plus luxueuse et la plus fertile qui soit en matière de description, de suggestion et d'exposition des idées ou des états d'esprit, semblait donner une mise en garde sévère à Donald Trump sur la nature du Deep State. En même temps, elle pouvait être également une invitation qui lui avait été lancée pour qu'il se mette dans la danse de l'élite, s'il voulait avoir la vie sauve et se tirer d'affaire, ce qu'illustre bien le bateau de plaisance qui pouvait signifier, hautainement, sa dernière chance de survie, à savoir qu'il se mette dans le même bateau qu'eux.

Si cette image ne confirme pas l'existence réelle de l'Etat profond, ce que tout le narratif en faveur de l'élite dirigeante rejette en bloc, on y retrouve par contre toutes les prétentions de l'hypotypose qui déploie son majestueux tapis pour faire de sa description ou de son récit le tableau le plus pittoresque et le plus vivant possible. Georges Molinié la décrit ainsi : *L'hypotypose consiste en ce que dans un récit ou, plus souvent encore, dans une description, le narrateur sélectionne une partie seulement des informations correspondant à l'ensemble du thème traité, ne gardant que des notations particulièrement sensibles et fortes, accrochantes, sans donner la vue générale de ce dont il s'agit, sans indiquer même le sujet global du discours, voire en présentant un aspect sous des expressions fausses ou de pure apparence, toujours rattachées à l'enregistrement cinématographique du déroulement ou de la manifestation extérieurs de l'objet.* C'est exactement ce qu'a fait The Economist qui a caché à ses lecteurs tous les éléments renvoyant au thème ou au sujet proprement dit, tout en déroulant tous les détails sensibles et vivaces de la description des dangers que Donald Trump faisait exposer sur sa tête.

Les destinataires du message étaient Donald Trump lui-même et son équipe, puis l'ensemble de tous ceux qui n'étaient pas du « bon côté ». Il n'y a pas l'ombre d'un doute que ce message était une réponse qui lui était adressée : « Vous dites qu'il y a un marais infesté d'animaux à nettoyer. Eh bien, sachez que ce marais [suivant vos propres termes] est profond, puissant et effrayant ». L'idée du Deep State profond et puissant ressort dans certains discours qui n'étaient pas nécessairement pro-Trump, quoiqu'on la trouvât également chez ses partisans. Je ne vais pas m'arrêter sur tous les cas, il y en a tellement que je ne finirais pas, je vais commencer par un personnage, non nécessairement le plus important, à savoir Dan Bongino. En 2019, un peu vers la fin de cette année si je ne m'abuse, Bongino dans son Show[9] prévenait que le Deep State était plus profond qu'on ne pensait. Maintenant, revenons à l'image de The Economist. Les animaux qu'on voyait tout autour de Trump, n'était-ce pas également une manière de prévenir Trump qu'il était seul dans l'arène et que tous ceux qui étaient autour de lui faisaient

---

[9] Je ne me rappelle plus s'il avait déjà son show ou si c'était dans une simple prestation qu'il avait fait allusion au pouvoir extrêmement profond du Deep State.

partie, probablement à son insu, du Deep State qu'il voulait détruire ? A ce propos, je ferai allusion à Robert David Steele, un ancien membre de la CIA, décédé du Covid, qui ne cessait de prévenir Trump que ses collaborateurs comme Mike Pence, William Barr, etc., faisaient partie du Deep State. Soit dit au passage, peut-être que nous reviendrons sur cette information, R. David Steele était celui qui donnait conseil à Donald Trump, dans une série de vidéos Youtube qu'il mettait en ligne ou au cours des invitations qu'il recevait, sur la nécessité de créer sa propre chaîne ou encore sur la façon de récupérer plusieurs trillions de dollars sur les paradis fiscaux. Rappelons aussi qu'avant sa mort il s'était vu confier par l'Administration Trump la responsabilité de diriger le Comité sur la pédo-criminalité. Quant à Christopher Wray et au général Mike Milley, beaucoup de gens appartenant probablement au clan de Donald Trump les identifiaient comme appartenant au Deep State. Certaines personnes comme l'avocat Lin Wood parlaient même de John Roberts et de Brett Kavanaugh comme faisant également partie du Deep State. Il y a tellement d'accusations ou d'informations qu'on ne peut pas savoir lesquelles sont fondées ou non. En tout cas, Trump s'en prend à l'establishment politique américain et à l'élite mondiale qu'il accuse de bien des choses.

Une autre chose qui semble plaider contre le Deep State ou mettre à court d'idées ses serviteurs éventuels, quoique la masse des gens employés à défendre les idées de classe dirigeante mondiale ne soit jamais à court d'idées, ou encore qui semble confirmer l'existence de cette entité que les agents affirment ne point exister, mais au service de laquelle ils travaillent pourtant, est leur attitude à l'endroit de Biden actuellement. Jusqu'au débat du 27 juin 2024 dernier entre Biden et Trump, toute l'équipe mondiale des journalistes et des spécialistes de toutes sortes au service de l'Etat profond, aux dires des « complotistes », défendaient becs et ongles Biden sur tous les états de son statut, de ses services à la nation américaine et de sa santé. Mais il a suffi, même si le projet de son éviction était déjà là, de la tournure du débat en leur défaveur pour que toute la mass media se retourne brusquement contre un Biden qu'elle a défendu pendant trois ans et demi avec une brutalité exceptionnelle et en des termes qu'elle réservait à Trump.

Tout cela apporte un sérieux démenti, une profonde désapprobation à cette équipe de gens derrière qui courait la plus grande majorité des populations. Pitoyablement, ils ne se sont même pas interrogés un seul instant sur le fait que se retourner brusquement ainsi contre leur protégé les ferait passer pour des gens inconséquents qui agissent sur des ordres qu'ils reçoivent de cette caste que leurs « fameux complotistes » dénonçaient comme étant ceux qui mènent le monde au gré de leurs fantaisies. Ni l'apparent Deep State, ni l'ensemble des serfs de ce dernier ne semblent se douter que, malgré la panique qui les assaille, tenir une telle attitude serait désastreux pour les apparences qu'ils ont jusque-là affichée. Y a-t-il dans toute la trame des événements qui les concernent pire erreur que ce retournement contre Joe Biden qui montre que le Deep State existe réellement, lequel de plus montre clairement qu'il y a bien réellement un ensemble important de gens qui travaillent pour ce Deep State dont ils reçoivent l'ordre d'orienter et de diriger l'opinion.

Dans son journal du 15 juillet 2024 dernier, Rachel Maddow, dont on connaît son aversion viscérale pour Trump, ne se montrera pas cette fois exécrable envers ce dernier et d'une rampante gentillesse avec Biden. On eût dit quelqu'un d'objectif qui dit les choses en toute neutralité possible. Mais puisque le mot d'ordre aurait semblé avoir été d'abattre médiatiquement parlant le très longtemps protégé mais aujourd'hui disgracieux Biden, il paraît très clair que sa déclaration participe de la campagne du propre camp de Biden pour le renverser. Quelques sympathisants de droite pensent que le retournement du discours en défaveur de Biden vient forcément du Deep State. Maddow remarque : *La performance de Biden lors du premier débat est sur le point de renverser sa candidature. Le président Biden a démontré à quoi ressemble une campagne dynamique pour Biden… Et les collectes de fonds qui ont lancé sa campagne s'arrêtent instantanément après la tentative d'assassinat, samedi soir, contre son adversaire dans la course. Depuis lors, Joe Biden, en tant que président, a fait de nombreuses apparitions et remarques publiques sur la tentative d'assassinat. Tout a commencé par une déclaration écrite disant qu'il avait été informé de l'incident, qu'il attendait et espérait parler avec Trump. Les collectes de fonds en faveur de Biden se sont arrêtées instantanément !*

Maddow continue par une interview que Lester Holt avait avec Joe Biden. Dans une brève note quelque peu flatteuse mais pas plus, elle remarque pour les collègues qui sont avec elle dans son show que « Biden s'est assis avec le présentateur de NBC Lester Holt dans une interview combative et fougueuse ». Parmi tous les collègues du Show de Maddow, Lawrence O'Donnell répond qu'il ne pense pas qu'il s'agissait d'un entretien combatif, que Biden devait répondre à certaines questions et qu'il y a répondu ; ce à quoi a répliqué Maddow en disant qu'elle n'entendait pas "combatif" dans le sens où Biden était percutant, mais dans le sens où il était là pour [faire] autant qu'il pouvait. Et Lawrence O'Donnell a continué en remarquant ce qui suit dans cette sorte de discours qui n'encense plus le président mais qui cherche à le montrer inapte à briguer un second mandat : « *La seule chose qu'il [Biden] ne peut effacer d'aucune de ces interviews, c'est son âge... Je savais quel était son âge il y a cinq ans, je savais comment il serait maintenant, je savais à quoi ressemblerait sa voix, qu'elle allait paraître plus faible...* »

Comme Rachel était intéressée de savoir si la tempête sur la candidature de Biden était passée[10], O'Donnell lui réplique en disant que « *la question était de savoir si Lester, pour ce qui avait été initialement prévu, était vraiment là pour poser des questions et découvrir si la tempête était passée. Voilà la vraie question. Il n'y a qu'une seule personne qui connaît la réponse à cette question, c'est Joe Biden lui-même, car il n'y a que lui seul qui décide. Pour Joe Biden, la tempête est passée aussitôt qu'elle a commencée, il vient de dire : "Je reste dans cette course". Voilà où nous en sommes ce soir et je ne pense pas que quelque chose ait changé dans ce sens, je ne pense pas que cette interview puisse aider quiconque à faire changer d'avis Biden.* »

Nous avons ici, de la part de O'Donnell, un tableau assez sinistre de Biden décrit comme un menteur, un opiniâtre, un homme têtu, sûr de lui et, sinon un dictateur du moins, comme un homme qui s'impose ou impose sa propre vision des choses à tous. Mais c'était sans composer avec les décideurs de l'ombre appelés le Deep State par certains sympathisants de droite, car en dépit de l'entêtement de Biden, il finira par se voir éjecté du siège. Serait-ce une preuve que le Deep State existe réellement ?

---

[10] Nous rappelons que nous sommes avant le désistement de Joe Biden à l'échéance de 2024.

b) La question de la morale

Voilà une de toutes les questions qui préoccupent Donald Trump, un peu à la manière de Vladimir Poutine, la question de la morale dans les sociétés. La gauche mondiale est décriée comme étant à l'origine de lois libertaires qui remettent en cause la morale sociale et la morale religieuse. Ce que les sociétés contemporaines donnent pour des acquis en termes de droits sociaux sur les libertés individuelles et sociales est dénoncé par certains groupes comme étant des actes de perversion, des atteintes à la morale et des menaces graves pour la civilisation humaine. Ce qu'on peut constater dans cette impitoyable guerre entre ces clans qui s'entredéchirent est une opposition entre deux visions paradigmatiques du monde qui s'affrontent, celle d'un monde conservateur, bien que non statique, et celle d'un monde en mutation sociale. Chaque camp peut prétendre être celui qui défend la démocratie et veille sur la préservation des valeurs humaines, sociales et universelles. Mais au fond il se pose d'un côté comme de l'autre de sérieux problèmes qui mettent en cause d'une part la question de la relation, de la liberté individuelle et du libre-arbitre, et justifient d'autre part des questionnements profonds sur le devenir de l'humanité et des sociétés. Ce qui envenime et bloque la situation, c'est qu'aucune des parties ne veut céder ne serait-ce que la plus petite parcelle de terrain à l'autre. Pourquoi ces attitudes tyranniques qui se réclament d'un côté comme de l'autre de la démocratie, alors qu'elles enfreignent toutes le principe fondamental de la démocratie qui est le respect de l'autre et de sa liberté ?

Considérons le groupe des conservateurs. Pour une bonne majorité d'entre eux, les gens qui se reconnaissent dans les valeurs conservatrices désapprouvent la nouvelle donne sociale telle que le LGBTQ+ (le wokisme également) que le camp des libéralistes leur semble donner pour la nouvelle règle, le nouveau « principe universel » qui doit fonder les sociétés actuelles. Quoiqu'en dise le camp adverse, les attitudes affichées par les conservateurs montrent tantôt une désapprobation, tantôt le rejet ou autrement dit une aversion personnelle, tantôt la critique de ces nouvelles valeurs qu'ils rejettent comme étant contre-nature, mais les attitudes physiques et morales agressives contre les gens qui entrent dans la configuration du LGBTQ+ sont marginales chez les adeptes de la morale conservatrice. Néanmoins, quelle que soit la marginalisation des attitudes agressives à l'égard de ces gens qui ont fait le choix de leur vie et l'orientation de leur identité, celles-ci sont condamnables et méritent d'être censurées. De quel droit peut-on oser enlever aux autres le droit de disposer de leur vie comme bon leur semble ? Chaque individu est libre de mener sa vie comme il l'entend, parce qu'il y va de son libre-arbitre et que cela ne concerne que lui seul. Ce que certains groupes conservateurs, qui sont le plus souvent possible des croyants, ne comprennent pas, c'est que Dieu lui-même laisse à tous indistinctement leur liberté de faire et de disposer de leur vie comme bon leur semble, quand bien même les choix ou les orientations qu'ils font ne vont pas dans le sens de ce qu'il veut. Donc, se dresser avec une certaine tyrannie, sous le prétexte de défendre de Dieu, contre les mœurs des autres et, pire, les persécuter physiquement ou moralement est une illusion de rendre service à Dieu qui respecte pourtant lui-même les droits de tous.

Du côté des libéralistes, le problème n'en est pas moins grave. Voyons un peu ce qu'il en est. La nouvelle vision du monde qu'ils prônent fait l'objet de mesures, de légiférations, de lois pour protéger les minorités concernées par le LGBTQ+. Rien de plus normal et de plus noble que la conception de ces lois et mesures qui visent à protéger ces gens qui choisissent de vivre leur vie comme ils l'entendent ! Car il revient aux autorités, dans n'importe quelle société, de veiller à ce qu'aucun groupe social subisse la persécution et la torture des autres, en raison de règles naturelles suppléées de règles sociales qui régissent ou sont censées régir les comportements de tous dans l'architecture relationnelle du vivre-ensemble où chacun a sa place. Néanmoins, ceux qui prônent cette vision du monde qui heurte la conscience des conservateurs[11] intolérants en font en réalité une nouvelle religion, une religion sociale qui cherche à faire des adeptes, comme il en est de toute religion. Du coup, les mesures conçues pour protéger ces pauvres gens, qui ont droit à la vie, à leur épanouissement là où ils estiment trouver cet

---

[11] Ce qui ne se devrait pas en réalité, compte tenu du fait que tout le monde est né libre et est censé mener sa vie comme il veut.

épanouissement, ne restent pas dans la stricte protection de leurs droits et l'imposition des devoirs des autres à leur égard, mais cherchent à aller au-delà. Il y aurait, comme dans les religions comme le Christianisme et l'Islam, quelque désir d'imposer les choses à travers des croisades qui ne ressemblent pas dans leur nature à celles des deux religions sus citées, mais qui n'en restent pas moins des croisades que nous qualifierons de juridiques.

D'aucuns diraient que la volonté d'imposer la vision du monde des libéralistes aux autres est une ineptie et que le fait de parler de croisades juridiques enlève à l'accusation toute valeur réelle. Mais à dire les choses en toute franchise, les mêmes mesures protectrices prévoient des remparts pour les concernés qui posent presque dans les mêmes conditions que chez les groupes conservateurs le problème de la relation. En effet, il semblerait que le fait même pour certains groupes religieux d'entamer des discussions avec les concernés sur leur orientation sexuelle ou de leur parler par exemple de principes chrétiens ou autres est un outrepassement de son propre droit pour aller empiéter sur celui du ou des concernés. Mais pourquoi des frontières relationnelles d'un côté ou de l'autre ? Est-ce par l'interdiction des rapports ou du dialogue entre les groupes qu'on résoudra les problèmes mus par les altérités identitaires ? Cette façon de voir pose le problème du verrouillage de la relation, en même temps qu'elle est susceptible de nourrir encore plus les intolérances entre les groupes sociaux. Ces politiques, d'où qu'elles viennent, des groupes religieux traditionnels ou de nouvelles formes de catégories sociales, divisent les sociétés.

De plus, la nouvelle religion sociale, à la manière des deux grandes religions telles que le Christianisme dévoyé et l'Islam, dans son objectif d'accroître le nombre de ses adeptes, fait des campagnes auprès même des enfants du plus jeune âge qu'elle recrute, sans avoir besoin de l'avis de leurs parents. On voit aux Etats-Unis surtout beaucoup de parents se plaindre de voir leurs enfants aller à l'école et rentrés transmutés, passant d'un sexe à l'autre. Tout semble pour ces gens qui subissent ces genres de choses mis en place par les politiques en faveur de cette nouvelle religion sociale, surtout pour ceux qui appartiennent à certaines communautés religieuses, une agression psychologique et morale. Cela leur semble même parfois une trahison judiciaire, puisqu'ils n'obtiennent aucune justice contre ces décisions de métamorphoser leurs enfants à leur insu.

Donald Trump ne semble pas insensible à ces genres de choses qu'il pense être des débilités sociales, et nous parlons du LGBTQ+ dans son ensemble, y compris le wokisme. Apparemment membre de l'église presbytérienne, combien de fois n'a-t-il pas pointé du doigt le problème du sport féminin envahi, dit-il, de trans-sexués ou d'hommes qui se prétendent des femmes ? Combien de fois n'a-t-il pas mis le doigt sur l'avortement, sur les prétextes wokistes, etc., qui cachent, selon le camp qu'il incarne, de grandes discriminations au profit de certains groupes minoritaires ? Il ne semble pas être contre la pratique personnelle ou privée de ces orientations sexuelles, mais il semble ne pas concevoir ou partager l'idée que ces pratiques doivent s'étendre à toutes les sociétés et fassent l'objet de légiférations qui les imposent. Sa conception de la démocratie est une conception qui relève de la morale traditionnelle classique selon laquelle il ne faut pas faire obstacle aux libertés individuelles dont dispose chacun de choisir sa vie, mais il n'entend pas qu'il faille faire des lois pour faire de la propagande et encore moins pour imposer ces choses aux sociétés. Pour lui, comme pour tous ceux qui se retrouvent dans la mouvance à laquelle il adhère, comme Vladimir Poutine qui ne fait pas langue de bois sur ces sujets, ces choses données pour des sortes d'acquis sociaux démocratiques posent le problème de la dégénérescence des sociétés actuelles et menacent la civilisation humaine. En cela, Donald Trump se pose comme ennemi de ceux qui font campagne pour l'évolution des sociétés vers toutes ces sortes de liberté.

c) **La criminalité**

Depuis son apparition dans l'arène politique en 2016, Donald Trump n'a de cesse de pointer le doigt sur la criminalité. Mais le terme ayant une polysémie assez étendue, précisons sur quoi l'ancien président met-il le doigt en termes de criminalité afin d'éviter d'aller dans des généralités hors de propos, quoique en réalité tout ce qui renvoie à la perception générale de la criminalité trouve ou puisse trouver son compte dans les accusations de Donald Trump. En fait, les criminalités dénoncées au grand jour et constamment par Trump sont liées à la pédophilie, les trafics d'êtres humains et d'enfants précisément, les trafics d'organes, les sacrifices d'enfants, l'exploitation des femmes par des réseaux mafieux du sexe, les comportements anticonstitutionnels graves de l'élite dirigeante américaine...

Le mouvement porté par Trump projette un œil sur le monde qui voit des méchants partout. A-t-il tort ou raison ? Le monde est-il chargé de méchants comme il le voit ou bien est-il innocent ou quasiment tel ? Trump voit-il là où nous ne voyons pas ou ne pouvons pas voir ou bien invente-t-il, en tant que complotiste, des choses horribles sur les plus puissants du monde ? Qui ne se souvient pas de son débat avec Hillary Clinton en 2016, quand celle-ci demandait au public s'il allait confier le pouvoir à un homme comme lui, et de sa réponse à Hilary : « parce vous savez que vous irez en prison » ? En fait, Donald Trump accuse tout le monde, la famille Clinton, Obama, etc., ainsi qu'il le fait pour presque toute l'élite mondiale, de faits dont nous ne savons pas s'ils sont avérés ou non. Mais comment et pourquoi un homme comme lui serait-il assez bête pour s'en prendre au monde entier sur ces genres de choses extrêmement graves ? Serait-il malade ? Mais pour ne pas faire plaisir uniquement à un camp par soumission ou par désir de nous conformer à l'opinion dominante, demandons-nous aussi est-ce qu'il a des preuves pour accuser à tout va comme il le fait. Et cela, nous ne pouvons pas le savoir, ce qui nous oblige à ne pencher nulle part ; d'ailleurs, notre travail ne se conçoit pas dans l'objectif de plaire à tel ou tel camp, mais dans celui d'interroger les choses.

Donald Trump insiste beaucoup sur les crimes dont seraient victimes beaucoup d'enfants dans le monde. Il en parle beaucoup dans toutes les discussions, et d'ailleurs, à chaque fois que l'occasion se présente pour qu'il parle de la question de la frontière et du mur qu'il voulait élever entre les Etats-Unis et certains pays de l'Amérique du sud comme le Mexique, il profite pour lier cette question avec celles de l'immigration, de la pédophilie et de la criminalité. Il en parle tellement que l'opinion connaît parfaitement bien son discours sur le sujet. C'est ainsi qu'en 2019 il avait nommé ou fait nommer Robert David Steele à la tête du comité d'enquête sur la pédo-criminalité, ce Robert D. Steele dont nous avons déjà parlé, lequel aurait su un certain nombre de choses sur ce que l'on appelle, à tort ou à raison, le Deep State. Le feu Steele – nous avons rapporté dans la partie précédente qu'il est mort du « Covid » – n'était pas nécessairement au fait des dossiers sur les éventuels crimes sur enfants, il semblait plutôt, en tant qu'ancien membre de la CIA, connaître de nombreux autres dossiers sur lesquels il voulait prodiguer ses conseils. En ayant été nommé Directeur du comité sur la pédo-criminalité par l'administration Trump en 2019, il est évident qu'il était associé avec l'administration Trump pour traquer les « soi-disant » pédo-criminels et cela ne laissait pas une bonne image de ce Trump, présent sur trop de fronts accusatoires contre ceux qu'il désigne comme des animaux sauvages qui grouillent dans les eaux du Deep State. Et l'on sait toute l'importance qu'il accorde à l'affaire Epstein.

d) La réduction drastique de la population mondiale

Ce n'est pas en réalité dans la bouche de Donald Trump lui-même qu'on entend ce genre de discours sur la réduction de la population mondiale. On entend un tel discours de la bouche de ceux que l'on caractérise de conspirationnistes. Mais les conspirationnistes étant partout, puisque les accusations qu'on dit infondées circulent dans chaque camp au point même où le complotisme n'a de sens que ce qu'on lui fait prendre dans chaque clan, précisons que c'est dans la bouche de la plupart des partisans de Trump qu'on appelle les Q Anon qu'on entend ce genre d'informations. En réalité, nous devons préciser que la circulation des informations de cette sorte remonte à bien plus longtemps que Trump, mais la plus grande partie de ceux qui les tenaient sont devenus ses partisans à son apparition dans le monde politique.

En effet, depuis l'érection du Guidestones à Elberton, à Georgia, en 1980, le monument a donné lieu à différentes interprétations ou « théories complotistes ». Nous parlons de théories conspirationnistes à propos du Guidestones, sans doute pour faire plaisir à ceux sur les lèvres ou dans la plume de qui le concept fait bonne fortune. Mais en réalité d'où vient-il qu'on en est venu à interpréter le Guidestones comme le projet d'un groupe d'individus, les plus puissants du monde, de réduire la population du monde ? Le fait est que le fameux monument comportait, jusqu'à sa destruction en 2022 à tout hasard, quarante-deux ans après sa construction, des informations de nature compromettante qui pouvaient se prêter à de telles interprétations. On y trouvait par exemple un ensemble de « dix commandements » censés prétendument avertir l'humanité sur d'éventuelles catastrophes qui devraient survenir sur notre planète, lesquelles devraient amener à la maintenir sous le seuil de moins de cinq cents millions de personnes. D'aucuns n'ont vu d'intérêt pour un tel monument que celui d'être un avertissement sur un quelconque projet funeste de l'élite qui dirige le monde.

On peut avoir beau dénoncer quelque conspirationnisme chez les gens qui pensent que le Guidestones n'était pas innocent, mais quand on considère au moins deux événements qui se sont passés dans le monde médical depuis l'élévation des stèles de Georgia, à savoir le sida et le covid, les avis divergent sérieusement suivant le camp dont les intéressés se réclament. Beaucoup de gens voient une corrélation directe entre au moins ces deux événements et le « projet » de dépopulation du monde mis prétendument en exergue par la catégorie de gens que les « complotistes » appellent des comploteurs. Tout n'est qu'une question de concepts et de vocabulaires. Tel de ce côté voit des comploteurs dans l'autre camp, tel autre, de l'autre côté, voit des complotistes, et ils se démènent, chacun de son côté, à vouloir faire croire à la véracité de son propre discours et la fausseté de celui de l'autre. Si Donald Trump ne dénonce pas personnellement une quelconque volonté chez le Deep State de réduire la population mondiale à travers des politiques infernales, il a par contre montré une attitude à l'endroit du Covid-19 qui n'a pas plu du tout à ceux qu'il combat, parce qu'il affirme que le Covid avait été utilisé pour lui voler l'élection de 2020.

e) L'establishment contre la nation américaine

Il n'y a pas d'accusations portées par Donald Trump contre ses adversaires du Deep State qui soient inoffensives, elles sont toutes extrêmement graves, mais nous ne sommes pas ici pour juger de ce qui est grave et de ce qui ne l'est pas.

Notre intérêt consiste à exposer ou à remettre les tableaux sous les yeux, quand il le faut, afin d'amener quiconque le veut ou le peut à voir les choses comme elles doivent être vues ou comme il décide de les voir, sachant que tout le monde est libre de voir les choses sous l'optique qui lui plaît.

Depuis son arrivée dans l'arène en 2016, Donald Trump s'est illustré à travers un narratif qui dépeint l'establishment comme un cimetière rempli de cadavres pestilentiels. Le tableau tel qu'il apparaît dans la description, implicitement ou explicitement, de l'ancien président sur l'élite dirigeante américaine expose un monde à la fois extrêmement sombre, cynique, sinistre et démoniaque, un monde où se trament d'immenses complots contre le peuple américain. Mais par-delà l'establishment américain, c'est l'élite de tout le globe entièrement qui est dépeinte dans les traits les plus sataniques. A cet égard, il suffit d'écouter ou d'avoir écouté les fantassins de Q Anon pour entrer soit dans les profondeurs macabres d'un monde extrêmement maladif et dérangé, soit dans les profondeurs d'un conspirationnisme également dérangé. Choisissez celui dans lequel voulez-vous entrer suivant votre profession de foi, nous, nous n'en savons rien et espérons seulement voir la vérité éclatée, puisque chaque camp prétend être du bon côté et désigne l'autre comme étant du mauvais côté.

A moins seulement qu'ils s'entredétruisent l'un l'autre et qu'il ne reste plus personne pour prendre connaissance de la vérité, le camp du bien montrera son visage, et celui du mal, à son tour également. Oui la vérité se révélera, à moins qu'ils soient tous deux du même côté et qu'ils se battent seulement pour des privilèges qu'ils veulent chacun garder pour leur caste, ce qui laisserait dans cette configuration des choses le sentiment que le monde qu'ils nous promettent chacun est un monde conçu suivant une vision moniste ou unilatéraliste et que la dualité des mondes à laquelle ils veulent nous faire souscrire est une magistrale fausseté. Et cela n'étonnerait personne qu'ils ne se soucient pas du « demos » qui revient constamment dans leurs discours et qu'ils feignent tous de défendre faussement, car les tortuosités du monde politique sont telles que quiconque n'est naïf ne peut ajouter aucune confiance aux promesses alléchantes. De plus, il n'est jamais d'équipe qui n'est pas infestée de caméléons et de toutes espèces de bêtes sauvages, à l'insu de ceux qui portent les meilleures intentions du monde.

f) Les confiscations

Sous cette appellation qui ne laisse aucun doute sur ce qu'elle évoque ou sur ce à quoi elle fait allusion, nous entendons la privation du citoyen de ses droits les plus élémentaires et fondamentaux. L'ancien président Donald Trump semble s'engager depuis son émergence dans le monde politique à exposer ses adversaires comme des imposteurs qui s'exténuent dans de fallacieuses campagnes pour faire croire faussement qu'ils défendent la démocratie, alors qu'ils usent de toutes les ruses, de tous les stratagèmes pour enfermer le peuple dans la misère politique et sociale la plus invraisemblable. Il adopte certaines postures qui font croire à ses auditoires que l'establishment leur ment et qu'il est celui qui vient se battre pour eux afin de leur restituer leurs droits qui ont été bafoués et confisqués par des équipes d'hommes qui ne se soucient que de leurs propres situations et de celles de leur caste. Selon lui, le peuple, le « demos » a été chassé de la vie de la cité, et nous entendons par là de la vie de la nation, par une bande d'antipatriotes qui se font pourtant passer pour des individus qui aiment le pays.

Tout dans le discours de Trump montre que le peuple est trompé dans ses droits depuis plusieurs décennies par des équipes d'hommes, que la nouvelle terminologie appelle le Deep State, lesquelles n'utilisent le nom du peuple que pour bâtir uniquement leur idéologie politique. Il promet au peuple d'aller arracher, aux mains de ceux qui l'en ont privé, tous ses droits, et pour ce faire il s'engage dans un combat sans merci qui déplaît fort à ses adversaires. Et on peut le comprendre à travers son discours, les droits confisqués du peuple dont il parle sont celui d'être décideur ou partie dans les décisions à prendre pour le pays, celui de jouir entièrement de ses droits de citoyen, d'exercer pleinement et sans entrave sa liberté d'expression, de décider de ce qui est bien et de ce qui est mal, de ce qui est normal et de ce qui ne l'est pas, de ne pas voir ses contributions fiscales se gaspiller dans les plans de puissants individus d'où il ne tirera aucun profit. Voilà entre autres choses, toutes aussi accusatrices les unes que les autres, les prétentions que brandit Donald Trump contre une caste extrêmement puissante de gens qui dirigent le monde.

C'est un combat extrêmement dangereux d'où l'une des deux parties sortira sinon tout à fait écrasée, du moins très affaiblie, si l'on tient compte du fait qu'il ne s'agit pas d'une guerre entre une communauté d'hommes et un simple homme, mais d'une guerre entre deux castes opposées qui se déchirent au nom de valeurs opposées auxquelles elles souscrivent chacune. Et il semblerait que le camp de Donald Trump, dépeint comme le Dictateur sans égal qui viendrait plonger l'humanité dans la pire dictature imaginable, expose sans ménagement celui de ses adversaires dont l'arrogance ou l'absence de discernement les pousse à commettre les pires erreurs qui leur seraient probablement très fatales. A ce propos, *La grande réinitialisation* de Schwab, puis les libertés de parole que prend un certain nombre des gens de pouvoir comme, entre autres figures importantes, Bill Gate, pour exposer leurs projets pour l'humanité, et enfin la grande expérience de la volonté de confisquer la liberté des peuples exposée à travers le Covid, sont autant d'erreurs qui montrent qu'on a voulu vendre la peau du loup avant de l'avoir tué. Voilà ce qui se dit dans les discours du camp de Trump qui se dit prêt et engagé à exposer le camp d'en face. On aura beau continuer encore d'alléguer les prétextes du conspirationnisme pour étouffer la voix du peuple, mais celui-ci finira par voir qui sont ses ennemis et qui sont les patriotes, entend-t-on aux micros des partisans de Trump comme Dave Haye par exemple et de TRÈS NOMBREUX autres encore catalogués comme des agents du Q Anon.

La guerre est sanglante et sans merci, et étant donné les pertes colossales qui risquent d'en découler pour les perdants, aucun camp ne peut se résoudre à perdre ses privilèges en faisant des compromis. Dans cette animosité qui n'engage pas que les Etats-Unis uniquement mais le monde en général, vu que l'organisation et la défense des intérêts des castes ne font pas l'objet d'un confinement spatial limité, mais globalisé, une cessation des hostilités n'est pas envisageable. Elle n'est pas négociable, car il y va non seulement des privilèges à ne pas perdre, ni à ne pas céder, mais encore de la dislocation ou de l'effondrement de l'Ordre du monde. Pour sauver et sauvegarder ses immenses privilèges et prérogatives, chaque caste est capable de s'engager dans d'interminables guerres qui passent par toutes les formes : par une rhétorique qui utilise toutes les ressources du langage, dont le mensonge qui reste l'une des armes les plus puissantes, le lavage des cerveaux conditionnés par la rhétorique dominante chez chaque caste, la fabrication et l'instrumentalisation des agents du système, les expositions basses, les menaces, les pressions, les suppressions, etc. Ceux qui utilisent tous les moyens de répression sur les citoyens pour faire triompher ou pour garder intact leur système de pouvoir ressembleraient plus à des dictateurs, contrairement aux discours auxquels on veut nous faire croire. Tout pouvoir en réalité est une dictature et tout mouvement qui aspire à devenir un centre de pouvoir à travers le reversement de l'actuel est appelé à devenir une dictature également, suivant la dialectique de l'histoire et les intérêts historiques mus par les groupes dans le contexte d'une géopolitique de la nécessité dont les enjeux échappent au plus grand nombre.

g) L'industrie de la guerre

On entend souvent dans la bouche de Donald Trump qu'il veut pacifier le monde et le pacifier pour mille ans. Il dénonce l'inhumanité et le sadisme d'une industrie de la guerre qui élimine beaucoup de vies humaines pour faire fortune sur le dos des populations et des nations, afin d'accroître ses richesses et de conforter son pouvoir, son statut, ses privilèges, sa domination sur la masse des peuples. A travers la dénonciation de la guerre, c'est l'exploitation des peuples faibles par les puissants, et plus précisément par une corporation de puissants hommes qui n'ont rien à voir avec leur nation, leur Etat, que l'ancien président des Etats-Unis dénonce. Voilà pourquoi on ne l'a pas vu faire la guerre au cours de son mandat, mais qu'on l'a vu plutôt mettre toutes ses énergies à chercher ou à fabriquer la paix.

L'économie des puissances impérialistes modernes, laquelle n'est que le bien d'une poignée de quelques dizaines d'individus qui se font passer pour la nation, repose sur la guerre. C'est comme ce qui se passe dans la jungle, il n'est pas possible qu'il n'y ait pas d'affrontements, puisque l'affrontement est le principe même de la jungle. Donc, on ne peut pas concevoir un seul gouvernement des pays impérialistes qui ne fasse la guerre pour faire tourner l'industrie. Mais Trump est venu aux affaires de l'Etat et rompt avec cette doctrine qui fait de l'industrie de la guerre le moteur de l'économie des puissantes corporations.

Par son attitude, par sa rupture avec la tradition, par la nouvelle doctrine qu'il porte et initie, il dénonce, expose et combat toute la corporation des grandes fortunes dont la seule ligne politique consiste à aller porter la guerre aux autres peuples, aux autres nations. Dans le même ordre d'idée de cette doctrine belliqueuse qui fonde la relation entre les nations sur la guerre, le milliardaire américain n'a pas fait que dénoncer et attaquer les intérêts de la politique fondée sur la guerre, il s'attaque également contre les exploitations à outrance des peuples du Sud, même si son statut d'homme d'affaires et de président d'un pays qui vit de l'exploitation des petits peuples le conditionne à rester dans la droite ligne d'une relation déséquilibrée entre les peuples. Un certain nombre de gens nous objecteront qu'il ne s'attaque pas aux intérêts des puissants groupes ou nations qui vivent de l'exploitation des plus faibles, remarquez que nous avons déjà dit que son statut d'homme d'affaires et de président des Etats-Unis l'en dissuade. Mais il y a lieu d'observer que s'il ne se prononce pas contre l'exploitation des petits pays par les grands Etats dans son attitude ou dans son discours, il est par contre viscéralement opposé à ces hommes corrompus qui détiennent de grandes fortunes et qui utilisent le nom de leur nation pour aller exploiter les autres peuples pour leurs propres profits. On connaît la politique qu'il avait initiée, cette doctrine où il avait conçu que chaque pays s'occupe de ses affaires et qu'aucun ne se fasse le gendarme du monde.

En réalité, il ne faut pas s'attendre à ce que Donald Trump vienne changer le mode ou le monde des échanges entre les pays, puisque l'économie des pays comme les Etats-Unis repose sur le déséquilibre des rapports. Par contre, pour nous reprendre, il part en guerre contre tous les vautours qui se servent de la guerre comme levier économique ou d'exploitation des peuples et contre tous ceux qui vont à roues libres sur le dos de leurs nations pour se faire des fortunes personnelles. Tout compte fait, cette doctrine qui se dresse contre la corruption ne semble vouloir résoudre, suivant notre propre perception des choses, que le problème de l'exploitation des peuples par la guerre qui détruit des centaines de milliers et des millions de vie, dans le contexte des relations internationales ou des échanges entre les peuples, et notamment le problème de la cupidité de quelques rapaces qui vont faire la guerre aux autres peuples, motivés par mille raisons personnelles et égoïstes, au nom de leurs nations. Même si nous ne sommes pas sûr que cela viendra changer essentiellement les échanges entre les peuples puissants et les nations faibles, nous pensons que c'est une certaine forme d'humanisme que cette nouvelle doctrine qui veut refonder les rapports que les peuples entretiennent entre eux. Mais hélas, nous voyons un absolu mutisme sur la question.

h) La prétention de Donald Trump que l'élection de 2020 lui a été volée

Les prétentions brandies par Donald Trump contre ceux que l'armée des *agents complotistes* appelle le Deep State sont nombreuses. Nous ne pouvons pas les énumérer toutes ici, nous nous arrêterons à seulement quelques-unes. Mais parmi toutes ces prétentions aussi graves les unes que les autres, nous ne pouvons pas occulter celle qui se rapporte à l'élection de 2020. Du soir même où l'élection a eu lieu à aujourd'hui encore, Donald Trump ne cesse de clamer qu'on lui a volé sa victoire. Cette scène fait penser à Al Gore qui avait accusé Jeb Bush d'avoir triché en Floride en faveur de son frère Georges Bush. Gore avait promis de poursuivre Bush en justice pendant toute la durée de son mandat, mais il n'en était allumé autour de ce contentieux qu'une algarade et un feu de paille qui s'était vite éteint.

Bien que nous ayons établi une comparaison entre le cas Bush-Gore et celui de Trump-Biden, nous devons avouer qu'il n'y a aucune comparaison possible entre les deux situations, en termes d'ampleur. Nous avons dit que la volonté affichée par Gore de poursuivre son rival Bush n'était qu'un feu de paille, or Trump quant à lui ne s'est pas arrêté de répéter indéfiniment sa mésaventure. Cette accusation déplaît énormément à ses adversaires Démocrates qui ne cessent pas de la rappeler à chaque fois que l'occasion se présente. Suivant certains analystes spécialistes des Etats-Unis, la tricherie dans les élections américaines est réelle, mais ce ne sont d'après eux que des épiphénomènes de l'ordre de quelques centaines et parfois de quelques milliers de voix qui n'affectent pas sérieusement les urnes. En réalité, dire que la fraude électorale est un épiphénomène dans certains cas, peu importe le nombre de voix qui y sont engagées, est une négation de la réalité politique, car une seule petite voix peut faire perdre un candidat et faire gagner un autre, même dans le régime des grands électeurs.

On dira certainement qu'il est ridicule de dire qu'une seule voix peut faire perdre un scrutin à un candidat, surtout dans un contexte présidentiel, et notamment aux Etats-Unis où ce sont les grands électeurs qui comptent et non les foules des petits électeurs. On aura tendance à dédramatiser les choses et à les faire passer pour un phénomène marginal pour une seule voix, que ce soit dans un contexte local ou dans un contexte élargi, et pire encore dans un contexte national. Mais, alors que des réflexions de cette sorte, d'ordre politique ou même sociologique, mettraient l'accent sur le côté infinitésimal de la conséquence qui peut résulter de cette marge d'erreur ou de fraude, rappelons que d'un point de vue mathématique et philosophique la conséquence entraînée par une simple voix est la même que pour quelques millions. En effet, qu'il s'agisse d'une erreur ou d'une fraude d'une voix, cette voix qui fait la différence établit une marge de différence égale à deux qui donne la victoire à celui qui l'a obtenue, autrement dit il y aurait égalité et sûrement remise à plat du processus.

Dans le cas d'un scrutin national, et pire encore le scrutin américain où ce sont les grands électeurs qui comptent et non les petits électeurs, on aura tendance à minimiser l'erreur ou une fraude – qui ne serait pas appelée comme telle pour si peu – provenue d'une seule petite voix portée sur un candidat. Mais de même qu'un seul petit centime peut faire fausser un compte de plusieurs milliards, de même également l'absence d'une voix dans un scrutin peut attribuer faussement la victoire à quelqu'un au détriment d'un autre, et cela dans n'importe quel type d'élection. En effet, même dans le cas du scrutin où c'est le grand électeur qui importe, il faut noter que la différence d'une seule voix dans la somme de toutes celles qu'il faut obtenir dans tout un Etat pour que le grand électeur aille à un candidat peut être extrêmement importante. Ce n'est pas une question de grands ou de petits électeurs qui importe essentiellement comme si les deux n'avaient aucune corrélation, car c'est la totalité des voix de l'ensemble des petits électeurs qui détermine celle du grand électeur ; or, même sur des centaines ou des milliers de contés l'absence d'une voix sur cette totalité peut faire la différence pour le gagnant ou le perdant. Seulement il sera plus facile de faire passer toute petite fraude non importante pour une erreur marginale, et s'il s'agit d'une erreur réelle, cela paraîtra moins choquant.

Donald Trump a-t-il des évidences qui lui donnent raison pour les accusations qu'il porte depuis près de quatre ans contre ses adversaires Démocrates ? Depuis ces quatre ans, il n'en produit aucune, et le recomptage des bulletins d'Arizona ou de Georgia ne lui a pas servi à faire valoir ses griefs. A-t-il des preuves pour étayer ses accusations ? Barak Obama lui avait répondu, dès le premier jour où il avait prétendu que l'élection lui avait été volée, qu'il n'y avait pas d'évidence pour étayer son accusation. Donald Trump est du genre à ne jamais répondre aux accusations qu'on porte sur lui, en dépit de tout ce qu'on dit de lui comme étant quelqu'un qui parle vite et dans la spontanéité. Contrairement à cette description de l'homme de la spontanéité et au tempérament chaud, qui répond toujours à chaud, Trump laisse cependant l'impression d'un homme calme et posé qui laisse le temps répondre aux interrogations qu'on lui adresse. Il laisse apparaître chez lui le tempérament de quelqu'un qui entretient une certaine complicité avec le temps auquel il laisse le soin d'exposer les faits. Alors, peut-être que c'est à travers ce rapport au temps qu'il veut exposer ses preuves, s'il en a. Mais s'il ne les expose pas avant son éventuel retour au pouvoir et qu'il attend d'être réélu pour les apporter, il doit s'attendre à ce que tout cela soit rejeté comme un subterfuge de sa part pour persécuter ses adversaires Démocrates, et ce sera une grosse erreur de sa part. Mais ne disposerait-il pas vraiment de preuves pour corroborer ses accusations ? Et si l'on pensait à son observation au président de Fox News concernant le procès pour diffamation que la Société Dominion intentait contre la Chaîne à propos de l'élection que celle-ci l'accusait d'avoir truquée ! Trump disait de façon quelque peu ironique, et peut-être même cynique[12], au patron de la Chaîne qu'il lui fallait avoir des preuves pour se défendre face à Dominion. N'était-ce pas une façon de lui dire que c'est lui-même qui détient les preuves ?

i) Kennedy, 11 septembre, 6 janvier

Donald Trump, avons-nous dit, est sur tous les fronts. Comme nous l'avons dit en d'autres termes, pour lui toute l'Administration, tout l'Establishment est indistinctement gangrené de gens corrompus au plus haut degré, et il vient comme le Grand Nettoyeur qui vient pour faire le ménage au sein de ce système corrompu jusqu'à la moelle. Il vient comme le Grand Juge par excellence qui va appeler tout le monde à comparaître devant son Tribunal Suprême, afin de faire justice aux opprimés qu'est le peuple.

Depuis l'arrivée de Donald Trump à la tête de l'Etat et sans doute même depuis sa campagne en 2016, car nous ne nous souvenons pas de tout, beaucoup de dossiers jugés criminels sont remis sur la table. Ainsi était-il possible d'entendre dans la bouche des nombreux agents de Q Anon et de nombreux autres citoyens qui s'identifient à des patriotes que Trump voulait revenir sur le dossier de Kennedy, sur celui du 11 septembre et sur de nombreux autres encore comme par exemple le dossier d'Epstein qui ne relève pas du même ordre que ceux de Kennedy et du 11 septembre. Qu'a-t-il donc à vouloir tout remuer ? A vouloir embêter tout le monde ? Trump est une véritable menace

---

[12] Nous parlons d'un certain cynisme chez Trump, puisque les journalistes de Fox News qui soutenaient cette idée sont tous ses partisans et qu'en raison de cela il devait sinon éviter au patron de la Chaîne de payer les 850 millions de dollars à Dominion, du moins ne pas lui montrer une telle indifférence dans sa façon de parler de cette affaire. Mais nous pensons que non seulement Trump ne pouvait pas donner ses preuves de haute importance politique et juridique pour la défense de son dossier face aux Démocrates (s'il les a, et tout concourt à faire croire qu'il les possède) au Patron de la Chaîne, par stratégie de garder encore secrètes ces preuves, mais encore il devait avoir quelques griefs contre Fox News qui ne lui était pas totalement fidèle. Car on se souvient que Fox News, par la voix de Tucker Carlson, était la première chaîne à avoir proclamé la victoire de Biden en 2020, alors que le scrutin était contesté, et aussi que pas mal de journalistes de Fox News qui est censé être à droite s'étaient montrés par la suite très virulents à son égard.

pour l'Establishment. Ce qu'il promet, c'est la destruction du système actuel et l'instauration d'un nouvel autre. Mais tout est-il si mauvais avec l'Administration actuele ? Pourquoi veut-il tout démolir ? Peut-on le laisser tout démolir ? C'est un crime que de vouloir tout démolir, de vouloir détruire tout un si beau système ! Trump est un criminel ! C'est sous cette figure qu'on vend l'homme qui prétend voir et trouver des crimes partout. Donald Trump est la menace de l'Histoire et de la Civilisation ! C'est sans doute pour cela qu'il fait aussi peur. Mais demandons-nous encore comment un simple homme sans alliés pourrait-il faire peur à autant de puissants hommes.

Qui est cet homme qui vient défier tout un pays et toute la planète ? Ce petit rigolo fait-il vraiment peur aux plus « puissants hommes » de la planète ? Nous imaginons que telle avait dû être au début l'impression des puissants à la contenance hautaine contre l'homme, jusqu'au jour où ils sont tombés dans l'affolante panique dans laquelle on les voit. Mais de s'être comportés en orgueilleux trop sûrs de la solidité infaillible de leurs systèmes politique, économique, militaire et sociale, ils n'ont pas ouvert leurs yeux sur la marche de l'histoire, pensant, hélas, qu'aucune révolution n'était possible dans la charpente de leur architecture ; or, c'est ce à quoi le monde assiste aujourd'hui. Et suivant la dialectique de l'histoire, une histoire qui, dans sa dimension métaphysique et surnaturelle, échappe aux sciences humaines et au contrôle des hommes, il n'est pas de système qui soit éternellement viable ou assez solide pour qu'il ne soit ébranlé par des événements imprévisibles à l'échelle du temps humain. Pourtant, ces événements étaient confinés et prédits dans une page de l'histoire dans la dimension métaphysico-surnaturelle de celle-ci méprisée par l'arrogance humaine.

II

Panique générale et psychologie des stratégies d'affolement

Nous revenons sur ce que nous avons dit plusieurs fois déjà sur la guerre entre Trump et ses adversaires, à savoir qu'il y a de très sérieuses erreurs qui ont été commises par ces derniers, en dépit pourtant de tout le savoir-faire politique et de l'érudition de nombreux parmi eux. Il y a sûrement, pour nous répéter encore une fois, une présomption démesurée de la part de ses ennemis qui ont dû le sous-estimer, sous-estimer ses partisans et se surestimer eux-mêmes. Pourtant, ils sont les maîtres à penser, de brillants esprits, des professeurs de haut calibre, des génies qui portent le monde de l'esprit et du savoir sur leurs têtes et sur leurs dos.

Nous avons voulu faire l'économie de nos analyses sur les questions, pour des raisons évidentes d'évitement du sujet, car l'on sait que pour un rien on vous accuse de complotisme. Mais est-ce que le complotisme aurait-il encore un sens dans très peu de temps, ou bien est-ce qu'il ne se redéfinirait pas dans les mois ou les années à venir ? Dans la partie précédente, nous avons exposé les différentes prétentions ou accusations de Donald Trump, ici nous poserons les différentes attitudes de ses ennemis et nous produirons une certaine analyse sur ces points.

1) La panique générale

Avant d'entrer dans la question des stratégies utilisées par les ennemis de Donald Trump, il nous semble nécessaire de parler de la panique provoquée par l'ancien président ou de revenir tout simplement sur cette panique que nous avons évoquée plusieurs fois déjà. Tout compte fait, la psychologie qui se dégage derrière toute la batterie des stratégies mises en place par les adversaires de Donald Trump est une peur insurmontable. Dire qu'on ne voit pas l'affolement de ses adversaires, à quelque bord qu'on se positionne, qu'on soit pro-Démocrates ou pro-Républicains, anti-Trump ou pro-

Trump[13], c'est se mentir à soi-même pitoyablement. La peur des représailles pousse tout le monde soit à se mettre derrière l'establishment, soit à s'enfermer dans un mutisme total. Mais est-il normal en démocratie, cette démocratie que l'autre camp dit être mise en danger par le très redoutable, le très méchant Donald Trump, que tous indistinctement soient obligés de se ranger derrière l'opinion dominante, une opinion qui peut être pourtant dirigée pour de multiples raisons ? Pourquoi l'opinion contraire à l'opinion coalisée doit-elle être forcément criminelle ? Est-il démocratique de bâillonner ou de persécuter à travers différents moyens quiconque ne prend pas parti en faveur du pouvoir établi ? C'est pourtant ce que tout le monde a pu constater à travers la chasse aux sorcières qui avait été lancée, entre autres exemples, sur les réseaux sociaux, contre l'ensemble des gens pro-Trump. Qu'est-ce donc que la démocratie dans ce cas-là ?

La démocratie suppose que la parole doive être libre, même si ce que dit l'autre dérange ou n'est pas vrai ; c'est ce que l'on appelle autrement la liberté de l'expression. On ne s'exprime pas toujours pour dire ou défendre la vérité, c'est humain, car le vice est le propre de l'homme. Mais est-ce une raison valable pour empêcher l'autre de s'exprimer ? Toute mesure ou toute politique, quelle qu'elle soit, qui consiste à utiliser des moyens répressifs pour réduire au silence ceux qui ne partagent pas notre vision du monde ou qui osent émettre des avis différents que nous sur tel ou tel sujet, est contraire à la démocratie. Pour combattre le mensonge ou les positions contraires aux nôtres, ce ne sont pas des moyens d'étranglement qu'il faut employer, ce sont plus des arguments et la présentation de faits capables de montrer que la vérité est de notre côté qu'il faut apporter. L'absence de faits ou d'arguments solides pour étayer la véracité de nos allégations, laquelle se compense dans le recours à la force, apporte le plus souvent possible un démenti à nos plaidoyers. Et plutôt que de nous défendre, elle dévoile au contraire chez nous un sentiment de peur et de panique qui nous tenaille,

---

[13] Mais hélas, il paraît que c'est un crime sans nom de parler franchement de ce qui oppose Trump et ses ennemis ou d'émettre toute analyse objective sur la guerre qui fait rage entre ces deux camps, à moins seulement de se pencher du côté de ses adversaires.

car tout animal coincé mord pour se défendre. Or, n'en déplaise aux ennemis de Trump, c'est le sentiment général qu'ils laissent apparaître dans bien des cas. Mais pourquoi ? Qu'est-ce qui leur fait aussi peur ? On dégage malheureusement malgré soi des sentiments qui nous condamnent, à tort ou à raison, en dépit des précautions qu'on prend ou qu'on croit prendre.

Prenons quelques exemples de cas qui semblent mettre à mal les Démocrates. Soit dit au passage, nous sommes gênés à utiliser dans cette partie l'expression Deep State ou Etat profond, voilà pourquoi vous avez probablement constaté que nous essayons d'éviter une telle expression en utilisant d'autres comme « Establishment » ou « pouvoir établi ». Pourtant, nous avons utilisé l'expression en beaucoup d'occurrences dans la première partie. la raison en est que nous ne l'utilisions pas de notre propre vœu, mais en l'empruntant aux partisans de Donald Trump. Oui en effet, prenons quelques exemples de cas qui montrent une grande panique chez les Démocrates. Nous les évoquerons seulement ici, mais nous y reviendrons ultérieurement pour des analyses plus approfondies.

Tant que Donald Trump n'avait pas dit qu'il serait candidat à l'élection de 2024, les gens au pouvoir ne montraient pas toute la psychose qu'ils montrent actuellement. Même si la procédure de destitution lancée contre lui après le 6 Janvier 2021 semblait montrer déjà une certaine anxiété chez les Démocrates dont l'attitude semblait de se prémunir contre son retour, on ne voyait pas cet excessif désarroi chez eux. Cependant, après la mise en échec de la procédure d'impeachment par le président du groupe Républicain au Sénat Mitch McConnell qui n'était pas forcément un défenseur de Donald Trump, les Démocrates se montraient préoccupés par l'idée de savoir si Trump allait se présenter aux élections de 2024. Ainsi pouvions-nous voir plusieurs journalistes, notamment au Washington Post, interroger plusieurs fois Donald Trump sur son intention de se présenter ou non au scrutin. Jusqu'en 2022, Trump se refusait même de parler de sa candidature. En 2021, lors du Congrès des Républicains à Orlando, alors que la foule criait « Four more years ! », « Four more years ! », il lui faisait signe de ne pas prononcer ces mots-là. Mais du jour même où, vers à peu près le milieu de l'année 2022, il levait le doute sur sa candidature, tout le parti Démocrate est tombé dans l'affolement, telles des fourmis folles qui ne savent où donner la tête. A partir de ce moment, ils multiplient les incohérences et des attitudes indignes des gens expérimentés et très qualifiés qu'ils sont dans tous les domaines de la connaissance et de la gouvernance.

S'il est vrai que les caricatures[14] vouées à Donald Trump lui étaient toujours consacrées depuis son mandat en tant que président, il est par contre loisible de constater que celles-ci s'intensifiaient exagérément à mesure qu'approchait le scrutin. Aujourd'hui, elles dépassent toute la mesure du pensable. Mais c'est exactement tout ce qui est consacré à Trump qui suit la courbe de l'hyperbole. On ne peut pas imaginer de pratique politique depuis *Le Petit Prince* de Machiavel qui se libère de ce classique ou qui ne le suive à la lettre aux plus insignifiants détails. Mais si les politiques s'appliquent au *Petit Prince* avec ferveur, par contre ils se révèlent de très médiocres disciples de Machiavel, parce qu'ils exagèrent par trop les faits, qu'ils soient fictifs ou réels. Toute histoire exagérée à outrance est destinée à être refoulée et rejetée par la conscience qui a tout naturellement horreur de l'exagération. Même la conscience formatée par le conditionnement psychologique du sujet finit par réagir négativement devant l'hyperbolisation exagérée des faits qui affadit le récit, même le réel. L'art de Machiavel résiste à l'épreuve de force, sauf devant les plus grands esprits ; mais quand on veut dépasser Machiavel en poussant jusqu'à l'excès sa méthode, même les plus piètres esprits décèlent chez vous les pires incohérences, parce que tout récipient rempli au trop plein finit toujours par déborder.

A côté de la toute-puissante armée d'experts en communication formés à officier dans l'art de la manipulation et du conditionnement des esprits qui exécutent parfaitement bien et à l'unisson leur travail de désinformation, d'autres acteurs agissent à d'autres niveaux dans le combat en faveur de la *démocratie*. Ainsi avons-nous vu d'autres actions sur d'autres plans, aussi hyperboliques que bien d'autres, engagées contre Trump. Nous ne savons rien sur la réalité des

---

[14] Nous parlons des descriptions linguistiques et non des descriptions picturales.

choses qui lui sont reprochées, mais nous disons qu'il semble y avoir une exagération à l'auxèse des faits lui étant reprochés. On nous reprochera de nous mouiller à travers notre façon de dire les choses, mais ce que nous disons ici et qui risque de déranger sévèrement les gens du pouvoir, ce sont des millions et même des milliards de gens à travers le monde qui le pensent et qui ne peuvent pas l'exprimer. De très sérieuses et respectables personnalités aux grandes responsabilités dans toutes les sphères de la société se trouvent elles-mêmes piégées par les responsabilités qu'elles portent, lesquelles les astreignent au silence, feraient la même réflexion, si leur position le leur permettait. Du coup ils sont obligés de se taire.

Comment penser qu'il soit possible que quelqu'un traîne après lui plus de quatre-vingt-dix chefs d'accusation, dont quelques-unes datent même de plusieurs décennies, et qu'il n'ait jamais eu à faire l'objet de décisions de justice qui le condamnent comme un criminel notoire et extrêmement effrayant ? Comment expliquer que tout cela n'ait fait surface que maintenant, à l'exception des deux dossiers liés à la question du sexe et des deux autres liés à l'élection de 2020 ? Si la justice avait laissé traîner autant de dossiers, c'est qu'elle est effectivement corrompue, comme le présumé coupable Donald Trump le soutient lui-même. D'autres attitudes tenues encore par ses ennemis trahissent ces derniers, en raison de leur incohérence ou de leur audace. Considérons par exemple la position de Chuck Shumer ayant demandé en 2023 à la direction Fox News de ne pas laisser Tucker Carlson passer sur la chaîne les bandes de plusieurs milliers d'heures d'enregistrement sur les événements du six janvier 2021 que Kevin McCarthy avait confiées à ce dernier. Shumer osa alléguer comme prétexte que « passer ces bandes était dangereux pour la démocratie ».

Quoi ! Quelle incohérence ! Mais en quoi faire voir ces bandes au public est-il dangereux pour la démocratie ? Quelle démocratie ? Qu'est-ce la démocratie alors ? Comment peut-on accuser quelqu'un d'un crime et refuser les preuves qui peuvent servir à l'en convaincre et à le faire condamner ? Les preuves sont par essence des pièces à conviction et sont d'une grande importance pour l'instruction d'un dossier ! Pourtant, malgré leur importance, la partie qui accuse cherche tous les prétextes pour les occulter ! Quelque chose ne va ici. Sommes-nous dans un film ou dans une situation réelle ? Si Schumer prétend que montrer les bandes est dangereux pour la démocratie, il n'y a pas de doute que la démocratie dont il parle n'a pas la même définition que celle que l'usage nous donne. Si la démocratie est menacée par ces bandes, comme il le dit, cela signifie-t-il que celles-ci renferment des éléments qu'on ne veut pas divulguer qui protègent le coupable, puisqu'elles sont censées le concerner ? Et s'il est protégé par elles, qui est donc ce coupable, puisque ces bandes sont censées protéger l'innocent (ou les innocents) et constituer une preuve irréfutable contre le coupable ? Qui ces bandes protègent-elles en réalité, pour qu'on ne veuille pas les rendre publiques ? Le prétendu coupable ou les vrais coupables qui ne veulent pas être découverts, puisque les bandes ne sont pas censées protéger le(s) coupable(s) ? Si le refus de visionner les vidéos réclamé par l'accusation cherche à défendre quelqu'un, ce dernier ne doit sûrement pas être le présumé coupable, puisque les preuves sont censées apporter toutes les charges qui doivent permettre de l'inculper ; or, on refuse les éléments à charge pour l'inculper. Et puisqu'il paraît que l'accusation veuille occulter les preuves à charge contre lui, cela signifie qu'elle cherche à couvrir le vrai coupable et que le présumé coupable n'est pas le véritable.

En refusant le visionnage des bandes, Schumer cherche à protéger le coupable ; pourtant, ils veulent tous faire condamner ce dernier pour le crime qu'il est censé avoir commis d'avoir fait prendre d'assaut le Capitole. Où est la logique dans cette attitude incohérente ? On veut faire condamner quelqu'un pour un crime, mais on refuse les preuves susceptibles de l'inculper ! Ces gens pensent-ils vraiment leurs actes ? Où est donc la dextérité machiavélienne ? Le coupable est-il celui qu'on prétend ou est-il celui que la « démocratie » de Schumer veut protéger ? Schumer et toute l'équipe derrière lui jettent à travers cette erreur un gigantesque discrédit sur le 6 janvier et sur l'ensemble des dossiers qui sont en lien avec ce dernier, comme l'accusé le prétend. Nous sommes en face d'une géopolitique de la panique qui encense le mensonge comme géopolitique de la nécessité salvatrice. Panique ! Panique générale dans le rang du Deep State ? Dans le monde ?

Pendant tout son mandat en tant que quarante-cinquième président, Donald Trump qu'on avait déjà décrit comme le dictateur par excellence, à l'égal d'Hitler ou sans doute pire encore, ne semblait pas avoir tous les pouvoirs dans ses mains pour entraîner les Etats-Unis et, par-delà, le monde, dans cette dictature tyrannique qu'on avait prédite. Doit-on penser que c'était en raison de la tradition démocratique, c'est-à-dire de la solidité des institutions, qu'il n'y était pas parvenu ? Si tel était le cas, c'est-à-dire si les institutions étaient aussi solides pour l'empêcher de conduire le pays dans le gouffre tyrannique et infernal prédit, alors qu'il avait aux deux premières années de son mandat la majorité au Congrès, pourquoi serait-ce aujourd'hui qu'il y parviendrait ? Cette alarme qui crie bien fort pour annoncer le danger que Trump est dit représenter pour la démocratie, a-t-elle vraiment du sens ? Si les institutions de la République sont vraiment garantes de l'ordre démocratique, de quoi a-t-on peur ? Doit-on penser que celles-ci sont corrompues et ne font pas correctement leur travail, auquel cas on donne raison sans s'en rendre compte à Donald Trump qui les décrit comme étant totalement corrompues ? Si elles sont honnêtes et intègres, à quoi bon penser qu'elles laisseraient Donald Trump instaurer une dictature dans le pays qui est dit la plus grande démocratie du monde ?

2) Méthodes de guerre et stratégies

La stratégie utilisée par les adversaires de Donald Trump pour l'évincer est multiforme. Néanmoins, ces derniers appliquent-ils les tactiques les plus efficaces pour parvenir à leur fin ? Ces gens qui passent toute leur vie à faire de la politique dans toute l'application de celle-ci et qui ont de la pratique, à n'en point douter, utilisent toutes les ressources imaginables pour faire tomber leur adversaire. Mais comme nous allons le voir à travers les différents points que nous allons présenter ci-après, et fi fait de l'hyperbolisation des données qu'ils ont faite dans tous les dossiers, nous verrons qu'il y a au moins deux choses qui clochent et claudiquent, en même temps qu'elles font faillir, jusqu'ici, la totalité des dossiers. La nature de ces deux choses est ce qui nous intéresse, entre autres éléments, dans cette partie du travail. Il s'agirait en effet d'une cause surnaturelle dans un premier temps, puis, dans un second moment, de raisons politiques bien définies mais inconnues qui font échouer les différents plans mis en marche pour écarter Trump. Toutefois, nous n'allons pas nous arrêter, dans les analyses à venir, sur la cause métaphysique, afin de ne pas influencer les partisans d'un camp ou de l'autre. Car en évoquant des causes métaphysiques ou surnaturelles qui font échouer la stratégie des Démocrates, cela risque d'agir sur beaucoup de partisans de ces derniers qui se diraient : « C'en est fait, la Providence a décidé » et seraient tentés d'aller voter pour Trump, en même temps que cela provoquerait plus de zèle encore chez les partisans des Républicains pour qu'ils aillent voter en masse pour leur candidat. Cela ne relève pas de notre projet, nous n'avons aucune mission pour inciter les gens à choisir pour tel ou tel camp. S'il est une force qui décide de quoi que ce soit, il lui revient de faire son travail elle-même ; par contre, peu importe les résultats sortis des urnes, nous dirons ce que nous ne voulons pas dire ici dans un prochain travail. Par contre, pour ce qui a trait aux raisons politiques que nous croyons être à l'origine de l'échec de toutes les tentatives des Démocrates pour exclure Donald de la course à la présidentielle, voilà, entre autres choses encore importantes comme l'exposition des faits, ce dont il sera question dans cette partie de notre travail.

a) La Russiagate ou le dossier sur la connivence Trump-Poutine

L'un des tout premiers éléments de discorde entre les Démocrates et Donald Trump remonte à la campagne de Trump face à Hillary Clinton, en 2016. Il avait été révélé qu'il y avait eu une collusion entre la Russie et Donald Trump pour faire gagner l'élection par ce dernier face à Hillary Clinton. Ce dossier avait pris une telle importance que deux enquêtes spéciales lui avaient été consacrées afin de faire la lumière sur la question, l'une menée par Robert Mueller, l'autre par John Durham, toutes deux au cours de la présidence de Donald Trump. L'enquête menée par l'ancien membre du FBI, Robert Mueller, avait conclu en 2019 à l'absence de collusion entre Trump et Poutine. Celle menée par John Durham, qui avait été nommé par William Barr, était comme une sorte de contre-enquête dont l'objectif était de faire la lumière sur les auteurs qui avaient échafaudé le dossier et les raisons qui les avaient motivés à inventer une telle affaire. Si la conclusion de Mueller avait fait simplement état de non collusion entre la Russie et Trump, l'enquête de Durham avait montré que le dossier avait été monté de toutes pièces par Hillary Clinton et son équipe. Où la vérité se trouve-t-elle ? Nous ne savons, seuls les acteurs le savent ; néanmoins, il pourrait y avoir une part de vérité partout, chez chaque protagoniste.

Voilà donc une affirmation qui pourrait choquer ! Nous ne prenons parti pour personne, ni pour Trump, ni pour Hillary Clinton, ce n'est d'ailleurs pas notre objectif dans ce travail. En disant qu'il pourrait y avoir une part de vérité chez chaque partie, nous risquons de choquer la Démocrate et son équipe qui nous accuseraient probablement de dire que le dossier était faux et monté par eux. Mais ce n'est pas nous-même qui l'avons dit, et Mueller qui ne semble pas avoir été un pro-Trump, et Durham également ont démontré la fausseté du dossier, donc nous n'accusons pas le camp des Démocrates d'avoir fabriqué ledit dossier. Le camp de Trump pourrait également trouver à nous reprocher d'avoir dit qu'il y aurait quelque vérité partout, en alléguant le prétexte que nous mettons en doute les résultats des enquêtes qui ont prouvé que le dossier d'Hillary n'avait aucun fondement mais n'était qu'une pure fabrication. Mais voyons un peu les choses et nous montrerons qu'il y a une certaine connivence entre Donald Trump et Vladimir Poutine, et nous ne parlons même pas au conditionnel.

En effet, on se souvient que dans tous les sommets, soit dans ceux du G20, soit dans d'autres rencontres internationales, Barack Obama ne donnait jamais la main à Vladimir Poutine, sauf peut-être hors caméra, alors qu'il faisait ce geste de courtoisie à tous les autres membres présents dans ces rencontres. Quant à Donald Trump lui-même, dès sa première rencontre avec Vladimir Poutine à un sommet international, non seulement il n'avait pas omis de faire ce geste de courtoisie, mais on l'avait vu en outre s'asseoir seul à seul et discuter avec Vladimir Poutine. Aussi, à moins seulement que l'information eût été une falsification, Trump avait dit quelque temps après aux Américains qu'il ne leur fallait pas avoir peur de Poutine, parce que ce dernier est un homme de bien, « a good guy » avait-il dit précisément. Mais il ne suffit pas de ce geste et de cette affirmation pour prétendre que Trump et Poutine sont d'intelligence. Voyons ce qui nous fait dire qu'il y aurait une part – petite ou grande – de vérité dans l'affirmation des Démocrates sur le fait que Trump et Poutine pourraient avoir partie liée.

Disons dès le départ que ce qui nous fait dire que les deux hommes seraient d'une quelconque connivence est qu'ils ont la même ou presque la même vision de la moralité du monde et luttent contre les mêmes forces qu'on appelle partout dans le monde l'Etat profond. Ils reprochent tous deux à l'Etat profond d'être à l'origine de la décadence morale du monde et de vouloir détruire la Civilisation humaine à travers les différentes orientations où ils veulent amener le monde. Il est également connu qu'ils se positionnent comme étant les défenseurs des valeurs chrétiennes et du Christianisme qu'ils estiment menacés par le LGBTQ+. Et à ce propos, ils deviennent des proies à abattre, des « dictateurs », des « tyrans », des ennemis dangereux de la démocratie. Aussi, en dépit des deux guerres que Poutine a menées contre l'Ukraine, ce dont nous ne parlerons pas, puisque tel n'est pas notre propos, les deux hommes sont pour un monde de paix et sont contre les guerres. Ils seraient proches également à travers leur vision d'un monde où l'on doit protéger les sociétés contre toutes formes d'agressions et d'exploitations humaines telles que la pédophilie ou la pédo-criminalité, les sacrifices d'enfants et tous les autres crimes perpétrés contre ces derniers sous n'importe quelle forme soient-ils, l'exploitation et les trafics d'humains, les crimes liés aux trafics d'organes, etc. Voilà autant de points sur quoi les deux hommes se rejoignent dans leurs combats contre ceux que les « conspirationnistes » appellent le Deep State ou l'Etat profond.

Même si l'entente n'est pas clairement exprimée entre les deux hommes et ne semble que simplement tacite, il n'en demeure pas moins vrai qu'il saute clairement aux yeux qu'ils sont engagés dans le même combat paradigmatique pour un monde différent que celui que leurs ennemis veulent donner à l'humanité. A ce propos, le prétexte d'Hillary Clinton n'est pas totalement faux. Mais le problème est que ce qu'elle et toute l'équipe d'hommes qui est avec elle, à l'intérieur des

Etats-Unis comme à l'international, n'ont pas dit, c'est la véritable raison qui amène les deux hommes à se retrouver dans ce combat hautement meurtrier contre eux. En cela donc, avons-nous dit, ils n'ont pas menti, même s'il n'y a pas eu ou qu'il n'y a pas, même aujourd'hui encore, d'alliance ouverte entre les deux hommes pour faire tomber leur monde et leur système. Néanmoins, la vérité, avons-nous dit, n'est pas révélée sur la cause de l'éventuelle ligue entre Donald Trump et Vladimir Poutine contre eux. Mais pourquoi avoir soulevé le problème, réel bien entendu, posé par la connivence intellectuelle sur la vision paradigmatique du monde des deux hommes et faire croire que Donald Trump s'est ligué contre elle et contre tous ceux qui défendraient la démocratie ? Pourquoi faire croire que Trump est une menace contre la démocratie et un danger pour l'humanité ? Trump est-il une menace pour l'humanité ou pour leur camp ? Et dans cette optique, quel est le camp qui constitue véritablement une menace pour l'humanité ? Doit-on lire le monde à l'envers ou doit-on continuer de le lire dans la même optique qu'on nous avait apprise ? Comment comprendre ce monde alors ? Ou bien n'y a-t-il rien à comprendre ? Sommes-nous dans une grande illusion existentielle où nous pensons exister, où nous croyons que nous sommes en train de penser, de sentir, de voir, où nous cherchons à comprendre, etc., alors qu'il n'y a rien de tout cela qui existe, ni nous-mêmes ?

Dans cette lutte fratricide qui se livre entre les deux catégories, les deux groupes d'individus qui se disputent le pouvoir, il y en a un qui ne cache pas ses mains et qui dit exactement ce qu'il fait. Il faut savoir toujours que dans une dispute entre deux parties adverses, celle qui ne s'explique pas sur ses prétentions ou qui n'expose pas les projets qu'elle porte, mais qui trouve plaisir à dénigrer son adversaire sans donner les raisons de sa motivation, est plutôt celle dont la position n'est pas claire. On répète partout dans tous les médias, dans toutes les communautés d'hommes, partout, que Trump est un menteur, un menteur, un menteur…, sans jamais dire en quoi il ment ; il en est de même pour Trump qui accuse ses ennemis de bien des choses. Nous aimerions des expositions d'un côté comme de l'autre. Sans doute que celui des deux camps qui dit la vérité sur l'autre exposera bientôt celui-ci, mais pour l'instant nous ne voyons personne apporter des preuves contre son adversaire. Tout ce dont nous sommes sûr c'est que la guerre à laquelle nous assistons est une guerre pour deux visions différentes du monde.

Chaque groupe veut gagner face à l'autre et utilise les méthodes qui lui semblent les plus efficaces, et dans ce cas de figure les Démocrates semblent ceux qui font usage des méthodes les plus faibles en terme d'argumentation. En effet, si le mensonge se définit encore comme étant la négation de la vérité et ou l'absence de clarté et qu'il est la méthode des faibles, c'est-à-dire celle de ceux qui cherchent à se défendre au moyen d'inventions fallacieuses destinées à brouiller ou de ce qui n'est ni vrai ni clair, il devient alors évident que nos amis Démocrates nous cachent la vérité. Donald Trump exprime très clairement les griefs qu'il a contre le camp de ses ennemis, même s'il n'apporte pas de preuves pour étayer ses accusations, mais les Démocrates ne disent toujours pas ce qu'ils lui reprochent et se contentent seulement de dire qu'il est un menteur, un danger pour la démocratie. Ces accusations sont trop vagues et se perdent trop dans la généralité, cela enlève quelque crédit à de tels réquisitoires. Pourquoi ne pas exposer les raisons qui font dire que l'adversaire est un danger, une menace pour la démocratie ? Pourquoi ne pas exposer au monde la vérité des choses ? C'est-à-dire dire : voilà en quoi nous sommes opposés à notre adversaire Trump, sur sa vision du monde qui est à l'opposé de la nôtre ! S'ils se gênent à le dire ou à le faire, c'est que leur vision et leurs projets pour le monde ne sont pas ceux attendus par les masses, et dans ce cas la menace pour la démocratie n'est pas du côté de l'ennemi mais de leur propre côté.

b) L'appel du président ukrainien Volodymyr Zelensky

Soit dit au passage, les faits reprochés à Donald Trump par les Démocrates ne sont pas recensés par nos soins suivant un ordre de succession chronologique, nous les relatons ou les rappelons tout simplement, dans n'importe quel ordre. « De mai à août 2019, écrit Wikipédia, Donald Trump, candidat à un second mandat présidentiel, et son avocat Rudy Giulani auraient fait pression sur l'exécutif ukrainien pour lancer une enquête sur l'ancien vice-président Joe Biden, candidat présenté comme l'un des favoris à la primaire démocrate pour l'élection présidentielle de 2020, ainsi que sur son fils Hunter. Un lanceur d'alerte accuse également la Maison-Blanche d'avoir tenté de dissimuler le contenu d'un appel téléphonique avec le président ukrainien, Volodymyr Zelensky. » Donald Trump est mis en accusation par la chambre des représentants en décembre 2019 pour "abus de pouvoir" et "entrave à la marche du Congrès". »

Bien que nous ayons suivi les événements avec un très grand intérêt à ce moment-là et que nous ayons entendu le plaidoyer que l'accusé avait fait valoir dans ce dossier pour sa défense, nous n'allons pas juger de la véracité ou non des faits, cela ne relève pas de notre compétence. Certains journalistes en avaient parlé et le Congrès avait mis en accusation l'intéressé par la procédure d'impeachment (ou destitution), nous n'avons aucune espèce d'autorité pour remettre en question cette prétention des Démocrates. Néanmoins, si nous nous interdisons de nous attarder sur l'authenticité de l'action reprochée à l'ancien président, nous ne pouvons pas nous empêcher de toucher un autre problème lié à ce sujet. En effet, remarquons que le Congrès a parlé « d'abus de pouvoir » de la part de Trump, parce que ce dernier aurait demandé à Volodymyr Zelensky de lancer une enquête sur Joe Biden ; soulignons que cela aurait pu handicaper ce dernier pour la présidentielle.

Mais alors que le Congrès avait parlé d'abus de pouvoir dans l'attitude de Trump qui aurait demandé à Zelensky d'ouvrir une enquête sur Biden, qu'avait donc fait le même Congrès à l'encontre de Biden qui s'était vanté d'avoir fait pression sur le chef d'Etat ukrainien pour qu'il révoque le procureur ukrainien qui avait ouvert une enquête sur son fils Hunter ? Qui n'avait pas entendu Biden se vanter à la télévision d'avoir vraiment fait pression sur le chef d'Etat ukrainien pour renvoyer ledit procureur, auquel cas il n'aurait pas accordé le milliard promis ? Tout le monde avait vu cette émission et celle-ci avait été rappelée lors de la campagne de 2020, mais aussi pendant le dernier débat entre Trump et Biden. N'était-ce pas là un cas d'abus de pouvoir, assorti de corruption, le plus flagrant qui fût ? Où était le Congrès ? Pourquoi n'avait-il pas enquêté sur cette affaire déjà bien connue ? Mais demandons-nous également pourquoi les médias n'avaient pas montré d'intérêt pour une telle affaire, eux-mêmes qui en montraient même pour les choses les plus insignifiantes qui touchaient à Donald Trump ? Tout le monde s'était contenté de démentir les faits, même avec des bandes sorties des archives. Quelle est donc cette démocratie qui se vend à tous comme étant le modèle parfait, alors qu'elle ment pour se défendre ? Ces genres d'attitudes montrent par force côtés des partis pris flagrants pour un camp contre un autre. Alors, quelle est donc cette démocratie qui se vante d'être protectrice des valeurs républicaines, de la vérité et de la justice, mais qui montre pourtant autant de faiblesses ?

Nous ne sommes pas en train d'exonérer Donald Trump de l'abus de pouvoir qu'on lui reprochait dans l'affaire de l'appel téléphonique qu'il avait passé à Zelensky pour lui demander d'enquêter sur son rival Biden ; si les faits qui lui sont reprochés sont vrais, il faut bien admettre qu'il s'agissait d'un abus de pouvoir et d'une tentative de corruption à des fins politiques. Mais nous pensons que la même démocratie qui s'était saisie de l'affaire pour la porter devant le Congrès afin de destituer Donald Trump devait exiger également qu'on se saisisse du cas de Biden remis sur le tapis lors du débat entre Trump et ce dernier en 2020. Mais le fait qu'on cherchait à l'occulter pour défendre le candidat Démocrate montre que la démocratie, du moins dans le sens de son application dans ces deux affaires, est injuste, en ce sens qu'elle défend, dans le cas de deux affaires similaires, une partie à tel moment et inversement condamne une autre dans un autre moment. Pourtant, si dans deux cas qui se ressemblent telle partie est condamnée, une autre ne peut pas obtenir gain de cause dans un autre cas similaire ; ou bien les deux sont condamnables et sont condamnées, ou bien elles obtiennent gain de cause, chacune à son moment respectif.

c) Les élections de novembre 2020

Avant l'élection du 3 novembre 2020, Donald Trump avait fait une campagne où il avait fait une démonstration de force de candidat capable de réunir autour de lui, même en pleine crise de Covid, d'immenses foules, tandis que l'on ne voyait pas un seul individu auprès de Biden qui n'était assisté que virtuellement, encore qu'on n'ait franchement pas vu de foules théoriquement amassées devant leurs écrans pour suivre ce dernier. Cela suffisait, ajouté à d'autres succès telle une économie forte, pour amener Donald Trump à la conviction qu'il gagnerait la présidentielle, ainsi que le Congrès et le Sénat. Mais le jour du scrutin, un peu vers la fin de la soirée, le président sortant appelle à mettre fin au comptage des bulletins, parce que selon lui l'élection lui a été volée. Chose curieuse et étrange, alors qu'aujourd'hui dans tous les petits pays du monde les bulletins se comptent le soir même de l'élection, un grand pays comme les Etats-Unis a mis plusieurs jours pour compter les bulletins des seuls Swing States qui représentent très peu de bulletins par rapport au reste du pays. Après quelques jours, soit le 7 novembre, les résultats ont annoncé la victoire de Joe Biden, mais Donald Trump conteste ces résultats, d'ailleurs jusqu'à aujourd'hui encore.

Selon Donald Trump et ses partisans, les Démocrates ont organisé plusieurs plans pour faire obstacle à sa réélection et à la reconnaissance de sa victoire à l'élection présidentielle ; parmi ces obstacles figurent, dans les prétentions de l'ancien président, le Covid-19 et les événements du 6 janvier 2021. Ces accusations sont-elles fondées ou non ? Comme nous l'avons dit à propos d'autres charges évoquées par Trump contre son adversaire, le public n'a pas ou n'a pas encore les preuves des allégations de l'ancien président. Le recomptage des votes par et pour les Etats d'Arizona et de Georgia ne constituent pas des preuves tangibles, puisque la justice les avaient refusées. Ces accusations n'ont pas plu du tout aux Démocrates qui ne parviennent pas à les ingérer, voire les ingurgiter pendant environ 4 ans. Cela revient constamment dans la bouche des Démocrates à chaque fois que l'occasion se présente pour eux de parler de Donald Trump et de ses « mensonges » comme ils le disent. Joe Biden personnellement revient sans arrêt sur la contestation de l'élection par Donald Trump. Néanmoins, si les accusations de Donald Trump semblent sérieusement déplaire aux Démocrates et les déranger, il y a par contre un certain nombre de comportements et d'attitudes qui poussent aux interrogations. Ce ne sont pas nécessairement les plus évoqués qui nous interpellent, mais bien d'autres auxquels bon nombre ne pensent pas. Mais avant d'aller plus loin, demandons-nous pourquoi de simples paroles prennent-elles autant d'importance auprès des Démocrates et pourquoi ne se comportent-ils pas comme Georges W. Bush ayant ignoré les accusations d'Al Gore ? Qu'est-ce qui fait la différence entre ces deux situations pour qu'on s'y arrête avec autant de frayeur ?

Parmi ces choses étranges nous allons en citer trois. On se souvient tous du 20 janvier 2021, à l'occasion de ce que les Américains appellent l'inauguration. Il s'est passé quelque chose d'inhabituel et d'extrêmement étrange sur lequel très peu de gens seulement se furent interrogés, puis tout le monde s'est tu à ce propos. Il s'agit en effet du nouveau président qui s'apprête à être investi et qui, plutôt que d'être amené par Air Force One qui fait partie du protocole traditionnel et classique, avait affrété un avion privé. Où sont les services de l'Etat, services auxquels a droit le nouveau locataire de la Maison Blanche ? Pourquoi ce protocole n'avait-il pas été respecté ? Que s'était-il caché derrière cette non-application, cette violation même de la Constitution ? Pourquoi le ministère de la Défense n'avait-il pas respecté ce principe qui entre parmi tous ceux qui fondent l'Ordre républicain ? Que faut-il comprendre derrière ce non-respect des règles ? A ce propos, nous nous souvenons que MSNBC (ou probablement CNN) avait allégué un prétexte insensé, en affirmant que c'était Donald Trump lui-même qui s'y était opposé. Mais comment le pouvait-il et de quel droit devait-il s'opposer à l'exécution de la Constitution ? Certaines personnes, pourtant au statut d'éclaireur, préfèrent passer pour des idiotes en proférant des stupidités invraisemblables au lieu de se taire ou plutôt au lieu de dire ce qu'il y a à dire sur les choses. Et si Trump était à l'origine d'un tel manquement au Principe, que devrait nous renseigner cela ?

La deuxième des trois choses sur quoi nous proposons d'attirer votre attention est la cérémonie dite de l'inauguration. Selon les informations qu'on peut vérifier sur le Joint Congressional Committee on Inaugural Ceremonies (JCCIC), la cérémonie d'investiture doit commencer à midi tapante. Mais la deuxième chose qui bouleverse le protocole ou les principes après le fait que ce n'était la Air Force One qui était allée le chercher, c'est que la cérémonie n'a pas commencé à midi. Au lieu de commencer à midi suivant la

Constitution ou la tradition stricto sensu, la cérémonie d'investiture de Biden a commencé à 11h47 pour la prestation de serment et son discours inaugural, à 11h52 ; on peut le consulter en ligne dans la vidéo de CNN : *Watch President Joe Biden's full inauguration speech*. Qu'est-ce qui a occasionné ou autorisé cet écart à la Règle ? Pourquoi la cérémonie n'a-t-elle pas commencé à midi dans le respect de la Constitution ou de la loi tout simplement ? Donald Trump aurait-il encore été derrière cela comme MSNBC ou CNN l'avait prétendu pour le refus d'allouer la Air Force One à son rival gagnant des élections de 2020 ? Cela cacherait-il quelque chose à comprendre derrière ce manquement, comme pour l'affrètement par Joe Biden d'un avion privé ? Donald Trump serait-il aussi puissant jusqu'à faire plier toutes les institutions devant sa volonté farfelue ? Et s'il était vrai que toutes les institutions se fussent pliées sous ses ordres, il y a de vraies craintes que Donald Trump fasse peur qu'à son retour à la Maison Blanche il menace la démocratie américaine et le monde entier. Qu'il y a-t-il vraiment à comprendre derrière ces deux non-respects avérés observés vis-à-vis de la Constitution ?

Nous voilà donc au troisième point. Dans le même train des élans pris par les journalistes des médias Mainstream qui appelaient Donald Trump à rapporter les documents classifiés qu'il avait apportés chez lui, on pouvait avoir entendu l'une des choses les plus insensées qui fussent, laquelle pouvait prêter à d'immenses interprétations rangées parmi les théories complotistes. Certains journalistes des mêmes chaînes Mainstream ne cessaient de dire que Trump était parti de la Maison Blanche avec le code nucléaire. Quelle stupidité ! Quelle absence d'intelligence ! Comment quelqu'un qui avait occupé la suprême mandature et qui devait passer le pouvoir à un nouveau locataire pouvait-il partir avec le code nucléaire ? Le code nucléaire est-il inchangeable ? Mais combien de risques cela devait-il faire courir aux citoyens et au pays, si le code nucléaire restait inchangé et que chaque ancien président pouvait en disposer à son gré ? En osant proférer une telle sottise, les journalistes des médias anti-Trump ont fourni à leur insu ou à leur ignorance des informations qui devaient relever des plus hauts secrets, desquelles le public ne devait pas être au courant. Ainsi en disant que l'ancien chef d'Etat de 2017 à 2021 est rentré chez lui avec le code nucléaire, cela amène à faire des insinuations qui ne relèvent pas d'ordre conspirationniste, mais d'ordre logico-dialectique.

Certains partisans de Trump ont pensé pendant toute la période de la présidence de Biden que le vrai président c'est Donald Trump et que Biden est seulement le locataire de la Maison Blanche. Quand on assemble les trois différentes pièces du puzzle ci-dessus, on pourrait penser que quelque chose ne fonctionne pas bien. Les deux premières pourraient signifier qu'il y aurait eu un arrangement, un accord entre le président sortant Donald Trump et Joe Biden pour que ce dernier fasse un mandat, afin de ne pas exposer les Etats-Unis à la raillerie du monde. Dans ce cas, la constitutionnalité de son successeur n'aurait pas été reconnue par Trump et les institutions, et lui-même aurait accepté son inconstitutionnalité. Quant à la troisième pièce du puzzle, c'est-à-dire le fait que certains journalistes de certains médias mainstream prétendaient que le président Trump était rentré à Mar-a-Largo avec le code nucléaire, elle devait signifier que suivant l'accord qui aurait été obtenu entre les deux parties, le nouveau locataire qui aurait reconnu et accepté son inconstitutionnalité ne pouvait pas avoir accès au code nucléaire. Nous n'inventons rien, ce sont plutôt les journalistes, piètrement machiavéliens ou très mauvais disciples de Machiavel, qui semblent avoir vendu la mèche à travers les inepties qu'ils ont proférées, car d'avoir osé faire mention du code nucléaire avec lequel Trump serait parti, ils auraient livré aux plus vivaces des esprits un secret pieusement gardé probablement par l'une des deux parties. Mais cela signifierait également que l'autre partie, celle qui fait des mouvements semblables à ceux de quelqu'un qui se noie, dans sa détresse et son désespoir n'aurait pas gardé, à son dépens, le secret sur l'éventuel accord.

Nous ne voyons pas quel message pouvaient bien envoyer le fait que le nouveau président n'ait pas été amené par Air Force One, mais qu'il soit venu par un moyen privé, et le fait que la cérémonie d'inauguration ait enfreint la Constitution pour commencer treize minutes plus tôt, sinon l'inconstitutionnalité du nouveau locataire. Probablement que la promesse de la production de preuves tangibles par le plaignant aurait été faite ou peut-être même que celles-ci auraient été produites avant l'inauguration comme pièces à conviction qui auraient contraint le nouveau locataire soit d'accepter le deal de son inconstitutionnalité à travers le non-respect du protocole constitutionnel, afin de le laisser faire un mandat, soit de refuser ce deal et de se voir exposé aux yeux du monde entier sur le champ.

Tout cela peut sembler farfelu dans cette logique, mais comment expliquer la non-application de la Constitution dans les deux premiers exemples ? Qu'est-ce qui pouvait empêcher le ministère de la défense de suivre la Constitution en amenant le nouveau président par Air Force One, et le ministère de la justice, par le biais de la Cour Suprême fédérale, de respecter l'heure légale et constitutionnelle – midi – pour commencer la cérémonie ? Un accord en haut lieu semble avoir été trouvé entre les parties afin de ne pas exposer les USA à la risée du monde. Et dans cet arrangement, l'une des parties aurait semblé s'imaginer prendre le dessus par la suite sur l'autre en lui portant un Coup d'Etat. Elle se serait rassurée sans doute que les masses ne sachant rien de cet accord hautement secret, il lui serait loisible de retourner la situation en sa faveur et au détriment de l'autre.

Tout dans les attitudes de l'une comme de l'autre partie semble corroborer une éventuelle négociation entre les deux. Revenons un peu sur les faits. Environ un an et demi avant l'élection de 2020 et jusqu'à cette élection, beaucoup de journalistes et quelques personnalités laissèrent entendre que Donald Trump n'allait pas accepter les résultats sortis des urnes. Nous n'allons pas discuter sur cette attitude qui semble avoir été utilisée pour préparer le public à ce qui allait se passer comme coup. On laissait croire à l'opinion que le locataire de la Maison Blanche d'alors, dictateur comme on n'en voyait point d'égal dans l'histoire, était prêt à vouloir garder le pouvoir, quoi qu'il pût se passer au scrutin. Mais comment avait-on pu déceler chez lui cette volonté de garder le pouvoir à tout prix ? Avait-il montré quelque attitude qui le prouvait ? Ce ne devait être qu'une stratégie pour le chasser, quelle que fût la tournure des événements, et cette magistrale stratégie a apporté les résultats escomptés. Mais elle a aussi de grosses faiblesses sur quoi nous ne nous arrêterons pas, car nous ne sommes pas l'avocat des Républicains.

Dans le même ordre d'idées qu'une entente aurait été trouvée entre les parties, rapportons un certain nombre d'attitudes et de comportements susceptibles de prouver notre théorie sans doute conspirationniste. Prenons par exemple Lloyd Austin. Environ un an avant l'élection il avait demandé, suivant les informations qui circulaient dans les médias, quand les Démocrates répandaient le bruit que Donald Trump ne voudrait pas quitter le pouvoir, qu'on lui donne l'autorisation et il irait personnellement chercher Trump et le forcer de quitter la Maison Blanche, vivant ou mort. Pourquoi ne pas supposer que Trump ait voulu exposer ces gens et les faire mentir sur les prétentions dictatoriales qu'ils lui prêtaient ? D'ailleurs, courant décembre 2020, certains journalistes lui demandaient s'il avait l'intention, suivant les rumeurs, de rester à la Maison Blanche, en dépit des résultats de l'élection, et il répondait : « Fake news ! ». Alors, il eût pu, même dans l'éventualité où il aurait eu des preuves irréfutables contre ses ennemis pour les pousser à battre en retraite, accepter de les laisser prendre le pouvoir sur un accord, afin de les exposer suivant une stratégie bien définie. Et ces derniers qui auraient eu conscience de ce qu'ils avaient fait auraient accepté l'arrangement tout en s'imaginant qu'ils allaient renverser la table plus loin.

La chute des dispositions de Lloyd Austin que nous avons rapportées plus haut pourrait signifier que l'entente probablement conclue entre les parties aurait sans doute forclos les Démocrates de la nécessité de recourir à la violence ou à tout autre moyen à leur convenance pour écarter leur adversaire. Revenons sur le fait que Donald Trump, interrogé avant de quitter le pouvoir, sur son intention de rester à la Maison Blanche, avait clairement répondu aux journalistes : « Fake news ! ». Mais revenons aussi sur sa déclaration à son départ de la Maison Blanche le 20 janvier : « Je reviendrai d'une façon ou d'une autre… Nous allons suivre la nouvelle Administration aux moindres détails ». C'étaient deux attitudes tenues par lui pour montrer qu'il n'était pas le dictateur qu'on le prétendait être, mais au contraire un vrai démocrate qui respecte les principes républicains. C'était aussi une façon de dire que cette disposition démocratique et républicaine dans laquelle il se tenait n'allait pas l'amener à abandonner pour autant son intention de montrer que ses adversaires ne sont pas ceux qu'ils prétendent être et qu'il allait les exposer tout au long du mandat de Biden à travers une des plus fines stratégies. Et l'assurance qu'il allait revenir d'une façon ou d'une autre, cela ne pouvait-il pas faire allusion à l'éventuelle clause avec Biden sur l'inconstitutionnalité de son mandat, comme on l'a vu à travers le non-respect de la Constitution pour le protocole qui concerne le moyen de transport du nouveau président et l'heure du début de la cérémonie de l'inauguration ? L'exposition aurait commencé là.

Qui savait quel plan allait-il mettre en œuvre pour exposer l'Administration de Biden ? Personne ne connaissait encore son plan et tous s'étaient mis à dire qu'il n'allait pas accepter de partir. En vertu de quoi ne devait-il pas partir s'il avait perdu l'élection ? Est-ce que les Etats-Unis sont un petit pays sans institutions démocratiques qui gèrent la chose nationale et publique ? Ces institutions ne sont-elles pas garantes de l'ordre et du bon fonctionnement des lois républicaines ? Comment serait-il possible qu'un simple homme ne faisant pas partie de l'appareil d'Etat, c'est-à-dire seul et ne pouvant compter sur une équipe classique et traditionnelle établie, puisse décider de renverser les principes républicains à son profit ? Cela est impossible et n'a pas de sens ! Donc, la prétention imputée à Trump par les Démocrates ayant prétendu qu'il n'aurait pas accepté pas de quitter le pouvoir, plutôt que de rendre service à ces derniers, les fait soupçonner d'intentions inavouées qu'il n'est pas difficile de prouver par n'importe quel avocat ou psychologue de grand métier.

Donald Trump a joué en maître brillant, illustre, inégalé et extraordinairement remarquable. En ayant pris la décision de quitter le pouvoir, en dépit de ses prétentions et de sa conviction que l'élection lui avait été volée, l'ancien président aurait non seulement fait mentir les Démocrates sur les intentions qu'ils lui imputaient, mais encore il les a exposés comme étant ceux qui étaient prêts à accéder au pouvoir ou encore à l'en chasser par tous les moyens non démocratiques. La proposition de Lloyd Austin d'aller le chasser de la Maison Blanche vivant ou mort, expression de la disposition de tous les Démocrates, n'était-elle pas claire que ces derniers étaient prêts à utiliser même la violence physique pour l'empêcher de briguer un second mandat ? Qu'est-ce qui empêche de penser que dans leur projet de l'éjecter du pouvoir ils auraient prévu de tricher dans les urnes afin de l'écarter et que, sachant qu'il n'aurait pas accepté les résultats, ils auraient prévu d'en venir même à la force pour le chasser ? Mais s'ils étaient prêts à aller n'importe où afin de se débarrasser de lui, faut-il penser qu'ils allaient récuser tout deal, de la part de Trump, leur permettant de revenir au pouvoir ? Leur objectif était clair à travers les menaces qu'ils projetaient à demi-mots et dont l'affirmation d'Austin en donnait la parfaite expression : empêcher par tous les moyens possibles que Trump reste au pouvoir. Donc, un supposé accord passé avec eux pour qu'il se retire, peu importaient les termes d'un tel accord, devait leur sembler un privilège à ne pas manquer, d'autant plus qu'en politique tout est possible et que de surcroît, pour interpréter Dan Bongino, la nature et les capacités de manœuvres du Deep State sont très profondes.

Tout dans le protocole de l'inauguration, ajouté à l'erreur monumentale de certains journalistes ayant rappelé que Trump avait emporté le code nucléaire en quittant la Maison Blanche, laisse penser qu'un accord aurait été proposé par Donald Trump à ses adversaires pour leur laisser le pouvoir. Dans leur fringale du pouvoir, pour la préservation de leurs privilèges menacés, et leur illusion de retourner la situation en leur faveur à la suite du deal, ils ont semblé accepter l'humiliation d'être exposés, avec un peu de discrétion bien entendu, comme n'ayant aucune constitutionnalité. Car s'ils sont allés jusqu'à accepter que le nouveau président ne soit pas amené par Air Force One et que la cérémonie d'investiture ne respecte pas le protocole constitutionnel, tous deux agissements qui violent la Constitution et trahissent l'inconstitutionnalité du nouveau locataire, c'est qu'ils ont admis l'illégitimité du pouvoir incarné par le nouveau président. Mais ils ont dû compter sur leur pouvoir énorme pour écarter Trump définitivement après, en s'imaginant que toutes les preuves dont il disposait allaient s'écrouler devant leurs puissantes manœuvres et leurs imaginations fertiles. Tout laisse supposer que les diverses tentatives ou les différentes machines de guerre qu'ils mettent en place pour le réduire au silence ou à néant faisaient partie de certaines manœuvres élaborées après l'éventuel deal, sorte de manège à l'air d'un coup d'Etat puissant orchestré contre lui. Et si le raid de Mar-a-Largo était prévu pour récupérer des documents de cette sorte qui l'auraient privé de toutes preuves contre eux, d'autant plus que ce raid avait été opéré en son absence ? Et si c'était un tel acte conclu entre eux qui fait dire constamment Donald Trump avec assurance que le $25^{\text{ème}}$ amendement n'aurait aucun effet sur lui, mais sur eux ?

Parmi ces différentes manœuvres de rédemption mises en œuvres par ses ennemis, Trump et ses partisans en dénombrent plusieurs. Quand on sait que Trump avait dit, au lendemain des résultats de l'élection, que Biden ne serait jamais président des Etats-Unis, il est un certain nombre de questions à se poser, comme par exemple pourquoi Trump en serait-il venu à faire ce deal avec les Démocrates, si jamais il y avait eu vraiment quelque accord, mais aussi à partir de quel moment celui-ci aurait été conclu entre les parties ? Quant à la question portant sur la raison qui l'aurait amené à conclure cet accord, nous imaginerions que cela aurait été fait afin d'exposer le camp de son adversaire. Par contre, pour ce qui concerne le moment où cette hypothétique entente aurait été conclue, il y a beaucoup d'incertitudes. L'aurait-elle été avant le 6 janvier ou après ?

Nous pensons que s'il y avait eu ce fameux accord, suivant les circonstances autour de l'arrivée de Biden en jet privé et du commencement des cérémonies avant l'heure fixée par les textes, cela doit avoir dû se faire après le 6 janvier, car nous pensons que si cela avait été fait avant, il n'y aurait probablement pas eu de marche le 6 janvier. Immédiatement il nous vient à l'esprit de poser à la place de certaines personnes très curieuses la question suivante : dans l'éventualité où les circonstances liées au six janvier n'auraient pas mis le couperet à la gorge de Trump, pourquoi aurait-t-il été amené à signer un tel accord, s'il disposait de très sérieuses preuves contre ses adversaires ? Etait-ce sa responsabilité dans les événements du 6 janvier qui lui était reprochée qui l'aurait amené à faire un tel deal, si jamais deal il y avait, ou bien était-ce pour sauver l'honneur des Etats-Unis devant le monde, comme nous l'avons déjà supposé, qu'il l'aurait fait ? Nous pensons qu'avec toute l'assurance que l'ancien président montre et vu la façon dont les choses se sont passées, en ce qui a trait à l'hypothétique arrangement, ceux qui semblaient avoir plus de profit à tirer dans cet éventuel accord semblent être les Démocrates, et de ce fait ils semblent être ceux sous la gorge desquels aurait été placé le couteau. Trump paraît montrer une bien trop grande imperturbabilité et une trop grande confiance dans ce qu'il croit être la vérité, autant pour le 3 novembre que pour le 6 janvier, pour qu'il ait été contraint de faire un quelconque pacte en raison de son implication dans le 6 janvier. Quant aux Démocrates, s'ils sont allés jusqu'à accepter que leur mandat n'ait pas revêtu d'aspect constitutionnel, comme nous l'avons expliqué, c'est qu'ils étaient ceux qui semblaient avoir plus à perdre et en même temps plus à gagner dans cet arrangement. Quant à Trump, lui, il semblait avoir tout à gagner et rien à perdre dans cette affaire, en sorte que le présumé pacte n'aurait pas été un pacte gagnant-gagnant, mais un cadeau offert à ses adversaires ; et l'on voit comment il ne cesse de répéter que tout ce que les Démocrates intenteraient contre lui n'aurait aucun effet. Il doit être protégé par un très puissant rempart pour rester aussi imperturbable et aussi confiant dans son retour et sa victoire.

Néanmoins, devant l'imperturbabilité du candidat républicain, l'autre camp n'a de cesse de multiplier des gestes de panique. Fi fait du six janvier où Donald Trump semblait encore accroché à l'idée de mettre en déroute ses ennemis Démocrates, à moins seulement que ce ne fût qu'une première tentative d'exposition de ces derniers dont il aurait su leur manière de répondre au rassemblement de ses supporters, nous pensons que les premières actions des Démocrates en vue de débouter leur adversaire se furent manifestées dans leur tentative d'impeachment de février 2021 de Donald Trump. Puis, après cette tentative de coup d'Etat, dans l'éventualité où un accord se fut trouvé effectivement entre eux et Trump, de très nombreuses autres tentatives sont menées pour l'écarter, depuis l'évocation des affaires, dont des choses relevant de sa vie privée et qui, plus est, se furent passées depuis plusieurs décennies comme l'affaire de E. Jean Caroll, jusqu'au dernier des 90 chefs d'accusation qu'est le très gros dossier du 6 janvier 2021.

En fait, Donald Trump ne se trouve pas être le seul visé par ce que lui-même et la plupart des Républicains qualifient de la chasse aux sorcières. Le pouvoir en place trahit bien des manières qui pourraient le faire accuser de tyrannie, pendant le temps même qu'il qualifie son ennemi, Donald Trump, de tyran et de danger pour la démocratie. On se souvient que Trump avait été bloqué sur Twitter avant que celui-ci n'ait été acheté par Elon Musk. On se souvient également de l'armée des pro-Trump qui ont été tous chassés des différents réseaux sociaux, dont notamment YouTube. Quid donc de certaines personnalités politiques ou civiles plus ou moins influentes comme l'avocat Lin Wood qu'on entendait tous les jours sur la question de l'élection « volée » à Trump ? Du Général Michael Flynn qui commentait les événements pendant toute la première année de Joe Biden ? De Sidney Powell, Steve Bannon, Jenna Ellis, Rudy Giuliani et de bien d'autres encore qui étaient forcés d'écrire et de signer des notes, fin 2023, sous peine de prison et d'amende, dans lesquelles ils devaient se repentir d'avoir prétendu que l'élection de 2020 avait été volée à Trump ? Y avait-il vraiment quelque nécessité de sommer des citoyens, peu importent leur statut et leur influence, de se rétracter sur une prise quelconque de position, sans montrer une certaine violation du droit et de la liberté d'expression ? Pourtant, les Démocrates dont la démonstration flagrante de leur irrespect des principes de la démocratie est clairement mise à découvert à travers tous ces comportements, sont ceux qui préviennent sur les dangers qui menacent les populations avec Trump. Vérité ou mouvement de panique ? Pourquoi donc de simples propos, et non des actes juridiques, évoquant une élection volée, prennent-ils autant d'importance jusqu'à pousser à persécuter les gens, s'ils n'ont aucun fondement réel ? D'ailleurs, même s'il s'agissait d'action en justice, devait-on montrer autant de panique si l'accusation n'était pas vraie ? Ne serait-ce pas là la preuve d'une anxiété profonde devant d'éventuelles actions futures en justice qui paniquent ?

d) Le 6 janvier et l'assaut du Capitole

Parmi tous les dossiers qui pendent comme une épée de Damoclès sur la tête de Donald Trump, celui du 6 janvier est l'un des plus lourds et des plus menaçants. Mais existe-t-il de dossier qui soit le plus controversé dans toute la liste que celui-ci ? Pour la plupart des Démocrates, Trump aurait sinon manigancé par quelque acte délibéré ou prémédité le saccage du Capitole, du moins poussé les foules à poser un tel acte à travers une attitude quelque peu irresponsable de sa part. A cet égard, il porte soit la responsabilité de l'instigateur de l'acte, soit le rôle d'un complice dans la perpétration de l'acte commis par les auteurs. D'autres Démocrates vont plus loin en pensant qu'il a délibérément commandité les actes de sabotage. En cela, il n'est pas un simple complice, mais l'auteur même des actes qui doit en répondre en pénal, non en tant qu'un simple complice mais en tant que criminel auquel il faut imputer la totalité des responsabilités. Toutefois, alors que les adversaires de l'ancien président républicain l'accusent de près ou de loin des actes perpétrés lors du grand rassemblement de ses partisans le 6 janvier 2021, du côté de ces derniers, et notamment de Donald Trump, les Démocrates sont eux-mêmes ceux qui avaient perpétré les actes qu'ils lui reprochent. Pour eux le 6 janvier ne peut pas se détacher du 3 novembre, ils sont dans un lien fort et indissociable. Rappelons au passage que c'est ce qui est dit également du Covid qui est, d'après les trumpistes, un subterfuge utilisé par les Démocrates pour tricher à l'élection. Soit ! Voyons un peu les discours et les comportements sur le 6 janvier.

A moins que Donald Trump ait tendu un piège contre ses adversaires, et au dire de la plupart de ses partisans il semblerait que ce fût vrai, ou à moins qu'il soit le plus grand naïf qui soit et qu'il ne dispose pas de conseils sérieux, demandons-nous comment ne s'est-il pas imaginé que le 6 janvier aurait pu lui être volé comme il le prétend du 3 novembre ? Assembler une aussi immense foule en plein air autour du Capitole, sans aucune possibilité de contrôle sur l'identité des participants, c'était prendre un risque énorme et considérable que les vrais partisans de Trump ou les sympathisants du MAGA soient infiltrés d'ennemis venus de l'autre camp. C'était donner dans une assiette en or une misérable tête qui ne méritait pas un si grand honneur d'être exposée dans un tel luxe.

En effet, sans préjuger de quoi que ce soit, et encore moins lapider de coups de pierres quiconque dans l'une comme dans l'autre partie, considérons les déclarations de la plupart des Démocrates comme celle de Chuck Schumer par exemple à laquelle nous avons fait allusion antérieurement. Nous avons rappelé que Schumer avait prétendu que faire visionner les vidéos sur le Capitole était dangereux contre la démocratie et disait espérer que la direction de Fox News n'allait pas laisser Tucker Carlson donner lecture desdites vidéos, et très peu de temps après nous avions vu Carlson viré de la Chaîne. Nous lisons également sur CNN, dans un journal du 20 février 2023, les commentaires ci-dessous provenant de deux parlementaires démocrates. Il s'agit dans un premier de Hakeem Jeffries ; il affirme : « *Le transfert apparent de séquences vidéo représente une violation flagrante de la sécurité qui met en danger les femmes et les hommes de la police du Capitole des Etats-Unis qui ont vaillamment défendu la démocratie, mettant leur vie en danger en ce jour fatidique.* » La deuxième personnalité dont nous vous donnerons lecture de sa déclaration est Jamie Raskin. Il affirme : « *Le fait que Kevin McCarthy ait donné 40 000 heures d'enregistrement du 6 janvier à un journaliste pro-Poutine est un effondrement éthique stupéfiant. Quelles précautions de sécurité ont été prises pour éviter que cela ne devienne une feuille de route pour l'insurrection de 2024 ? Annoncer la propagande MAGA à venir !* » Analysons un peu ces déclarations.

Nous avons déjà dit antérieurement, pour ce qui concerne la déclaration de Schumer, qu'il paraît fort difficile de faire accepter dans un certain milieu, dans le milieu des gens qui pensent, peu importe le niveau ou le degré de connaissance de ceux-ci, qu'il est contre la démocratie de faire la transparence sur une affaire d'une extrême importance comme le 6 janvier. La transparence aura pour effet, avons-nous dit, de lever les voiles et d'apporter toute la lumière sur un dossier de cette importance. Plutôt que d'être un obstacle pour la démocratie, ces vidéos voleraient au contraire au secours de la démocratie à laquelle elles apporteront un coup de main d'une grande importance. Comment peut-on vouloir étendre un épais drap d'obscurité sur une affaire de ce genre où tous les gens espèrent voir la clarté sur ce qui était arrivé lors de cet événement ? C'est un crime de la plus haute importance qu'un individu ou qu'un groupe de gens, qui qu'il(s) soi(en)t, de quelque côté qu'il(s) soi(en)t, s'en soi(en)t pris à un symbole aussi fort de la Nation et qu'on ne veuille pas tirer la situation au clair. La démocratie n'a pas pour devoir ou ne doit pas avoir pour volonté de couvrir les criminels.

On accuse Donald Trump d'avoir incité ses partisans à marcher sur le Capitole afin de provoquer une insurrection au cours de laquelle il aurait utilisé l'armée à ses propres fins égoïstes contre la nation. En cela, il est donc un criminel qui fait passer ses intérêts au détriment de ceux de la nation, et en tant que criminel il doit répondre de ses actes. Mais s'il est accusé de crime pour cet acte qu'on lui reproche et qu'il doit répondre de cela, la démocratie doit fournir toutes les preuves qui peuvent servir à l'inculper pour son crime. Néanmoins, si l'on refuse un certain nombre de preuves, sous quelque prétexte que ce soit, c'est qu'il y a quelque chose qui ne fonctionne pas dans cette mise en accusation. Pourquoi refuser des preuves qui peuvent servir à montrer la réelle implication de l'accusé dans l'acte dont on l'inculpe ? N'a-ton pas montré de nombreuses vidéos sur l'acte odieux qui a été perpétré dans le Capitole ? Si on en a montré quelques-unes, pourquoi ne pas montrer au public celles qui ont été confiées à Carlson ? Que cachent-elles, et sur qui ? L'allégation que la « démocratie » serait mise en danger est un faible argument pour la partie accusatrice, et d'ailleurs elle n'en est même pas un. Cela semble être un beau prétexte et une très grosse épine dans les pieds de ceux qui ne veulent pas que les vidéos soient vues.

Maintenant, venons-en à la déclaration de Hakeem Jeffries. Quoique Jeffries soit dans la même panique que ses collègues démocrates, il semble néanmoins être plus logique que la plupart de ceux-là. Il pose lui-même la question de la sécurité des agents qui veillent sur la sécurité du Capitole, cela a l'air d'un argument logique, contrairement aux propos quelque peu verbigératoires de Schumer. Cependant, quoique la prétention qu'il faille protéger les policiers qui assurent la sécurité du Congrès semble un plaidoyer judicieux, nous ne pensons pas que ce soit en refusant les preuves qui feraient toute la transparence souhaitable sur le dossier du 6 janvier qu'on assurerait la protection des concernés. L'Etat a bien d'autres moyens proprement ou véritablement sécuritaires pour protéger les policiers, ce n'est pas la mise en lumière des vérités attendues sur le dossier qui les mettrait en danger, à moins qu'ils aient quelque chose à se reprocher. Et puis, en quoi seraient-ils mis en danger ? Seront-ils vus en train de faire des choses louches qui les accuseraient de crime contre la Constitution et contre la nation ? Ne veut-on montrer leur visage ou ce qu'ils faisaient (ou peut-être manigançaient) ce jour-là ? N'a-t-on pas montré tout un tas de vidéos qui mettent en accusation celui à qui on reproche d'avoir orchestré les choses ? N'a-t-on pas vu le visage de certains policiers ? Pourquoi ne devrait-on pas voir leur visage dans les preuves apportées par la défense ? Est-ce leur visage ou ce qu'ils faisaient qui leur ferait courir quelque risque ? En quoi montrer les vidéos mettrait-il en danger les policiers ? Tout cela peut ne sembler être qu'une grosse couverture. Encore de la verbigération qui trahit l'état psychologique de gens en panique !

Maintenant considérons le point de vue de Jamie Raskin. Il est plus loisible encore de faire ressortir les incohérences et la panique qui se cachent derrière le discours de ce dernier. Remarquons qu'il fait allusion aux quarante mille heures d'enregistrement que Kévin McCarthy a confiées à Tucker Carlson. Le fait qu'il mentionne les 40 000 heures de vidéos est un procédé, même inconscient chez lui, pour montrer le côté hyperbolique de l'action de McCarthy. Il semble paniqué par l'exagération de Kevin McCarthy qui a donné à Tucker un nombre aussi important de vidéos susceptibles sans doute de faire ressortir la vérité sur l'affaire du 6 janvier. Il cherche malicieusement la sympathie du public sur la question, ainsi que Jeffries le fait sous le prétexte du devoir de protéger les policiers, mais on voit plus nettement chez lui l'expression de la panique que chez ce dernier. Le fait qu'il va préciser que Tucker Carlson est « un journaliste pro-Poutine [et l'acte de McCarthy], un désastre éthique » n'enlève rien à l'expression de l'état de panique qui se perçoit prioritairement dans son comportement, à cause de la quantité hyperbolique d'heures de vidéos confiées à ce dernier. Qu'est-ce qui fait le désastre de l'action de McCarthy ? Les 40 000 heures d'enregistrement confiées à Tucker pour contrevenir au narratif déjà construit sur l'événement ou le fait que Tucker Carlson soit un journaliste pro-Poutine ? Ce qui ressort le plus dans le discours de Raskin, c'est plus la volonté de revenir sur la prétendue collusion Trump-Poutine de 2016, ces deux hommes qui veulent faire échec à leur monde et au projet mondialiste qu'ils veulent mettre en place. Voilà à quoi fait allusion l'affirmation de Jamie Raskin, quand il souligne que Tucker Carlson est un journaliste pro-Poutine et que les 40 000 heures de vidéos tombées dans sa main posent un problème d'effondrement éthique.

Quel collapse éthique cela pose-t-il en vrai si ce n'est peut-être celui de nourrir les prétentions et accusations de Trump et de Poutine sur le fait que ces hommes se lèvent contre tout homme politique qui veut les exposer ? A l'insu de Raskin, tout comme il en est de tous ces gens qui ne pensent pas mûrement leurs propos avant de les émettre, l'allusion à la tendance pro-Poutine de Tucker et au désastre éthique que risquent de provoquer les 40.000 heures de vidéos les dessert plus qu'il ne leur rend service au parti ; on sent qu'il y a dans un tel discours la recherche d'un alibi pour refuser ou condamner la lecture des vidéos, puis encore, la peur et la panique que ces vidéos soient visionnées. Pire, Raskin va même jusqu'à parler de l'insurrection de 2024 donnée pour sûre dans ses propos : « quelles précautions de sécurité ont été prises pour éviter que cela ne devienne une feuille de route pour l'insurrection de 2024 ? » Voyez que tout se passe dans cette anxiété démentielle comme si tout est prévu d'avance !

Pourquoi devrait-il avoir une nouvelle insurrection en 2024 et pourquoi Donald Trump aurait-il intérêt à refaire une autre insurrection ? Ce Trump mérite d'être jeté en prison, s'il cherche à chaque fois à jeter la nation dans de telles situations ! Pourquoi une autre insurrection et à quelle fin ? Qu'apporterait-elle à Trump comme bénéfice si ce n'est que de nouvelles preuves pour l'inculper et le jeter en prison ? Qui préparera une telle insurrection ? Et puis, en quoi apporter des preuves sur l'insurrection du 6 janvier 2021 qui devraient avoir pour finalité de faire inculper le coupable devrait-il préparer une nouvelle insurrection pour 2024 ? Au contraire, cela devrait permettre d'éviter tout éventuel événement de cette sorte. Cela dessert misérablement les Démocrates qui ne préparent pas leurs discours avant de les prononcer, nous sommes dans un amateurisme politique suscité par la géopolitique de la survie, cette sorte d'instinct politique de survie.

En effet, si les preuves apportées par la défense doivent servir à préparer de nouveaux événements pour la nouvelle échéance, pourquoi en avoir peur puisque les derniers n'avaient pas abouti à la finalité recherchée par le présumé coupable de crime contre la nation ? Qu'est-ce qui ferait échec aux mesures de sécurité à mettre en place contre de nouveaux événements comme ceux du 6 janvier ? Le fait pour l'accusé d'apporter des preuves, non même celles qu'il aurait fabriquées mais celles qui se voient réellement dans les lieux où ses partisans auraient prétendument commis leurs crimes, cela ne devrait-il pas servir au contraire aux accusateurs ? Pourquoi donc les refuser, sauf seulement si elles accusent les accusateurs eux-mêmes et non l'accusé ? En quoi le fait de montrer les vidéos des scènes perpétrées lors des événements peut-il être un motif pouvant servir à de nouvelles scènes similaires ? Pourquoi devraient-elles servir d'exemple ou de feuille de route pour une insurrection donnée pour certaine en 2024 ? A qui cette nouvelle insurrection prévue pour 2024 rendra-t-elle service et qui la tiendra ? Seront-ce Donald Trump et ses partisans qui feront à nouveau cette insurrection ou bien les Démocrates eux-mêmes ? Et puisque le très tyrannique Trump avait échoué lors de la première tentative d'insurrection, pourrait-on penser qu'il se préparera mieux cette fois pour ne pas échouer à nouveau ? Mais étant donné qu'il avait été mis en échec du point de vue de l'intention politique par quoi il était motivé, pourquoi devrait-il penser réussir son coup en 2024 ? Et puisque Raskin parle de précaution de sécurité, ne devrait-on pas penser que l'insurrection de 2021 devrait leur servir de leçon, afin qu'ils se préparent à mieux prévenir et contrer tous actes incivils et criminels futurs qui chercheraient à détruire les symboles de la nation, la société et ses institutions ? A quoi servent donc les études politiques et de sociologie ? De quoi les adversaires de Donald Trump ont-ils vraiment peur ? Qu'est-ce qui se cache derrière ces vidéos qui font si peur au point de générer les discours les plus invraisemblables ? Qui ces vidéos protègent-elles ? Qui accusent-elles ?

On ne comprend pas pourquoi autant de discours dans lesquels les auteurs se contredisent. Ils prétendent vouloir défendre la démocratie à travers des décisions de justice qui font respecter les principes démocratiques, mais en même temps tout dans leur comportement montre qu'ils ne sont pas aussi attachés qu'ils le disent à cette démocratie et cette justice. Alors que d'un côté ils font voir au public des « preuves » sur les actes prétendument perpétrés par les partisans de celui qu'ils accusent d'être l'auteur des actes de sabotage liés au 6 janvier, d'un autre côté ils appellent à récuser la production des preuves tirées des mêmes fonds apportées par l'accusé ? Devant cette attitude, il est judicieux de se demander qui est vraiment coupable et qui est vraiment innocent ? Aussi doit-on se demander qu'est-ce que les Démocrates entendent par démocratie ? La démocratie se confond-t-elle ou doit-elle se confondre avec le parti qui s'en réclame ou bien est-elle cette vision philosophique du monde qui se donne en tant que protectrice de toutes les valeurs politiques et sociales justes ? Comment comprendre le refus des contre-preuves à travers les vidéos, toutes prélevées de la même source que celle des accusateurs, que la défense veut apporter afin de montrer la différence entre les interprétations faites par l'accusation et la réalité des faits ? Quelle est donc cette justice à double étage qui prend en compte les preuves ou soi-disant telles apportées par l'accusation et qui récuse systématiquement celles de la défense, d'autant plus qu'elles sont toutes tirées d'une seule et même source ? Si c'est ça la démocratie, il faudrait alors redéfinir ce vocable.

D'autres attitudes telles que celles tenues par Schumer et Nancy Pelosi le jour même du 6 janvier méritent qu'on leur prête un peu d'attention. Plusieurs médias ont rapporté l'état de Nancy Pelosi le 6 janvier et certains propos qu'elle avait tenus. De CNN à The Hill qui est lui-même un peu modéré, en passant par MSNBC, NBC, Rollingstone, Washington Post, etc., tous ont rapporté les mêmes choses sans presqu'aucune nuance. Mais nous allons faire état ici de ce qu'a rapporté le Washington Post plus d'un an après l'événement, le 14 octobre 2022. Pourquoi exactement ce reportage-ci plutôt que d'autres tirés d'autres journaux, surtout ceux qui furent montrés le jour même ? En fait, c'est parce qu'il y a une phrase dans ce Washington Post du 14 octobre 2022 que je ne me rappelle pas avoir vue, ni entendue dans les autres reportages antérieurs, à moins seulement qu'elle ait été rapportée et que je n'y aie pas prêté attention ;

et cette phrase a une importance tout à fait particulière. Mais le reportage de Washington Post nous intéresse également parce qu'il s'agit du visionnage d'une vidéo du 6 janvier effectué le 13 octobre 2022 à l'occasion du Comité d'audition ouvert sur le dossier. Selon l'auteur de l'article, la journaliste Kelly Kasulis Cho, « Nancy Pelosi paraissait frustrée ». Nous allons commenter d'abord ce que nous avions entendu dans tous les reportages, puis nous ferons état de la singularité que nous disons n'avoir entendue nulle part. Néanmoins, rappelons que toutes les informons sur lesquelles nous allons nous arrêter ont une grande importance pour comprendre certaines choses qui sont soit passées sous silence, soit passées inaperçues.

Kelly Kasulis Cho souligne que « *des images filmées le 6 janvier 2021 montrent une Nancy Pelosi frustrée qui dit à ses collaborateurs qu'elle voulait frapper Donald Trump et les législateurs qui plaident pour le déploiement de la Garde nationale, alors que les partisans de l'ancien président pénétraient de force dans le Capitole.* »[15] Soit dit au passage que ce n'est pas la caractérisation de Nancy Pelosi par la journaliste qui nous intéresse ici ; toute description étant subjective, ce n'est pas sur ce qui est imputable à Kelly Kasulis en terme de description que nous allons mettre le doigt, mais sur le récit qu'elle rapporte sur Nancy Pelosi. Qu'elle rapporte que celle-ci paraissait frustrée dans la vidéo du 6 janvier visualisée à l'audition du 13 octobre 2022 n'a aucune importance pour nous, quoique le regard critique ou psychologique qu'elle porte sur elle puisse être objectif. Néanmoins, nous nous intéresserons au récit qu'elle fait de ses propos, ainsi que tous peuvent s'en rendre compte dans toutes les vidéos ou tous les textes écrits qui en ont fait état depuis le 6 janvier 2021.

En effet, dans le discours de Nancy Pelosi ci-dessus rapporté en style indirect, il n'y a qu'un seul mot qui revêt une certaine importance et sur lequel on doit s'arrêter. C'est le mot « frapper ». Cela peut paraître anodin et même sans sens que la Présidente du Congrès que fut Nancy Pelosi ait

---

[15] Footage filmed on Jan. 6, 2021, shows a frustrated House Speaker Nancy Pelosi (D-Calif.) telling aides that she wanted to punch Donald Trump, and lawmakers pleading for the National Guard to be deployed as supporters of the former president forced their way into the Capitol. Kelly Kasulis Cho, Washington Post, 14 octobre 2022.

eu la prétention de vouloir frapper Donald Trump, d'autant plus qu'elle est toute frêle, sans grande énergie et n'aurait que tout juste effleuré Trump comme une mouche avec sa main portée à son visage, encore qu'il faille souligner qu'elle aurait dû monter sur un tabouret pour atteindre le visage de son adversaire. Frapper Trump physiquement, d'autant plus qu'elle précisera, plus exactement plus loin, dans ses propres mots, qu'elle attendait ce moment, que cela lui ferait plaisir et qu'elle irait en prison. Aller en prison ! Mais comment pouvait-elle frapper physiquement le président ? Il est vrai que nous ne connaissons pas la constitution américaine et que nous ne pouvons pas confirmer si le simple fait pour un élu de gifler un président peut faire faire ou non de la prison par celui qui commet un tel acte. Par contre, nous savons que tout acte de violence perpétré aux USA sur quelqu'un est passible d'emprisonnement pour la personne l'ayant perpétré. Mais le fait pour un personnage de son statut de parler de prison ne permet-il pas de voir dans le mot « frapper » bien plus que le simple fait de frapper le président ?

Interrogeons-nous sur le sens dans lequel Nancy Pelosi doit avoir entendu le mot « frapper ». Parlait-elle d'une gifle ? Nous l'avons déjà dit, hormis le sens moral qu'aurait revêtu cette gifle, cela n'aurait rien fait physiquement à Donald Trump. C'eût été comme d'une chèvre qui aurait touché de sa queue un éléphant ; donc, bouffonnerie cocasse, plaisanterie fade. Entendait-elle le frapper de grands coups jusqu'à lui causer des préjudices corporels sévères ? Non seulement elle n'avait pas assez de force physique pour en venir là, mais nous ne pouvons pas imaginer qu'une femme de son statut serait descendue jusqu'à cette grossièreté, jusqu'à la bassesse d'oser porter main sur Trump, et pire, le violenter jusqu'à devoir faire la prison pour un tel acte. Non, son discours ne peut pas être pris dans un sens littéral, il cache autre chose. C'est un discours à prendre au sens figuré. A ce propos, il est d'autres paramètres à prendre en compte dans le décryptage d'un tel discours. Dans un premier temps, considérons la caractérisation de l'état de Pelosi qu'a fait Kelly Kasulis Cho. Elle la décrit comme ayant été frustrée. Quoiqu'il s'agisse d'une description qui peut ne pas refléter la réalité objective mais une réalité qui n'engage que la commentatrice, rappelons que les commentaires peuvent parfois refléter véritablement l'état psychologique de ceux qu'on psychanalyse. Soulignons que la frustration est l'état d'insatisfaction ou de privation de quelqu'un d'un avantage que ce dernier croyait pouvoir disposer, suivant le Larousse. Il est vrai que la chaîne française de télévision BFM parle plutôt de colère chez Nancy Pelosi, contrairement à Washington Post qui parle de frustration, mais fi fait de cette différence d'appréciation entre Washington Post et BFM pour nous arrêter au commentaire de Washington Post, nous validerions peut-être cette description à partir des nombreux détails que nous trouvons un peu partout dans le discours de Pelosi. Mais pourquoi validerions-nous l'état de frustration dans lequel la journaliste de Washington Post dit l'avoir vue, plutôt que l'état de colère signalé par BFM ?

En fait, la frustration ressortie chez la Speaker Pelosi d'après Kelly K. Cho permettrait de mieux comprendre le sens figuré dans lequel Nancy Pelosi avait utilisé le verbe « frapper », contrairement à l'expression de la colère signalée par BFM TV. L'évocation de la frustration ressentie dans son comportement peut vouloir dire que les attentes escomptées sur l'événement n'ont pas tout à fait atteint leur objectif. Quant à la remarque qui fait ressortir chez elle qu'elle était en colère, cela peut faire penser au fait qu'elle aurait souhaité vraiment frapper physiquement son adversaire. Mais comme nous l'avons souligné plus haut, et son statut politique et social, et sa force physique déclinante ne nous laissent pas supposer qu'elle ait vraiment voulu ou pu frapper littéralement Donald Trump. Donc, nous ne sommes pas en présence d'un discours littéral, mais devant un discours figuré. Néanmoins, soit dit au passage, avant de revenir sur ce qui se cache derrière le verbe « frapper » : il ne nous semble pas évident que le Washington Post ou BFM TV aient bien saisi ce que l'expression de la frustration ou de la colère constatée chez elle pouvait faire ressortir dans l'analyse psychologique de son état ce jour-là, comme nous venons de le faire. Peut-être aussi qu'ils aient suggéré l'idée et laissé le soin à d'autres de l'analyser afin d'en faire ressortir ce qu'il faut.

En fait, puisque le discours semble figuré, dans quel sens Pelosi peut-elle avoir utilisé le mot « frapper » ? La Speaker semble avoir consciemment joué sur la polysémie du verbe à travers l'utilisation de la figure rhétorique dite de syllepse de sens. Dans la syllepse, l'auteur utilise un mot dans son sens figuré tout en laissant à son interlocuteur l'impression de l'employer dans le sens propre. En disant qu'elle voulait frapper Trump, Nancy Pelosi insinuait sans doute qu'elle « allait lui porter un coup politique et médiatique sévère ». Remarquez qu'elle dit vouloir frapper également tous les législateurs qui demandent le déploiement de la Garde nationale. Et puis, remarquez pourquoi dit-elle vouloir frapper les législateurs : parce qu'ils demandent « le déploiement de la Garde nationale ». C'est une argumentation au rabais qui n'exprime pas clairement le motif réel de sa colère ou de sa frustration, selon qu'on adopte le point de vue de Washington Post ou celui de BFM TV. Le procédé rhétorique principal, construit sur la figure-pivot de la syllepse, exploité par Nancy Pelosi ici est une commination. Celle-ci est une figure macrostructurale, c'est-à-dire un « lieu » qui est lui-même une figure puissante utilisée pour les arguments de type oratoire, selon Georges Molinié. La commination est une figure d'argumentation logique ou dialectique généralement utilisée pour menacer l'interlocuteur, sans nécessairement exprimer clairement cette menace. Mais parallèlement à la syllepse qui sert à masquer la menace exprimée par la commination, Nancy Pelosi exploite dans son discours une autre figure encore macrostructurale de type argumentatif et logico-dialectique qui est la figure du paradoxe pour brouiller encore plus la communication, notamment pour l'une de ses deux catégories d'auditeurs. Pour l'une des deux, le discours est entendu au sens propre, pour l'autre, c'est un discours qu'il faut comprendre au sens figuré.

En fait, le refus de déployer la Garde nationale autour du Capitole était la seule façon pour elle de frapper Trump du coup politique et médiatique qu'elle lui préparait : *C'est mon moment*, dira-t-elle plus loin. Voilà ce qui ressort de son discours sur le refus d'octroyer la présence de la Garde nationale. Observez combien son discours paraît illogique. Elle justifie le fait qu'elle n'a pas autorisé la Garde nationale par ce qui s'est passé, alors que ce qui s'est passé est ce qui justifie logiquement qu'il y ait eu besoin de la présence de la

Garde nationale, afin d'éviter l'événement. Ce qu'il faut comprendre dans ce paradoxe, c'est toute la différence qu'il y a dans les deux types de paradoxes que connaît la langue. Il faut différencier le paradoxe rhétorique du paradoxe sémantico-logique. Celui-ci peut être facilement compris par l'opinion générale, il est fait par méprise et paraît comme exprimant un non-sens pour tout le monde, mais le premier n'est pas le résultat d'une méprise, il est utilisé volontairement par le locuteur qui veut brouiller son auditeur. C'est la figure du paradoxe rhétorique qui est merveilleusement exploitée par Pelosi pour justifier son refus d'accepter la présence de la Garde nationale, décision qui aurait fait échec à son projet longtemps mûri : *C'est mon moment*. Sa logique n'est pas celle de l'opinion et encore moins celle de son adversaire, elle estime que son moment est arrivé pour frapper ce dernier, donc, elle ne peut pas souscrire à la logique des *législateurs qui plaident pour le déploiement de la Garde nationale, alors que les partisans de l'ancien président pénètrent de force dans le Capitole*. Nous sommes donc en face d'une géopolitique de la nécessité des acteurs Démocrates qui transcende la nécessité politique de contenir les événements, car de la contention de ces derniers viendrait l'échec de cette aubaine donnée par Trump pour l'assommer. Enfin, quand la Speaker dit qu'elle avait envie de frapper en même temps que Trump les parlementaires, elle entendait à la fois et les Républicains et les Démocrates qui pensaient qu'elle devait sécuriser l'événement par la présence de la Garde nationale.

Cette vidéo exhibée pendant la Commission d'enquête va servir plus tard pour montrer que Nancy Pelosi et ses collègues Démocrates ont menti quand ils ont affirmé ne pas avoir eu de proposition de la part de Trump pour déployer la Garde nationale autour du Capitole. Depuis quelques temps, mais aujourd'hui plus précisément, les informations arrivent à flot qui insistent sur le mensonge construit autour du dossier du Capitole ; ces informations peuvent se retrouver sur Fox News, Washington Examiner, chez Stephan Gadner, Dave Haye, Robert Gouveia et bien d'autres encore. Maintenant revenons à nouveau sur les procédés stylistiques afin d'en faire ressortir les informations qu'ils recèlent.

Derrière la syllepse, sorte de figure microstructurale qui détourne le verbe « frapper » de son sens propre au profit de son sens figuré, se cachent également deux autres procédés rhétoriques qui sont l'épiphrase qui est une figure macrostructurale par laquelle l'auteur donne dans la trame de l'énonciation, à qui peut bien le comprendre, des informations sur son sentiment ou son intention, et la parembole qui donne une information incidente de nature à faire comprendre, à qui le peut, l'intentionnalité de son discours. Grâce à ces procédés auxquels s'adjoignent d'autres renseignements du même type tels que ces bouts de segments syntaxico-sémantiques : « *Je veux le frapper* », « *C'est mon moment* », « *Je n'attendais que cela* », « *Je veux le frapper pour intrusion sur le terrain du Capitole* », « *Je vais en prison et je serai heureuse*[16] », Nancy Pelosi joue sur la polysémie des mots mais aussi sur les ressources de la rhétorique de l'énonciation et de l'argumentation pour induire dans le brouillard sémantique ceux qui le doivent, en même temps qu'elle dévoile son projet à ceux qui ont besoin de savoir ce qu'il en est. La syllepse « je veux le frapper », puis les épiphrases « c'est mon moment. Je n'attendais que cela », l'épanaphore « je veux le frapper » sur les phrases 1 et 4, l'épiphrase « pour intrusion sur le terrain du Capitole », la parembole « je vais en prison et je serai heureuse », tout cela permet de cacher l'intention de Pelosi qui ne parle pas pour tout le monde, en même temps qu'elle rassure ceux qui l'attendent sur ce projet.

Suivant ces procédés abstrus qui se combinent mais qu'il n'est pas donné à tous de comprendre, quel message envoie la Speaker du Capitole ? En disant par exemple « je veux le frapper pour intrusion sur le terrain du Capitole », ce que BFM TV traduit par « s'il entre dans le Capitole », or l'on sait très bien que Donald Trump n'est pas fou et qu'il n'allait pas entrer dans le Capitole, Nancy Pelosi entendait que s'il voulait empiéter sur les droits qui sont les prérogatives du Congrès et du Sénat, elle le lui ferait payer très chèrement. C'est-à-dire que s'il entendait faire échouer la certification du nouveau président issu du vote du 3 novembre, elle le frapperait d'un coup politique et médiatique sérieux, et elle dira à travers la figure de parembole qu'elle ira en prison et qu'elle sera

---

[16] I hope he comes. I want to punch him out... This is my moment. I've been waiting for this for trespassing on the Capitol grounds. I want to punch him out, an I'm going to go to jail, and I'm going to be happy. Idem.

heureuse, ce qui signifie qu'elle aura la satisfaction d'avoir accompli son devoir de lui avoir tendu ce guet-apens. Et de surcroît elle précise par deux autres épiphrases : « C'est mon moment », « Je n'attendais que cela », ce qui signifie que le moment tant attendu est enfin arrivé pour qu'elle le tue sur la scène politique. Dans « c'est mon moment » et « je n'attendais que cela », autant la figure rhétorique dite d'épiphrase, qui renseigne sur l'intention de la locutrice, que le choix de la structure syntagmatique et l'agencement de la structure syntaxique, tous responsables de l'unité sémantique, ont bien véhiculé le message et font de Nancy Pelosi l'architecte de la « frappe », statut qu'elle assume courageusement, les indices de temps et de première personne en attestant. Peut-être que nous le verrions, si les événements devaient prendre une tournure surprenante.

A ceux qui voudraient voir dans cette analyse des propos complotistes, laissez-nous finir par cette phrase, par ce segment de discours que nous avons annoncé au début comme étant la deuxième phrase à analyser dans le récit que rapporte Kelly Kasulis Cho. Elle rappelle que Nancy Pelosi disait en riant : « Dis-lui s'il vient ici, nous allons à la Maison Blanche[17]. » Ici dans cette phrase, nous avons une litote qui s'articule autour du contraste ou de la permutation entre les verbes « venir » et « aller » et les compléments de lieu de chacune des deux propositions. La litote est une figure de style qui consiste à dire le moins pour faire entendre le plus. « Si vous pouvez entendre ce qu'on veut dire, tant mieux, mais si vous n'y entendez rien, tant pis » ; voilà en quelque sorte le message envoyé par la Speaker à l'ensemble des auditeurs ; « Comprenne qui peut » ! Le moins qu'on entend dans cette phrase n'a aucun sens du point du contexte et de l'intention. Les parlementaires n'étaient pas réunis pour aller marcher sur ou vers la Maison Blanche, mais pour la certification de Joe Biden en tant que nouveau président. Que signifie donc alors leur soi-disant marche vers la Maison Blanche et celle de Trump vers le Capitole ?

Par cette litote et la tournure grammaticale hypothétique où il y a aussi une métonymie sur Trump mis pour la foule de ses supporters, car Nancy Pelosi n'attendait pas vraiment Trump mais la foule de ses partisans, puisqu'elle savait

---

[17] Tell him if he comes here, we're going to the White House. Idem.

pertinemment qu'il ne serait pas allé au Capitole, il faut entendre ce qui suit. « "Si vous envoyez votre foule marcher ou manifester au Capitole" ou encore "à travers la foule que vous enverrez au Capitole", afin de nous empêcher de faire notre travail de certification du nouveau président, je vais vous frapper de façon si violente qu'il en adviendra une mort politique certaine pour vous ». Quant au fait qu'elle a parlé de la possibilité pour elle d'être jetée en prison, cela signifie-t-il qu'elle aurait été capable de le faire abattre par un missionnaire qui serait passé pour un fou furieux parmi ses propres partisans, par la suite ? Quoique tout soit possible en politique, par contre nous avons déjà rejeté cette hypothèse au moins deux fois, car cela n'eût pu être possible que si Donald devait physiquement accompagner la foule. Cependant, puisqu'il n'allait pas commettre une telle erreur de marcher devant la foule, Nancy Pelosi devait savoir que cela n'aurait pas été possible. Mais rien n'étant exclu en politique, si Trump avait commis cette erreur de marcher sur le Capitole avec ses supporters, peut-être qu'une telle hypothèse eût été possible, et il faudrait comprendre alors la frustration de Pelosi soulignée par le Washington Post, par le fait qu'elle avait manqué l'occasion. Une fois de plus, nous rejetons cette hypothèse ; néanmoins, l'insinuation de Nancy Pelosi aurait pesé lourdement sur elle, si un malheureux événement de cette sorte était survenu ce jour-là.

Nancy Pelosi paraissait menaçante en vrai, mais la menace était plus grande qu'elle n'en avait l'air. Sa menace de frapper Trump n'avait rien à voir avec une quelconque intrigue physique, elle était politique. Avant même qu'il n'y ait eu la diffusion de certaines images par l'actuelle majorité républicaine, il y avait bien des vidéos sur de nombreux réseaux, dont précisément YouTube, pendant le règne même de Pelosi, qui donnaient des images contrastant avec les officielles. Mais toutes ces chaînes YouTube ont disparu, probablement pour ne pas faire obstacle à la « démocratie ». En tout cas, Nancy Pelosi peut avoir la satisfaction d'avoir réussi son plan de « frapper » Trump, d'autant plus qu'elle n'avait trouvé aucun obstacle sur son chemin. Même si elle ne l'avait pas vu pour le frapper, elle l'a sévèrement frappé. Toute étude sémiotique de son langage ou des faits linguistiques exploitables dans son discours énonciatif, et notamment son usage probablement conscient et maîtrisé des figures de style, montrera très clairement que Nancy Pelosi a magistralement réussi son coup de frapper Donald Trump. De là à se demander s'il y avait eu machination de la part des Démocrates ou si le projet de Trump a naturellement avorté, nous ne savons.

Trump est persuadé que le 6 janvier était un coup d'Etat politique et il n'a de cesse de le clamer depuis ce jour jusqu'à aujourd'hui. Comme nous l'avons déjà dit précédemment, il dénonce et explique que cela a été conçu pour cacher la tricherie organisée par ses ennemis le 3 novembre 2020, afin de l'empêcher de faire un second mandat. Mais ce qui nous intrigue dans ce dossier, c'est que, comme nous l'avons dit précédemment, Trump n'apporte pas de preuves pour étayer sa prétention. Devrons-nous penser qu'il les apportera, si ses accusations sont vraies ? Et dans le cas où elles le sont, quand apportera-t-il ces preuves ? A-t-il encore le temps de le faire avant les élections ? Veut-il faire durer le suspense avant de les fournir ? Toutefois, il faut remarquer qu'il est un homme très patient, jamais pressé et qui prend son temps pour laisser le temps faire les choses. Si jamais il détient ces preuves, il devrait les présenter avant les élections ; or, il ne reste plus de temps pour cela. Mais comment le pourrait-il et par quels moyens, dans l'éventualité qu'il détient vraiment ces évidences ? Ses très puissants ennemis, lui laisseraient-ils la possibilité de les dévoiler aux yeux du monde, si ses accusations étaient fondées ?

Nous pensons l'avoir dit antérieurement, s'il attend d'être élu, s'il l'est, avant de présenter ses éventuelles preuves, il devrait s'attendre à ce que cela se retourne contre lui, car ses adversaires trouveront l'occasion en or pour présenter des arguments solides pour prétexter qu'il s'agit de preuves inventées, et ils auraient raison. Car, en dépit de tous les obstacles qu'il a rencontrés de la part de ses ennemis démocrates, si les prétendues preuves sur la machination orchestrée à travers le 6 janvier pour dissimuler le prétendu vol de l'élection du 3 novembre ne sont pas données pendant l'exercice du pouvoir par les Démocrates, on pourrait croire que celles-ci n'existaient pas mais qu'elles sont inventées par Donald Trump lui-même. Par contre, cela pourrait être préjudiciable pour les Démocrates, en ce sens qu'il pourrait les faire apparaître comme de sévères tyrans qui avaient tout fait pour empêcher que la lumière soit faite sur le dossier, d'autant plus qu'ils ont allégué tous les prétextes et ont fait toutes les machinations imaginables pour entraver l'exposition des images qui plaideraient apparemment contre eux. Aux avocats de chaque parti de se préparer pour la très violente guerre qui va se livrer entre les deux camps.

e) La stratégie des inculpations

Parmi toutes les tactiques mises en place pour écarter Donald Trump, du moins d'après ce qui est dit dans le milieu des trumpistes, on ne peut pas passer outre la stratégie des inculpations. Considérons tout juste quelques-unes des affaires, il serait inutile que nous fassions un sort à toutes celles auxquelles l'ancien Président se trouve mêlé. Prenons en premier lieu le dossier Alvin Bragg, avant d'en venir aux autres que nous allons traiter dans cet essai.

e.1) Le dossier Alvin Bragg

Dans son article du 05/04/2023, la Chaîne française France 24 affirme ceci : « Le procureur Alvin Bragg a dévoilé l'acte d'accusation contre l'ex-président américain Donald Trump, qui repose sur un fondement inédit. Une démarche qui soulève quelques doutes et des questions. » Le journal continue : « C'est une première à plus d'un titre. Donald Trump est non seulement devenu le premier ancien président américain à comparaître (…) devant un tribunal pénal[,] Alvin Bragg, le procureur de New York qui l'accuse d'avoir "orchestré" les paiements pour étouffer des affaires extra-conjugales avant l'élection de 2016, a recours à un argument juridique qui n'a jamais été utilisé auparavant pour en faire une affaire criminelle. Alvin Bragg, continue-t-il, a "construit l'une des affaires les plus controversées et les plus médiatisées de l'histoire américaine sur la base juridique la plus incertaine"… »

Remarquez ce que souligne France 24 : « Alvin Bragg a "construit l'une des affaires les plus controversées et les plus médiatisées de l'histoire américaine sur la base juridique la plus incertaine ». Un dossier construit ! En réalité, France 24 n'est pas la seule voix qui ait posé le problème de cette façon, beaucoup d'autres voix venant même du camp des anti-

Trump posèrent la question de l'étrangeté de l'affaire Bragg et se demandèrent si elle avait une chance d'aboutir. Le célèbre professeur américain de droit Alan Dershowitz lui-même disait plus d'une fois que ce dossier était creux et n'avait aucune chance d'aboutir ; il était suivi par de nombreux autres hommes politiques et de juristes, même de tendance gauchiste. Mais en dépit d'une contre-enquête qui a montré que Bragg n'était pas si propre qu'il en avait l'air et qu'il était mêlé à pas mal d'affaires ayant pointé du doigt sa mauvaise gestion du district de Manhattan ou sa mauvaise distribution de la justice – certaines personnes, précisément des femmes dont leurs enfants étaient victimes d'agressions et s'étaient vus pourtant eux-mêmes condamnés, en avaient témoigné –, il est parvenu avec le juge Juan Merchan à « avoir Trump » comme il se l'était promis.

Mais en dépit de tout le travail harassant et intrépide qui avait été fait pour faire inculper Donald Trump dans l'affaire de Stormy Daniels, les avis restent partagés sur la motivation d'un tel dossier. Beaucoup, et même parmi certains partisans un peu avisés du parti démocrate, pensent que cette affaire avait été politisée ; mais ce n'est peut-être pas le seul dossier qui soit politisé. Ils le sont probablement tous, et vu la vitesse et la concomitance avec lesquelles les différents dossiers avaient été projetés, c'est-à-dire à partir du moment où Donald Trump avait publiquement déclaré en 2022 qu'il était candidat à l'élection présidentielle, il est très peu de doute dans l'esprit de certaines gens que les différentes affaires contre l'ancien président n'aient pas été politisées. Un élément dans l'affaire du juge Merchan pourrait corroborer cette impression. En effet, dans une note du 7 juin 2024 émanant de la Cour suprême de l'Etat de New York, Todd Blanche aurait fait le communiqué suivant :

« Cher Avocat (ou cher Maître),

Aujourd'hui, la Cour a pris connaissance d'un commentaire publié sur la page Facebook publique du système judiciaire unifié, sur lequel j'attire maintenant votre attention. Dans le commentaire, l'utilisateur Michael Anderson déclare :

"Mon cousin fait partie des jurés et il dit que Trump va être condamné. Merci les amis pour tout votre travail acharné[18]." »

Sources :

- Michael Duffy vidéo : "Judge Merchan freaks out after facing to be disbarred after juror exposed this on social media", 13 juin 2024, faisant référence à Doug TenNapel, lui-même aussi animateur YouTube et juriste.
- LiveNOW from FOX : Juror in Trump trial may have broken confidentiality, 8 juin 2024.

Voyez, plusieurs choses choquent dans cette publication, mais vous comprendrez que ce qui choque le plus c'est l'exultation de l'auteur de la publication. En effet, pour continuer avec les diverses choses qui choquent dans cette publication du 7 juin, rappelons que la note avait été publiée avant la publication de la décision du tribunal. Il y a dans cette fuite de l'information sur le réseau social Facebook une erreur grave, puisqu'il ne s'agit même pas d'un commentaire mais d'une révélation anticipée de la décision du tribunal sur le dossier. Les réseaux sociaux devaient-ils prendre connaissance de la décision par le biais de tierces personnes ou entités plutôt que par le tribunal lui-même ? Cela montre que non seulement il aurait eu quelque entente dès le départ sur l'orientation et la finalité à donner au dossier, mais encore une jubilation cynique à propos du résultat, au point même où cette réjouissance a primé sur la raison en faisant ébruiter la décision avant celle, légitime, de la Cour. Michael Duffy, commentant ce comportement, va dire : « Comme ces gens peuvent-ils être stupides ! »

Ce qu'il y a encore de choquant dans ce dossier, c'est que l'auteur de la note sur Facebook s'est réjoui qu'on ait eu Trump et remercié les jurés d'avoir bien et durement travaillé à cet effet. Toujours à propos de ce dossier où Donald Trump « s'est fait avoir », dans un article du 15 août 2023 du journal français Le Monde, modifié ou réadapté le 3 juin 2024, le journal écrit : *Les douze jurés du tribunal de Manhattan ont déclaré*

---

[18] « Dear Counsel, Today the Court became aware of a comment that was posted on the unified court system's public Facebook page and which I now bring your attention. In the comment, the user, Michael Anderson, states : "my cousin is a juror and says Trump is getting convicted. Thank you folks for all your hard work" ».

coupable l'ex-président américain. Leur verdict marque un tournant pour le candidat à l'élection présidentielle de 2024, également poursuivi pour d'autres affaires. Les proches de Trump s'étaient inquiétés que tous les jurés choisis étaient des Démocrates ou des pro-Démocrates, mais on les accusait tous de complotisme. Que dire donc de la totalité des jurés qui ont conclu sur la culpabilité de l'ancien président ? Ils ont tous probablement été convaincus de cette culpabilité sans doute ! Mais certaines images vidéo ont montré que tous, juge et jurés, se faisaient des familiarités et des délicatesses affectées, comme pour fêter une victoire décidée d'avance.

e.2) Le dossier Laetitia James

L'on connaît également l'affaire Laetitia James. Comme dans tous les dossiers politisés, la procureure générale de l'Etat de New York est venue, elle aussi, pour faire tomber Donald Trump. Son dossier est bâti sur le business familial de Trump, la Trump-Tower, pour lequel celui-ci aurait grossi le compte. Le journal français Les Echos rapporte ce qui suit à propos des accusations de la procureure : « Monsieur Trump a, de manière répétée et constante, déformé et gonflé la valeur de ses actifs […] Je suis certaine qu'il se livrera à des injures, […] qu'il qualifiera cette affaire de chasse aux sorcières. Mais en fin de compte, la seule chose qui compte, ce sont les faits et les chiffres. Et les chiffres, mes amis, ne mentent pas[19].» Laetitia James fera aussi cette déclaration que nous lisons sur le site **fr.ag.ny.gov** : « Pendant trop longtemps, les personnes puissantes et riches de ce pays ont agi comme si les règles ne s'appliquaient pas à elles. Donald Trump se distingue comme l'un des exemples les plus flagrants de cette inconduite. […] Avec l'aide de ses enfants et des cadres supérieurs de la Trump Organization, Donald Trump a faussement gonflé sa valeur nette de plusieurs milliards de dollars pour s'enrichir injustement et tromper le système. […] M. Trump pensait pouvoir s'en tirer avec l'art du vol, mais aujourd'hui, cette conduite prend fin. Il n'y a pas deux ensembles de lois pour les gens de ce pays ; nous devons tenir les anciens présidents aux mêmes normes que les Américains ordinaires. Je continuerai à veiller à ce que

---

[19] Véronique Le Billon, Présidentielle américaine 2024 : Laetitia James, la magistrate qui défie Trump, Les Echos, 26 décembre 2023.

personne ne puisse échapper à la loi, car personne n'est au-dessus d'elle. »

Si les faits étaient avérés, nous ne savons pas s'ils le sont ou s'ils ne le sont pas, il faudrait dire que Laetitia James n'aurait pas tort, et il semblerait que son dossier sur Trump ne participerait pas de la même campagne que tous les autres. Si les faits prouvent que Donald Trump a réellement grossi ses actifs afin de bénéficier de gros avantages sur le dos de l'Etat, il faudrait admettre que des mesures juridiques punitives soient prises à son encontre dans le cadre du redressement des préjudices causés par son comportement. Dirions-nous comme dans la plupart des dossiers que l'affaire James est politisée elle aussi ? Nous avons en réalité parlé au début de cette partie de politisation du dossier comme dans tous les autres cas. Mais à dire la vérité, c'est le seul dossier qui semble avoir un fond sérieux, si les comportements reprochés à l'intéressé sont vrais. Mais étant donné le contexte général de politisation de tout dossier qui a rapport avec Donald Trump par les Démocrates, de plus, étant donné que James n'a pas donné de preuve de s'être intéressée à tous les « corrompus » comme elle le prétend, il est fort probable que son dossier qui pourrait faire la différence avec les autres soit aussi politisé.

e.3) L'affaire Willis ou le dossier de Georgia

Après les élections du 3 novembre 2020 contestées par Donald Trump, le secrétaire de l'Etat de Georgia, le Républicain Brad Raffensperger, a prétendu avoir reçu de la part du président sortant un appel téléphonique au cours duquel ce dernier lui aurait demandé de trafiquer les urnes afin de lui apporter les voix qui lui manquaient pour gagner. Brad Raffensperber a ébruité l'affaire et les adversaires de Trump ont trouvé, sans doute avec raison, l'occasion de montrer le caractère infondé des accusations de Trump selon lesquelles l'élection lui a été volée. Ce dossier avec celui de Laetitia James pouvait sembler l'un des plus sérieux dans lequel Donald Trump serait engagé. Raffensperger aurait-il menti en inventant un dossier contre l'ancien président ? Trump ne l'a-t-il pas vraiment appelé ou bien ne lui aurait-il pas vraiment demandé de lui trouver quelques voix ? L'appel a bien été passé à Raffensperger, nous nous rappelons avoir vu un extrait de cet appel, mais il y a plusieurs analyses à faire sur le comportement de Donald Trump pour essayer de comprendre son attitude.

En fait, nous avons souligné précédemment que Donald Trump est très énigmatique et qu'il ne prend pas toujours sur lui de se défendre des accusations qu'on porte sur lui. Cela est confirmé pour la collusion avec Poutine dont on l'a accusé, confirmé également pour l'accusation de « shit hole » qu'il aurait proféré contre les Haïtiens, confirmé dans le cas de l'appel qu'on lui reproche d'avoir passé à Zelensky, etc. Pourquoi ne serait-il pas le cas également dans l'affaire Raffensperger ? N'oublions pas que Trump est très provocateur. Il savait que Raffensperger était complice avec les Démocrates pour lui infliger le coup, et puisqu'il savait qu'il allait parvenir à évincer Biden – car on se souvient que lors d'une interview qu'il avait donnée à un journaliste en novembre 2020, il avait affirmé que Biden ne serait jamais président des USA –, cela pouvait être une épreuve passée à Raffensperger afin de tester sa fidélité ou son degré de trahison. Dans les vidéos où l'on passait la bande audio, on l'entendait dire au secrétaire de Georgia qu'il était Républicain et qu'il avait choisi l'autre camp. Mais le secrétaire de Georgia n'était pas le seul à avoir choisi le camp des Démocrates.

Soit dit au passage, le colistier de Monsieur Trump, Mike Pence, n'avait-il pas affirmé avoir fait le choix du camp démocrate ? Qu'on aille revoir le discours voilé de Pence, à son retour chez lui après le 20 janvier 2021, et l'on s'en rendra compte. En effet, Pence, rentré dans son Etat après l'inauguration du 20 janvier, a affirmé dans une phrase construite sur une syllepse avoir pris le même vol que ses collègues Démocrates et précisé dans une parembole incidente sans lien avec ce qui précède que sa mère l'a félicité d'avoir fait ce qu'il fallait. Rien que dans cette petite phrase, nous pouvons voir trois figures de style qui sont une syllepse, une parembole et une allusion. Dans la syllepse, il joue avec le double sens du mot voyage afin de brouiller un peu l'auditeur ou de l'empêcher de voir à quoi il fait allusion. Dans la parembole, il apporte une information sur le sentiment de sa mère qui est d'ailleurs le sien également. Puis enfin l'allusion au voyage fait avec les Démocrates et celle de sa mère qui le félicite pour ce qu'il a fait couronnent de manière voilée sa coopération avec ces derniers et le sentiment du devoir accompli, d'avoir fait ce qu'il fallait le 6 janvier, en confirmant et certifiant l'élection de Joe Biden.

Revenons à l'affaire de Georgia. Donald Trump qui, dans ses illusions sur la profondeur du Deep State comme l'ex-agent du Service Secret des USA Dan Bongino et le journal The Economist de décembre 2018 l'avaient souligné, était persuadé de réunir toutes les preuves pour montrer que l'élection lui avait été volée. Alors fort de la conviction que les preuves qu'il aurait apportées suffiraient pour lui donner gain de cause sur Biden, Trump aurait probablement appelé Raffensperger pour le narguer. Mais ce dernier a eu raison de lui en ébruitant l'appel et cela pouvait fournir l'occasion de monter un solide dossier contre lui. Néanmoins, en confiant l'affaire à Fani Willis, il s'est produit plusieurs erreurs qui feront traîner le dossier. La procureure Fani Willis, en ayant confié l'affaire au juriste Nathan Wade qui devait l'instruire, alors qu'elle avait entretenu une relation amoureuse avec ce dernier, est accusée de conflit d'intérêt susceptible d'influencer le dossier. Mais ce n'était pas la seule erreur qu'il y avait dans ce dossier, il a été dit également qu'il y avait collusion entre Fani Willis, Kamala Harris et le Maire de Folton qui s'étaient rencontrés sur le dossier avant l'ouverture de celui-ci. Dossier qui, en raison de sa nature sérieuse, aurait pu mener quelque part, mais qui finit par ressembler en quelque sorte à celui de Juan Merchan. Toutefois, il faut dire également que l'immunité accordée à Donald Trump par la Cour Suprême Fédérale des Etats-Unis déboute en quelque sorte tous ceux qui conduisent de tels dossiers, même s'il est fait allusion de part et d'autre à l'indépendance des Etats dont les décisions ne peuvent ou ne doivent pas être remises en question par la Cour Suprême Fédérale.

e.4) L'affaire Jack Smith

L'affaire Smith est l'affaire la plus insolite qui soit ! Cette affaire comporte deux dossiers, à savoir celui de la rétention par Donald Trump de dossiers classés secrets d'Etat et celui de l'invasion du Capitole. D'aucuns ne voudraient (ou ne chercheraient pas à) comprendre l'étrangeté dont nous parlons à propos de cette affaire. On pense que les dossiers confiés au Conseiller spécial Jack Smith figurent parmi les plus importants et les plus sérieux et qu'ils devraient sonner enfin la fin de Trump. Oui effectivement, beaucoup d'espoirs sont fondés sur ces dossiers qui montrent une panique systématique chez les Démocrates, comme tous les autres dossiers d'ailleurs qui ont décrété une sorte de mobilisation générale contre l'ancien président, du moment même où il a confirmé en 2022 sa volonté de candidater à l'élection présidentielle de 2024. Nous rappellerons que tant qu'il n'avait encore donné sa réponse sur son éventuelle candidature à cette élection, on ne voyait pas cette panique collective chez ses adversaires du camp démocrate comme chez les Républicains, même si l'inquiétude était manifestement bien présente et constante.

Parmi toutes les affaires dressées contre l'ancien président Donald Trump, celle confiée aux bons soins de Jack Smith est la plus étrange qui soit, avons-nous dit et répétons-nous, et est également celle qui expose le plus les ennemis de Trump comme étant dans une fournaise ardente quant à l'affolement et la consternation où on les voit. Mais pire, c'est l'affaire qui montre, plus que toutes les autres, le dysfonctionnement ou la partialité de la justice américaine. C'est l'une des rares qui donnent le sentiment d'une chasse aux sorcières orchestrée contre l'ancien président, en dépit de toute la fallacieuse consistance qu'elle paraît avoir. Nous avons dit qu'entre tous les dossiers, ceux de Laetitia James et de Fani Willis sont les seuls qui aient un fond sérieux et qui auraient pu frapper Donald Trump d'un sérieux interdit, quoique la décision de la Cour Suprême Fédérale ait pu renverser la situation. Cependant, et les adversaires de Trump et le monde entier, du moins les gens de la planète qui voguent sur les flots de la pensée dominante, pensent que les dossiers liés au 6 janvier et à la rétention par Trump des documents classés sont les plus importants qui puissent décider du sort de l'ancien président par rapport à l'élection qui arrive. C'est dans ce contexte d'une attente chimérique et d'un espoir illusoire que le Conseiller spécial Jack Smith et toute la bande des ennemis de Donald Trump espéraient jusqu'à la deuxième moitié du mois de juillet encore sa destruction à travers l'anéantissement de son immunité présidentielle. Malheureusement, cette prérogative reconnue à l'ancien président déplaît fort au camp adverse qui se voit débouté. Mais, soit dit au passage, ce que les Démocrates ont du mal à admettre aujourd'hui à propos de cette immunité, c'est ce qui pourrait demain tourner à leur profit. Car, comme on peut le deviner dans le discours du président de la Cour suprême des USA, John Roberts, statuant sur la question du Colorado[20] et soulignant que la reconnaissance de l'immunité à l'adversaire d'aujourd'hui pourrait bloquer toutes les velléités de vengeance de demain[21], c'est une jurisprudence qui met tous à l'abri de futures persécutions, qu'il veut instituer. Et plutôt que de penser, dans la tourmente d'aujourd'hui où semblent se retrouver les ennemis de Donald Trump, que c'est un cadeau que les juges de la Cour Suprême Fédérale majoritairement choisis par des Républicains veulent faire à l'intéressé, ne serait-il pas plus logique de penser que c'est la défense des Démocrates que la Cour serait en train d'assurer dans l'éventualité où Trump serait élu ?

Maintenant expliquons-nous sur le fait que les dossiers confiés à Jack Smith sont ceux qui plaident plus en leur défaveur. En effet, considérons celui de la rétention par Donald Trump des dossiers secrets. Comment justifier les sept millions emportés par Joe Biden dans sa résidence de Delaware, suivant la communication de Jim Jordan de la Commission d'audition afférente à ce dossier ? Or pourtant, Joe Biden n'était alors qu'un sénateur qui n'avait pas le droit de déclasser des dossiers classés secrets. De plus, si l'on considère l'attitude de Merrick Garland face aux deux affaires Trump / Biden sur la question desdits dossiers, on se rappellera les propos de Garland disant à propos du raid dans le domaine de Trump que personne n'était au-dessus de la loi. Cependant, quand on observe son attitude vis-à-vis de Biden, on se rend compte qu'il a adopté à l'égard de celui-ci un comportement tout à fait contraire qu'à l'égard du propriétaire du Mar-a-Largo. Non seulement il a refusé catégoriquement de donner à la Commission parlementaire la

---

[20] Rappelons que le Colorado, ayant estimé que Donald Trump avait participé à l'insurrection du 6 janvier et l'invasion du Capitole, avait décidé que le candidat républicain était inéligible dans son Etat.

[21] Ce n'étaient pas exactement ses termes, mais l'idée qu'il voulait véhiculer.

bande audio de l'entretien entre le Conseiller spécial Hur chargé de mener l'enquête sur la détention des dossiers classés secrets emportés par Biden, il a de plus confié qu'il n'avait pas l'autorisation du président Biden de livrer la bande à la Commission d'enquête. Où est donc passée la belle formule que personne n'est au-dessus de la loi qu'il mettait en avant-scène dans l'affaire Trump ? N'est-ce pas là la preuve d'une justice inexistante ou à deux vitesses ? Où est donc cette indépendance de la justice tant vantée par Merrick Garland ? Fausseté monumentale, constatera l'opinion ! Rien que cette différence de traitement ferait échouer le dossier de la détention des dossiers secrets par Trump dans un système juridique digne du nom, d'autant plus que autant les juristes que les législateurs comme Jim Jordan par exemple disent que le président a le droit de déclasser des dossiers secrets, contrairement à tout autre membre du gouvernement.

Maintenant, venons au dossier du 6 janvier. Dossier brûlant et anéantissant pour les auteurs des faits. L'opinion générale, et internationale même, fait de Donald Trump l'auteur ou l'instigateur de l'événement qui s'est produit ce 6 janvier 2021. L'ancien président à son tour accuse ses adversaires Démocrates et en partie Républicains d'en être eux-mêmes les auteurs. Nous sommes en présence de deux discours, de deux rhétoriques de type judiciaire où chaque partie joue à l'emporter sur l'autre dans une joute purement oratoire. On accuse Trump d'avoir manigancé toute une série de machinations politiques telles que l'incitation de ses partisans à faire effraction à l'intérieur du Capitole, la pose de bombes autour du bâtiment, le plan de kidnapper Mike Pence et certains représentants Démocrates, etc., et il suffit de seulement cela pour prétendre détenir des preuves contre lui. En ce qui a trait aux accusations du candidat Républicain, on dit qu'il n'a pas apporté de preuves, et l'on n'a pas tort, puisqu'il n'en a pas fournies en réalité, mais dans le même temps on veut forcer la planète entière à accepter qu'il y a eu de tangibles preuves contre Trump. Pourtant, des deux côtés il n'y a aucune espèce de preuves, il n'y a que des discours. Nous avons besoin de preuves et non de paroles, or il se trouve qu'aucune partie n'en fournit encore. Raisonnons un peu sur la situation.

Qu'il y ait eu effraction dans l'enceinte du Capitole par les partisans de Trump, cela n'est pas impossible, car tous les trumpistes ne sont pas forcément disciplinés. Si les vandales étaient vraiment des partisans du Républicain, il faut admettre que ce dernier portait une grande responsabilité dans ce qui était arrivé, pour n'avoir pas pensé qu'il pouvait y avoir des débordements incontrôlables. Mais qu'est-ce qui prouve que les envahisseurs n'étaient pas des gens auxquels on avait confié la mission de s'infiltrer parmi les partisans du Républicain afin de porter un coup politique contre ce dernier ? Le monde, et notamment le monde politique, n'est pas peuplé de bons et merveilleux anges. Si le complotisme existe, le complot existe également, car le complotisme n'aurait aucun sens sans son frère jumeau le complot. Les faiseurs de conspirationnistes semblent oublier que la conspiration et le conspirationnisme sont deux frères siamois.

Toutes les preuves ou soi-disant telles qui sont données sur l'invasion du Capitole sont les images des envahisseurs dans le local. Mais comme nous l'avons supposé, à condition qu'il y ait eu une quelconque mission allouée aux vandales ou à condition qu'il y ait eu quelques partisans du parti démocrate qui avaient décidé d'eux-mêmes d'aller jouer le trouble-fête parmi les partisans de Trump, les images de gens ayant pénétré dans l'établissement ne suffisent pas pour être tenues comme des preuves tangibles que c'étaient les partisans de Donald Trump qui avaient secoué le Capitole. Les autres images qui semblent beaucoup gêner les Démocrates qui font tout pour empêcher qu'elles soient vues par le public semblent nécessaires pour la découverte de la vérité. Pourquoi donc refuser qu'elles soient visualisées ? Que cachent-elles ? Voilà le genre d'interrogations ou de réflexions que tout le monde aurait envie de se poser ou de faire.

Dans le second volet des accusations, que Trump et son équipe de fidèles collaborateurs aient fait placer des bombes, fût-ce même d'ailleurs une seule, autour du Capitole est une idée puérile et insensée qui pêche sévèrement contre la doctrine du Petit Prince de Machiavel. A moins seulement que cette équipe n'ait été que la plus piètre, la plus incompétente, la plus bornée et à l'esprit très étiqué, que diable voudrait-elle avoir l'idée de fournir des preuves à exploiter contre elle en allant poser des bombes aux alentours du Capitole ? Une telle manœuvre ne pouvait être mise en place que par des accusateurs cherchant à tirer profit de la situation. A qui cela pouvait-il le plus profiter ? Il eût été très maladroit, très balourd et sans aucune finesse d'esprit que l'équipe de Trump se soit donné à une si pauvre machination de cette sorte qui offense cruellement et inexorablement Machiavel pour empêcher la confirmation de Joe Biden ce 6 janvier. Comme ils ne semblaient pas avoir pensé à tous les paramètres du dossier, qu'ils se prévalent maintenant du prétexte que c'étaient des partisans déséquilibrés de Trump qui avaient posé les bombes sans avoir reçu de mission, afin de se tirer d'affaire ! C'est juste un conseil que nous leur donnons ici. Mais cela s'avère aussi un plaidoyer difficile à tenir, puisqu'après tout les Démocrates, en la personne de Nancy Pelosi, étaient eux-mêmes responsables de la sécurité de l'institution. Comment expliquer qu'ils n'aient pas vu cette bombe avant ?

S'agissant du plan des Républicains ou de Trump de faire kidnapper Mike Pence et d'autres élus, tout en étant quelque peu saugrenue comme idée, avouons que cela se pouvait. Si Donald Trump et ses collaborateurs s'étaient aperçu que Pence n'allait pas effectuer la mission qui lui avait été confiée ou plutôt qu'il n'allait pas mettre à exécution le service qu'il lui avait demandé d'invalider la certification de l'élection du 3 novembre, peut-être qu'il aurait pu y avoir un plan de cette sorte, car il n'y a pas d'innocent en politique. Cette idée, si jamais elle était une conspiration conçue par les adversaires de Trump, aurait pu être une idée de génie et aurait pu être exploitée avec une grande dextérité. Elle serait mise sans difficulté sur le compte du candidat malheureux de l'élection du 3 novembre 2020. Mais la conjonction des trois dossiers a quelque chose d'insolite qui vient jeter quelque suspicion sur l'ensemble.

En effet, à vouloir donner beaucoup de preuves, on en vient à donner trop. Certains parmi les critiques et parmi les plus grands spécialistes politiques pourraient se demander en quoi trois preuves sont-elles trop ? D'abord nous observerons que ce n'est pas la quantité de preuves qui comptent dans un dossier, mais leur qualité. Deux preuves seulement devaient suffire, à savoir l'invasion du Capitole par effraction et la question du kidnapping de Pence, de Pelosi et de Schumer. Les bombes, deux ou trois, je ne m'en souviens plus trop, placées non loin du Capitole enlèvent tout crédit au dossier pour les raisons que nous avons évoquées plus haut. Car non seulement les bombes auraient constitué des pièces à conviction contre Trump et que de ce fait il n'allait pas en faire usage, mais encore les services de sécurité de la ville, mais surtout du Capitole qui est équipé de nombreuses caméras, ne pouvaient pas manquer de voir les manœuvres qui se faisaient tout autour. Les bombes jettent un très sérieux discrédit sur l'ensemble des pièces à conviction contre le 6 janvier qu'on fait endosser Donald Trump. Elles remettent tout en question, et l'invasion du Capitole et la question du kidnapping, d'autant plus que les quarante mille heures d'images proposées au visionnage sont une très grosse épine dans les pieds des Démocrates. D'ailleurs, depuis plus d'un an quelques dizaines d'images sont tournées et ont montré une conspiration bien orchestrée par les ennemis de Trump. Et si ce dernier avait raison ? Il adviendrait la plus grande secousse dans la société américaine, cent fois plus importante que la Watergate qui passerait devant celle-ci comme un épiphénomène. La gifle de Pelosi a-t-elle marché ?

f) La tentative d'assassinat de Trump faisait-elle partie du programme ?

Pour avoir mis huit ans à suivre les événements, nous avons entendu et vu pas mal de choses qui ont attiré notre attention. Il y a beaucoup trop de coïncidences entre les événements et ce qui a été annoncé d'avance pour que tout cela soit innocent et déconnecté d'une quelconque réalité. Avant même que Tucker Carlson n'ait imaginé que la seule possibilité qui reste aux ennemis de Trump était son assassinat, vu qu'aucune des démarches tentées pour l'arrêter dans sa prétention à la Maison Blanche ne fonctionne, beaucoup de gens comme Dave Haye par exemple avaient déjà pensé qu'on allait tenter de l'assassiner. D'ailleurs, beaucoup de bruits avaient déjà couru sur plusieurs tentatives d'assassinat échouées sur l'ancien président. Des bruits, des bruits, des bruits, jusqu'au jour où cela est devenu une réalité, le 13 juillet dernier. Comme par hasard, c'est pour la première fois qu'une chose est arrivée à Donald Trump et que les médias n'ont pas retourné la situation contre lui. Serait-ce à cause du caractère étrange du phénomène, à cause des avertissements longtemps répétés ou à cause de l'évidence des choses ? En tout cas, il y a lieu de s'étonner que même les journaux les plus critiques et les plus sévères à l'égard de Trump ne se soient pas déchaînés sur lui en dénonçant une machination de sa part, une conspiration.

Avant d'aller plus avant sur l'attitude de Biden face à la tentative d'assassinat de Trump, revenons un instant sur le show de Rachel Maddow. Dans son entretien avec Lester Holt, Biden laisse entendre à ce dernier qu'il avait appelé Donald Trump pour lui faire ses sympathies pour ce qui lui était arrivé le 13 juillet dernier. Mais, alors qu'il parlait de son appel pour adresser sa sympathie à Trump, il est entré d'emblée en campagne contre son adversaire en revenant sur son débat avec ce dernier : *Pourquoi ne parlez-vous jamais des 28 mensonges qu'il [Trump] a racontés dans le débat ? Où en êtes-vous à ce propos ? Pourquoi la presse ne parle-t-elle jamais de ces 28 fois où il est confirmé qu'il a menti dans ce débat ? Qu'est-ce que vous avez les gars ? Allons-y, parlons-en ? Où avez-vous été ?* Etait-ce le bon moment pour Biden d'asséner ses accusations sur son adversaire ? Mais peut-on lui reprocher le fait qu'il ne confond pas la politique avec les sentiments ? Peut-on lui reprocher d'attaquer immédiatement son adversaire et rival politique à un moment comme celui-ci qui appelle à l'empathie plutôt qu'au bras de fer politique ? La politique ne se mêle pas de sentiment, l'actuel président en campagne n'entendait pas faire de cadeau à son adversaire parce qu'il avait fait l'objet d'une tentative d'assassinat. C'est inhumain, mais c'est la politique. Mais pire, Biden se montrera plus loin indifférent à ce qui est arrivé à Donald Trump et son indifférence jettera quelque suspicion sur la sincérité des sympathies qu'il a adressées à son rival.

Lester Holt attire en ces termes l'attention de Biden sur son discours qui pourrait être interprété comme ayant appelé à la violence contre son adversaire :

[...] Parlons de la conversation, cela a commencé et il s'agit vraiment d'une question de langage, de ce que nous disons à voix haute et des conséquences qui en découlent. Vous avez qualifié votre adversaire de menace existentielle, au cours d'une prise de parole, il y a une semaine,

et vous avez appelé à le mettre dans le mille (c'est-à-dire dans le viseur). Il y a une controverse sur le contexte… » Biden se défend d'avoir fait référence à l'agenda de Trump, mais Lester Holt lui rappelle que le mot qu'il avait utilisé était « bullseye », une façon de lui rappeler que le mot bullseye avait une connotation criminelle et sous-entendait qu'il fallait viser Trump comme une cible à ne pas manquer. Biden reconnaît s'être trompé de mot, mais qu'il voulait demander de se focaliser sur Trump, sur ses nombreux mensonges, etc. Holt continue en demandant à Biden : « *Avez-vous pris du recul et fait une petite recherche sur des choses que vous auriez pu dire et qui pourraient inciter les déséquilibrés… ?*

Voici comment Joe Biden répond à Holt : *Pourquoi ne parleriez-vous pas de lui comme une menace existentielle ? Personne ne cessera de parler des menaces qui pèsent sur la démocratie. Comment parler de la menace réelle contre la démocratie, lorsqu'un président dit des choses comme il le dit ?* A la question suivante de Holt : *Ne dites-vous rien parce que cela pourrait inciter quelqu'un… ?* Biden répond :

Je ne suis pas engagé dans cette rhétorique. Maintenant oui, car il dit qu'il y aura un bain de sang s'il perd, en parlant de la façon dont il va pardonner en fait. Je suppose que suspendre les peines de tous ceux qui ont été arrêtés et condamnés à la prison à cause de ce qui s'est passé au Capitole. Je ne suis pas en train de me moquer comme lorsque je me souviens de la photo de Donald Trump, lorsque le mari de Nancy Pelosi frappait dessus avec un marteau.

La réponse de Biden dans ce dernier paragraphe est très confuse en raison de la diminution connue de ses facultés cognitives. La syntaxe est très mauvaise et même quasiment inexistante, les unités syntagmatiques et syntaxiques ne permettent pas d'avoir les unités sémantiques nécessaires à la compréhension du discours. Nous pensons que nous devrions proposer la traduction suivante pour la deuxième phrase, si l'on veut comprendre ce qu'il veut dire : *[…] il dit qu'il y aura un bain de sang s'il perd en 2024, ou encore il parle de la façon inacceptable dont il va pardonner ses adversaires s'il gagne.* Qu'importe les problèmes que pose la construction des phrases, mais on peut voir et comprendre le cynisme du président. En réponse à la question de Holt sur son discours éventuellement incitatif à la violence, discours qui pouvait être exploité par des ultragauchistes, il présente Donald

Trump comme une menace existentielle et un danger potentiel pour la démocratie. Puis il dit que le candidat Républicain promet de faire couler un bain de sang, s'il perd la présidentielle de 2024, et qu'il reste une menace de vengeance sévère pour ses adversaires.

Bien qu'on n'ait pu s'attendre en réalité à autre chose qu'à une simple formule de courtoisie, en ce qui a trait à l'appel de Biden passé au président Trump à propos de la tentative d'assassinat dont celui-ci avait fait l'objet, on ne pouvait pas non plus s'attendre à le voir justifier un tel acte. Or, c'est ce qu'il a fait exactement quand il dit par cette merveilleuse figure rhétorique dite de "prétérition" qui consiste à prétendre ne pas vouloir verser dans telle ou telle chose, quand on le fait pourtant très clairement : *Je ne suis pas engagé dans cette rhétorique.* Pourtant, alors même qu'il prétend ne pas se reconnaître dans la rhétorique de l'incitation à quelque violence contre son adversaire, il enchaîne par ces séries de phrases qui montrent sans ambages son souhait qu'on stoppe Trump, même au prix de sa vie : *Pourquoi ne parleriez-vous pas de lui comme une menace existentielle ? Personne ne cessera de parler des menaces qui pèsent sur la démocratie. Comment parler de la menace réelle contre la démocratie, lorsqu'un président dit des choses comme il le dit.* Il faut avouer qu'en dépit de tout ce qu'on dit sur la diminution des facultés cognitives du vieux lion, il reste un politicien aguerri qui manie merveilleusement bien la rhétorique de la persuasion.

En réalité, n'était-ce pas pour lui une belle occasion de marquer des points sur son adversaire, même si l'on doit se demander s'il en avait vraiment marqués ? Si Biden n'a pas effectivement cautionné la tentative d'assassinat sur Donald Trump, il justifie un tel acte à travers ce discours. Que semble-t-il dire à travers un tel discours ? Pour lui, l'assassinat d'un homme qui constitue une menace sérieuse pour la démocratie et la société n'est pas un acte blâmable ou réprimable, c'est même peu de chose, comparé à l'assassinat programmé de la « démocratie » par Trump ; au contraire, plus qu'un acte à réprimer, ce sera un service rendu à la fois à la société et à la démocratie. Voilà comment faut-il comprendre le message de Biden à Lester. Il donne même des indices clairs pour montrer, par excès de pouvoir ou par anxiété pour tout son camp (?), qu'il n'hésiterait pas à aller jusqu'à la violence contre son adversaire qu'il prétendait dénoncer, afin d'empêcher ce dernier d'arriver au pouvoir.

En effet, répondant à la question de Lester Holt sur son éventuelle responsabilité dans l'attentat, en raison de son discours incitatif à la violence sur la personne de l'ancien président, il réfute tout engagement dans cet attentat en disant : *Je ne suis pas engagé dans cette rhétorique*, mais que désormais il entreprendra de proférer des menaces de cette sorte contre lui : *Maintenant oui*. Remarquez que le déictique temporel « maintenant » sert de connecteur logique entre la phrase précédente où il rejette toute responsabilité dans l'attentat contre son adversaire et la phrase suivante où l'adverbe de temps se prolonge par un adverbe d'affirmation, « oui », lesquels en s'associant ouvrent immédiatement et désormais son engagement dans cette rhétorique de menaces contre son adversaire. Et pour toute justification de cet engagement qui devient déjà un combat pour lui, il va dire dans la suite de sa deuxième phrase qui commence par « maintenant » : *car il dit qu'il y aura un bain de sang s'il perd*. Observez l'enchaînement logique de son projet et de sa phrase où les deux premiers mots, les adverbes de temps et d'affirmation, donnent un effet immédiat à son engagement de suppression de son adversaire, lesquels sont immédiatement suivis par la conjonction explicative « car » qui introduit le membre de phrase qui justifie un tel plan. « Puisqu'il promet de faire un bain de sang s'il perd l'élection, il ne se pose aucun problème que je m'engage dans un discours violent ou menaçant contre lui, quitte à le faire abattre. Je sauverai la démocratie contre un tel tyran ». Voilà le message véhiculé par Biden à travers son fameux discours. Maintenant il convient de se demander si Donald Trump est à l'abri d'autres tentatives d'assassinat, aussi est-il judicieux de se demander si cette accusation portée sur Donald Trump par Biden est vraie ou fausse.

Le président Biden n'est pas le seul à accuser Trump de vilénies écœurantes. Sur l'accusation selon laquelle le candidat Républicain menace les Etats-Unis, et par-delà, le monde, d'un bain de sang, c'est un discours qu'on entend dans la bouche de tous, sauf des partisans ou des sympathisants de l'ancien président. Certaines personnes préfèrent aller jusqu'à des aberrations les plus invraisemblables indignes de leur statut et condition, juste pour le plaisir, ou peut-être pour le bonheur – qui sait ? – de faire partie de l'establishment ou de l'équipe dominante. Ainsi avons-nous entendu la politologue franco-américaine Nicole Bacharan dire dans l'édition du 9 janvier 2024 de La Dépêche que « Trump menace le monde d'une guerre, si Biden est réélu ». Peut-être que la journaliste et politologue s'est trompée de mot et qu'elle voulait plutôt utiliser le verbe « prévenir » à la place de « menacer ». Encore pouvait-on à peine admettre une menace pour les USA comme Biden l'a prétendu, mais comment Donald Trump peut-il menacer le monde d'une guerre, si Biden est réélu ?

Quelle absurdité ! Au moins l'idée ferait du sens s'il était dit que le candidat Républicain prévient que la réélection de Joe Biden occasionnerait une guerre mondiale, étant donné la situation géopolitique actuelle du monde ! Le réseau de Trump est-il si puissant et de plus si internationalement puissant pour qu'il puisse constituer une menace réelle pour la planète, au cas où il perd devant son adversaire Démocrate ? Des déclarations de cette sorte confirment, à l'insu de ceux qui les tiennent, la plupart des discours de ceux qu'ils appellent les conspirationnistes. Parce que ces derniers prétendent que le mouvement incarné par Trump est un mouvement soutenu par les militaires du monde entier. En admettant que Trump menace le monde d'une guerre si Biden est réélu, on donne raison aux soi-disant complotistes en admettant implicitement ou explicitement qu'il conduit un mouvement mondial qui comporte de puissantes personnes capables de renverser l'ordre actuel du monde. On vend peut-être un secret très hautement gardé à travers de telles affirmations inconsidérées.

Sur la question de la vengeance de Trump contre ses adversaires, ce que Biden appelle le pardon dans son interview avec Lester Holt, rappelons qu'il n'est pas là non plus le seul à tenir un tel discours. Hillary Clinton a tenu également presque ce même propos, elle prétend que le candidat Républicain veut revenir au pouvoir pour se venger de ses adversaires. Mais se venger de quoi et pourquoi ? Qu'est-ce que les Démocrates ont-ils fait à Donald Trump pour que ce dernier veuille se venger ? Parler de cette sorte revient à admettre l'avoir malmené. Mais malmené comment et pourquoi ? Si l'on prétend qu'il viendra se venger, c'est que l'on reconnaît lui avoir fait quelques injustices ou certaines choses inacceptables. Mais qu'est-ce qu'on lui a fait de mal, car ne se venge que quelqu'un qui avait subi une injustice et qui veut se faire justice ? Nous sommes en présence d'un discours qui fait ressortir chez ceux qui le tiennent la peur de représailles contre injustices perpétrées à l'endroit du vengeur. Nous sommes en présence d'une géopolitique de la panique. Mais Donald Trump n'aurait-il pas peut-être dans son attirail bien plus d'actions inquiétantes dont il menace ses adversaires qu'une simple vengeance ? C'est sûrement ce qui fait autant peur à ses ennemis. Si nous disons qu'il est absurde de penser que l'ancien président menace de faire un carnage du monde, nous admettons par contre qu'il pourrait vouloir se venger vraiment de toutes les humiliations et de toutes les persécutions qu'il dit subir (ou qu'il subit) de la part de ses ennemis. Mais le fait que ses adversaires craignent autant ou prétendent qu'il veut revenir au pouvoir pour se venger d'eux, ne laisse-t-il pas ressortir l'idée que la justice américaine dysfonctionne ? Et ce dysfonctionnement les accuse ou plutôt les expose de n'avoir pas fait eux-mêmes la différence.

Biden pointe également le doigt sur le projet de Trump de libérer tous ceux qui furent jetés en prison dans l'affaire du 6 janvier. Disons d'emblée que Biden n'a pas tort. Le président Trump a effectivement promis de libérer tous les gens jetés en prison pour le dossier du 6 janvier. Il estime en effet que ceux qui sont emprisonnés le sont pour de fausses raisons et ne constituent qu'une couverture politique pour le pouvoir ; il pense et clame bien fort que les vrais responsables ou les vrais coupables ne sont pas en prison. Y a-t-il une injustice dans ce dossier ? Si oui, de quel côté se trouve cette injustice et de quel autre côté se trouve la justice ? Si l'acte de justice est du côté de ceux qui incarcèrent ces gens, la décision de Donald Trump de les libérer, au cas où il accède au pouvoir, serait un acte d'injustice. Mais si l'acte par lequel ces gens ont été jetés en prison était un acte d'injustice, il serait tout à fait légitime que justice leur soit rendue. Il y va d'une véritable casuistique de conscience que la justice prévale dans ce dossier, peu importe le camp qui la rend. Si elle est déjà rendue, il serait immorale qu'on y revienne pour casser les mesures qui avaient été prises à cet égard. Si elle n'a pas été rendue dans les décisions déjà prises, il y aura un devoir moral de la rendre ainsi que de droit.

Maintenant, abordons un autre aspect de la question de l'assassinat. Il ne s'agit pas pour nous de dire qui était derrière cela ou non, car nous ne sommes pas juges mais plutôt analyste, nous voulons seulement poser un certain nombre de questions ou faire un peu de logique juste par curiosité. Si dans sa déclaration publique Joe Biden avait dit qu'il n'y avait pas de place pour la violence ou plus précisément pour cette sorte de violence aux Etats-Unis, il n'empêche malheureusement que, dans son interview donnée à Lester Holt comme nous l'avons montré, il y est allé en montrant une certaine contradiction entre ce qu'il a dit publiquement et ce qu'il a dit en privé à Holt, quoique cela ait eu pour vocation de devenir public. Cela fait naître une certaine suspicion quelque peu fondée. Mais il y a bien plus que les propos tenus à Holt. Plus que Trump n'a incité à attaquer le Capitole, Joe Biden a tenu bien des discours où il présente son rival comme une grande menace. Nous lisons par exemple le 18 juillet 2024 dernier sur la chaîne de True Geordie quelques postes de Biden en date du premier septembre 2022, disant que :

a) « Donald Trump et son MAGA sont une menace pour l'âme profonde de ce pays. »
b) « Donald Trump est la plus grande menace pour notre démocratie. »
c) « Donald Trump est une véritable menace pour ce pays. »
d) « Il est une menace pour notre liberté. Il est une menace pour notre démocratie. Il est littéralement une menace pour tout ce pour quoi Les Etats-Unis se dressent. »
e) Donald Trump est une menace pour notre démocratie, nous ne pouvons pas le laisser gagner. »
f) Trump représente de nombreuses menaces pour notre pays : le droit de choisir, les droits civiques, le droit de vote, et les Etats-Unis sont présents dans le monde. », etc.

Bien d'autres déclarations, pour certaines, et attitudes, pour d'autres, montrent quelques coïncidences qui ne sont peut-être pas gratuites, quoiqu'elles puissent n'être que de simples coïncidences, sans plus. Prenons par exemple le cas de Victoria Nuland, ancienne secrétaire d'Etat, qui a déclaré trois jours avant la tentative d'assassinat : « Je pense que Donald Trump ne deviendra pas président. Poutine compte sur son élection, mais je pense que Poutine va avoir une bien mauvaise surprise. » Dans le même temps, Nancy Pelosi a eu également une attitude qui pourrait paraître bien suspecte aussi. Comme il était question de débouter Biden de sa candidature face à Trump, Pelosi demandait avec une certaine insistance d'attendre la fin du week-end avant de décider de le sortir de la course. En réalité, Pelosi avait demandé d'attendre la fin de la rencontre de l'OTAN tenue aux Etats-Unis avant de décider ; cela peut-être un alibi pour empêcher les « complotistes » de fabriquer une théorie du complot. Mais n'oublions pas que tous les espoirs et les inquiétudes étaient fondés sur la prestation de Biden ; or, la prise de parole de ce dernier avait eu lieu le mardi 9 juillet et elle s'était avérée une catastrophe. Dès lors donc, tous les journaux annonçaient avec une certitude absolue la sortie de Biden de la course électorale.

Pelosi s'est retrouvée, suivant les dires, être la seule qui demandait à attendre le week-end avant de décider d'éjecter ou non Biden. Pourquoi le week-end ? Qu'est-ce qu'elle savait ? Qu'est-ce qui devait s'y passer ? Cela ne semble-t-il pas aller dans le même sens que la révélation de Nuland à Vladimir Poutine ? Pourquoi le week-end où le coup allait être perpétré contre Trump ? Etait-ce parce qu'on croyait que le coup était infaillible ? En fait, c'est chez Dave Rubin, sur sa chaîne "The Rubin Report" que nous trouverons une affirmation de Nancy Pelosi qui pourrait faire accuser l'ancienne Speaker à propos de l'attentat. La Bible ne dit-elle pas que par sa parole on peut être condamné ou justifié. Parlant au journaliste David Remnick, à la chaîne radio de ce dernier, de son regret que ses collègues Démocrates aient poussé Biden à la porte, Pelosi dira entre autres affirmations qu'« elle savait ce qu'elle avait fait pour empêcher Donald Trump de remettre ses pieds à la Maison Blanche » et laisser Biden se représenter à l'élection. Elle seule sait « ce qu'elle avait fait [ce week-end-là] pour faire en sorte que Trump n'aille plus à la Maison Blanche » ! Elle n'a pas donné d'explication sur ce qu'elle avait fait, elle a usé du procédé rhétorique dit de l'ambiguïté, afin de ne pas être plus claire sur ce qu'elle avait fait. Mais l'ambiguïté jetée sur le plan ne la disculpe pas trop, en raison du trop grand nombre de coïncidences qui recouvrent l'affaire de l'attentat.

Ce ne serait pas une accusation infondée si, réunissant toutes les pièces du puzzle, on en venait à supposer que cette déclaration soit en rapport avec l'attentat contre Trump. De plus, cette confidence va dans le même sens que ce qu'a dit et répété plusieurs fois Biden, à savoir que Trump représente un danger, une menace existentielle pour les USA et qu'il ne doit pas gagner, et cela va aussi dans le sens de sa déclaration postérieure à l'attentat, à savoir qu'il y a une bonne raison qu'on s'occupe de ce Trump qui menace de faire couler le sang des Américains s'il ne gagne pas l'élection. Il y a de surcroît un autre élément très important qui vient s'ajouter sur la liste des choses et qui donnera aux « conspirationnistes » de l'énergie pour élaborer leur théorie du complot ; c'est qu'il a été révélé que plusieurs grandes familles du monde, parmi celles qu'on dit être à la tête du Deep State, telles que les Rothschild, Black Rock, Vanguard, Bush, Cheney, ont misé en bourse de gros milliards, de l'ordre de plusieurs centaines, sur la tête de Trump. De nombreuses chaînes de télévision ont partagé cette information, mais faute de pouvoir les nommer toutes, je citerai uniquement la chaîne "Redacted" de Clayton Morrison pour sa vidéo *"They lied about it all!" Bombshell New footage confirms conspiracy to assassinate Trump*, édition du dimanche 11 août.

Complot ou conspirationnisme ? Nous ne savons, et nous n'avons aucunement le désir de nous ranger de tel ou tel côté, car nous ne faisons partie ni du monde judiciaire, ni du monde des médias. Ceux qui veulent y voir un complot sont libres de penser ce qu'ils veulent, tout comme d'ailleurs aussi ceux qui veulent voir dans ces accusations une théorie du complot sont également libres de penser ce qu'ils veulent. Mais si en raison de l'éthique qui nous motive nous ne voulons ni ne pouvons prendre parti pour tel ou tel groupe parmi ces deux, néanmoins si nous nous positionnons en tant que troisième voie (ou voix), qui est celle de la neutralité dialectique, nous nous arrogeons par contre le droit d'interroger les comportements et les discours. Qu'importe que cela plaise ou non à tel ou tel autre camp, nous prenons la liberté de confronter les discours, les gestes et les plaidoyers de chaque partie, non pour condamner ou pour relaxer, nous ne cesserons de dire que nous ne sommes pas juge, mais pour le plaisir d'interroger. Nous le faisons parce que le monde, je veux dire notre globe, est un Tout indissociable et un monde de relations où tous les éléments s'interpénètrent dans cette Relation.

Le monde n'étant pas disparate, ni figé, et étant moi-même un élément de ce monde de relations et en mouvement, je me réclame comme un **globopolite**[22] qui n'appartient à aucune sphère géographique restreinte donnée, en sorte que je prends le droit de penser sur les choses du monde, où qu'elles se produisent. Et je propose et réclame un globopolitisme où la pensée est libre, honnête, franche, non embarrassante et non importune. Si notre pensée globopolitiste importune, il faudrait croire qu'elle ne dérange que le camp du mal et non l'axe du bien, car il n'y a toujours – suivant un constat dialectique et géopolitique qui devient une vérité naturelle et historique incontestable – que les trompeurs, les menteurs et les blâmables que la vérité met en rage et à qui elle fait peur. Quel camp va se montrer, tel l'animal coincé, prêt à sortir ses crocs et ses griffes, prêt à perpétrer les pires exactions pour se défendre ? Nous ne savons. Mais dans cette guerre où chaque partie a d'énormes intérêts à perdre, on devrait faire attention à ne pas dévoiler son trop-plein de passions à travers des comportements et attitudes répressifs qui témoigneraient sévèrement contre ceux qui les tiendront. On devrait pouvoir réprimer ses pulsions au prix de très grands efforts, même si le sacrifice à faire est extrêmement dur, car de l'attitude qu'on tiendra dans cette guerre bestiale et farouche le monde verra qui a tort et qui a raison. Même les idées les plus dures à accepter devraient passer pour des conseils salutaires, pourvu qu'elles ne cherchent à défendre une partie contre une autre, car les enjeux sont ENORMES dans cette bataille géopolitique pour la survie de chaque

---

[22] Je propose ce néologisme par opposition à "cosmopolite" qui me semble trop prétentieux en mettant notre planète au centre du Cosmos qui englobe tout l'univers.

camp. Cela dit, revenons à l'assassinat attenté sur Donald Trump.

Les informations pleuvent à n'en point finir sur cette tentative d'assassinat, toutes les chaînes en parlent. De nouvelles informations viennent démentir les premières ou confirmer les précédentes. Nous n'avons pas l'intention de reprendre les récits, ils sont trop nombreux d'ailleurs, nous ne le pourrions jamais. Mais arrêtons-nous sur quelques détails, afin de dire ou de montrer tout simplement ce qui ne va pas. Nous sommes sûr que ce n'est pas ce que nous dirons qui va faire la lumière sur le dossier pour la victime et ses partisans, beaucoup parmi ses conseillers, parmi certains journalistes, parmi les plus fidèles de son camp, parmi les parlementaires, etc., ont déjà leur avis à propos de l'affaire. Mais l'analyse que nous allons faire, pour dérangeante qu'elle puisse paraître pour la partie accusée, ou qui le sera dans ce dossier, devrait ouvrir des pistes de réflexions qui permettront soit de préparer la défense, soit de ne plus répéter les erreurs.

Nous ne savons pas quelle confiance outre-mesure en soi ont les puissants personnages du monde ni quel est leur degré d'attachement à la spontanéité des actes qu'ils accomplissent, nous avons l'impression qu'ils ne parlent ni n'agissent de concert. C'est une fausse impression, ces gens sont trop bien entourés d'une multitude de personnes à leurs services pour qu'on puisse avoir le sentiment qu'ils ne se concertent pas. C'est même le monde le plus organisé qui soit. Mais étant donné les erreurs monumentales qu'on peut observer dans la mise en place de leur politique, on aurait l'impression qu'ils agissent dans la spontanéité, en ce qui a trait à la plupart de leurs projets. Néanmoins, plutôt qu'une affaire de non concertation, ce qui n'est point possible dans ce monde-là, ou quelque penchant pour la spontanéité, nous pensons qu'il s'agit d'un excès de confiance en eux-mêmes ou de l'illusion qu'ils ont encore le plein contrôle des choses, comme avant que ce contrôle absolu n'ait été remis en question par Donald Trump.

Comment peuvent-ils avoir donné autant d'indices sur l'affaire de la tentative d'assassinat ? Si l'on reprend tout le discours de Biden martelé en formules répétitives pendant au moins deux ans sur les menaces que représente Trump, puis réaffirmé après la tentative d'assassinat, si l'on analyse, comme nous l'avons fait, les dessous de l'entretien de Biden donné à Lester Holt à travers les images rhétoriques utilisées, on n'aura pas grand peine à croire qu'il pourrait avoir une quelconque responsabilité, directe ou indirecte dans une telle affaire. Comment peut-on croire que celui qui avait appelé l'ancien président pour lui faire sa sympathie ait pu avoir à banaliser, peu de temps après, un tel drame, en posant comme un épiphénomène ce qui venait de se passer, comparativement au danger que la victime représente pour le pays ? Et puis, comment comprendre l'affirmation de Victoria Nuland, dans une confiance arrogante, à savoir que Trump ne sera jamais président, tout juste trois jours avant la scène ? Que penser du conseil de Nancy Pelosi à ses collègues Démocrates d'attendre le week-end, où Trump allait être victime de son attentat, pour savoir s'il fallait congédier ou non Biden pour la course électorale ? Que penser également de sa déclaration, à savoir qu'elle savait ce qu'elle avait fait pour empêcher que Donald Trump ne mette plus ses pieds à la Maison Blanche, avant de pousser Biden à quitter la course ? Péché d'orgueil et d'outrecuidance, surtout en ce qui a trait au trop-plein de confiance, à l'assurance trop sereine de Madame Nuland ? Etait-elle rassurée d'un coup qui ne pouvait faillir ?

Mais que dire aussi de Kimberly Cheatle qui prétendait ne pas vouloir mettre en danger ses employés en les mettants sur le toit, alors qu'un ancien snipper de soixante-dix ans faisant partie d'un groupe de recherche sur l'attentat dit que le toit n'était pas raide même pour lui-même, en dépit de son âge ? Mensonge ou complot, ou les deux à la fois ? Que penser de la déclaration du nouveau directeur du Service Secret, Ronald Rowe, devant la Commission d'enquête du Congrès, selon laquelle il y avait un autre sniper que Matthew Crooks, un Iranien qui voulait se venger de Trump pour la mort du général Soleimani ? Que pose comme problème et questionnement ce nouveau paramètre dans l'histoire de la tentative d'assassinat ? Sans doute que l'on cherche à répondre à la question qui a fait entendre huit coups tirés avant que les tireurs d'élite du Service Secret aient décidé d'abattre Matthew Crooks. Mais cela ne résout pas le problème du complot dont sont accusés par les « conspirationnistes » les officiels.

En effet, si les tirs venaient de deux endroits ou de deux tireurs différents, le Service Secret devait pouvoir identifier la provenance des tirs et abattre les tireurs, d'où qu'ils se fussent positionnés, à la seconde près où le premier tir avait été effectué par chaque tireur, s'il y en avait eu deux vraiment. Le fait qu'on ait attendu suffisamment de temps pour que huit coups soient tirés avant de répliquer ne pose pas le problème de la quantité de tireur, mais celui de la lenteur de la réaction. Mais pourquoi avoir mis aussi longtemps avant de réagir ? Devant une telle situation, parler de conspirationnisme pour contrer les accusations devient un alibi qui trahit malheureusement une faiblesse ou une absence d'argumentation plutôt qu'un véritable plaidoyer. Aussi, si l'on veut se défendre contre la question de la lenteur de la réaction afin d'éviter les accusations « complotistes », il faut alors concéder à une autre contre-argumentation qui est celle de l'incompétence du Service Secret. Ce sont là malheureusement trois questions principales que pose la situation, à savoir, pour nous résumer, la question de la lenteur accusée dans la réaction ou l'incompétence de l'institution et en troisième lieu la question d'un complot ourdi contre l'ancien président.

Quant à la question du tireur iranien qui voulait faire payer à Trump la mort du général Soleimani, voyons quel problème pose-t-elle. Cette histoire n'est pas inventée au moment où la tentative d'assassinat a eu lieu et échoué. Depuis l'année derrière nous l'avions entendue dans certains journaux. Le fait qu'elle était déjà sue évite au Service Secret américain la caricature d'un service incompétent qui ne peut pas pressentir ou deviner les complots qui se trament contre le pays ; cela a évité aux USA dont le service secret est réputé de tout savoir sur les actions qui se passent dans le monde un second camouflet après le 11 septembre. Mais si la connaissance du plan de l'Iran de tuer Donald Trump évite que l'honneur des Etats-Unis ait encore pris un coup après le 11 septembre, du moins il pose un autre problème qui n'est pas moins grave. La question que certaines personnes risquent de se poser est celle-ci : « Si les services secrets américains savaient déjà qu'il s'ourdissait de la part des Iraniens un complot pour assassiner

Donald Trump, pourquoi n'ont-ils pas déjoué un tel projet, d'autant plus qu'ils le savaient assez longtemps ? »

Si l'on répond qu'on n'avait pas pris trop au sérieux une telle menace, cela laisserait apparaître ou une négligence, ou une indifférence ou quelque complaisance à l'égard de ceux qui brandissaient une telle menace, et cela serait sévèrement imputé comme une lourde responsabilité aux services secrets. Mais cela pourrait poser le problème autrement, à savoir prétendre qu'il y aurait eu quelque intelligence entre les Etats-Unis et l'Iran pour éliminer Trump, et cela poserait le problème de la démocratie américaine ou de la démocratie comme elle est entendue par les Démocrates. La démocratie vantée par les Démocrates et pour laquelle Donald Trump constituerait une grande menace passerait pour un leurre. De plus, l'opinion pourrait pousser la question plus loin en se demandant pourquoi est-ce maintenant qu'on aurait cherché à faire payer Trump pour l'assassinat de Qassem Soleimani ? Pourquoi pas avant ou pendant l'élection de 2020 ? Pourquoi pas en 2021, en 2022, en 2023 ? Pourquoi pas au début de 2024, pourquoi précisément à l'approche de l'élection ? Autant de questionnements susceptibles d'être posés ne semblent pas de nature à laisser une défense hors de tout soupçon aux Démocrates. Quand on assemble tous les éléments, parmi lesquels ceux que nous n'avons même pas évoqués ici, tout semblerait jouer de sorte à accuser, à tort peut-être ou à raison, les adversaires de Trump.

En ayant préservé le prestige et l'honneur des USA comme puissance à laquelle presque rien n'échappe grâce à son système d'intelligence, le plan d'assassinat de Trump par l'Iran ayant été détecté par les services secrets américains, au point où cela avait été exposé dans les médias un an auparavant, n'a pas résolu un autre problème pourtant assez compromettant pour le Deep State (ainsi désigné par les « complotistes »). Il aurait plutôt révélé soit une indifférence, soit une complaisance, soit une conspiration de bonne intelligence entre les USA et l'Iran (mais quel Iran ?), comme l'association Matthew Crooks et l'iranien inconnu le symbolise ou le préfigure. Se pouvait-il qu'un Iranien se fût vraiment impliqué dans l'assassinat de Donald Trump comme le Directeur Ronald Rowe l'a indiqué devant le Congrès ? Rowe n'avait pas intérêt à mentir, et puis de toute façon un nombre important de médias avaient signalé la présence de deux tireurs le 13 juillet. Cependant, dans tous les cas de figure, tout concourt à frapper triplement d'infamie les ennemis de Trump, dont une fois par l'affaire Crooks et deux fois par l'affaire de l'Iranien inconnu pour les raisons que nous avons explicitées plus haut. L'affaire de la tentative d'assassinat sur Trump est comme une cigarette par ses deux bouts allumée dans les mains du camp adverse de Trump. Et qu'elle soit vraie ou fausse, l'affaire du tireur iranien apporte un plus grand coup de massue, un plus grand coup de boutoir contre les ennemis de l'ancien président que le seule affaire Crooks. Serait-ce qu'on invente ou qu'on ébruite une affaire réelle, dans une situation de panique générale, pour arranger les choses et sortir indemnes de toute accusation ? En tout cas, existe-t-il un plaidoyer qui sera de nature à laver les adversaires de Trump de tout soupçon ?

Nous nous sommes déjà demandé si c'est par excès de confiance ou par orgueil suranné, ou encore si c'est par panique que nos amis les Démocrates agissent comme ils font. Rappelons que dans cette guerre sans merci où ils sont engagés avec l'autre camp, les risques et les conséquences peuvent être très graves pour le camp perdant, et rappelons aussi que depuis l'antiquité les conséquences qui résultent de ces luttes fratricides où deux groupes s'entredéchirent s'expriment toujours en des pertes considérables pour les perdants. Cela dit, nous pensons que les parties devraient être de bonne intelligence pour faire trêve sur les choses qui les divisent. Mais comme dans toutes les révolutions – car nous sommes en présence d'une –, les parties engagées qui s'opposent sur leur vision du monde ne parviennent jamais à s'entendre sur quoi que ce soit, chacune voulant rester sur son propre paradigme, surtout les perdants de demain, tant les intérêts et les avantages à perdre sont importants et colossaux. Benjamin Fulford l'avait dit dans ses vidéos parues entre 2019 et 2020, que l'Etat profond ne capitulera jamais.

Dans cette guerre impitoyable pour l'orientation du monde où deux visions paradigmatiques s'affrontent, une vision conservatrice et une vision futuriste, tous les coups sont possibles. Rien n'est étonnant et rien ne doit étonner. Les méthodes et les stratégies de guerre ne feront aucun cadeau au camp adverse, tous les moyens sont bons pour l'emporter face à l'autre. Et parmi toutes ces méthodes, on peut s'attendre aux plus farfelues comme les mensonges et les accusations les plus « stupides » que seules les populations les plus averties peuvent comprendre. Tous les privilégiés de l'ancien Ordre ou ceux qui s'imaginent l'être se rangent ou sont rangés légion derrière leurs chefs afin de discréditer et de saborder la partie adverse. Mais il n'est jamais dans l'histoire de système un seul qui soit assez puissant, peu importe la solidité des structures sur lesquelles il est fondé, pour résister devant les vagues d'une mouvance commandée par la nécessité socio-historique, et par-delà, métaphysique, d'un changement de paradigme. C'est la leçon d'histoire que nous apprend la dialectique de la sociologie des mouvements historiques et sociaux. Par contre, les maîtres du monde actuel s'enferment dans l'orgueil de penser qu'ils ont assez maîtrisé, contenu et réfréné les causes historiques profondes des mouvements sociaux pour rendre l'Ordre actuel irréversible. Néanmoins, il est un paramètre, une cause, une dimension de l'histoire des événements qu'ils ne maîtrisent pas et qui a toujours surpris les puissances, les royautés et les empires ; c'est la cause métaphysique qui échappe aux sciences d'homme et sous-tend tous les mouvements historiques qui se produisent à des rythmes variables, mais nécessaires et sûrs.

g)   La stratégie du désespoir

Le désespoir génère la panique et la panique pousse, à l'instar des animaux en danger dont l'instinct de défense les pousse à l'agressivité, à l'expression de gestes, d'attitudes et d'actes qui trahissent chez les humains des comportements stupides qu'ils n'auraient probablement pas eus en temps normal. Donald Trump étant un sujet de panique pour les Démocrates, ces derniers vont dans tous les sens, comme des fourmis folles, avec des stratégies qui échouent toutes, au point où nous nous voyons contraint de revenir avec nos questions de départ : Est-ce que Trump est seul ? Un homme seul ne pouvant pas mener une révolution, qui donc fait peur vraiment aux ennemis de Trump ? Qui sont derrière le mouvement incarné par le candidat Républicain ? Est-ce que son éviction mettra un terme au mouvement ? Si nous ne pouvons pas trouver de réponses à ces questions, nous voyons par contre la grande panique dans laquelle Donald Trump jette ses ennemis qui usent de toutes leurs ressources pour le chasser de la course.

g.1) La géopolitique de la peur

Ceux qu'on appelle les conspirationnistes, pour la plupart des agents Q Anon, avaient prédit tout un ensemble d'attitudes qu'allaient tenir les Démocrates, et il est loisible de les voir effectivement. Parmi toutes ces attitudes, on peut parler de la confiscation de la liberté des gens, de leur privation de leur liberté d'expression, de la peur créée chez eux, etc. Nous n'avons pas l'intention de revenir sur ce que nous avons déjà dit précédemment, comme la confiscation de la liberté des gens et leur privation de leur droit d'expression. Nous parlerons de la peur exercée sur tous ceux qui ne prennent pas cause et fait pour le groupe dominant. Il vous suffit de voir les choses différemment qu'eux ou de ne pas vouloir vous ranger derrière eux pour qu'on vous persécute de différentes manières. Mais est-ce là ce qu'on appelle la liberté ? Pourtant ne dit-on pas que la tyrannie est de l'autre côté ? Qu'est-ce qu'on voit de l'autre côté ? Et qu'est-ce qu'on voit du côté de ceux qui accusent ? Ces derniers pensent-ils que l'inadéquation entre leurs discours et leurs comportements est un fameux réquisitoire contre eux ?

Si vous caractérisez l'autre comme étant un grand tyran, la menace existentielle, le danger par excellence contre la démocratie, c'est que vous-même vous êtes les garants, les défenseurs de cette démocratie ! Mais si vous prétendez être les garants de la démocratie, pourquoi n'acceptez-vous pas les avis contraires aux vôtres ? Pourquoi celui qui ne vous suit pas dans vos idées et votre conception du monde doit-il mériter le bâillonnement, la prison ou la mort ? Est-ce là la démocratie ? Est-ce cela la tolérance ? Il est vrai que Donald Trump, comme nous l'avons dit précédemment, est hostile à l'idée que le LGBTQ doit faire l'objet de reconnaissance juridique, mais est-il contre la liberté naturelle ou privée des gens de pratiquer le style de vie qu'ils choisissent ? Nous avons dit dans l'une des parties antérieures consacrée à ce problème que même Dieu laisse à tous leur liberté de mener leur vie comme ils veulent et qu'il ne revient pas à l'homme de vouloir priver les autres de leur liberté pleine et entière de mener leur vie comme ils l'entendent. Si Trump n'entendait pas laisser aux gens leur liberté de choix dans la stricte intimité de leur vie, c'est-à-dire s'il était hostile à la présence même de ces pauvres gens dans la société, à ce moment-là seul on aurait dit qu'il est contre la démocratie. Il est vrai qu'il se dresse contre l'industrie de la guerre, contre l'exploitation de l'homme par l'homme, contre les différentes pratiques humaines qui posent le problème de la casuistique des consciences. Mais en quoi est-ce contraire à l'exercice de la démocratie de se positionner contre l'industrie de la guerre, les trafics d'humains, les crimes contre les enfants ? Est-ce antidémocratique de défendre ce qui est moralement et logiquement juste, comme, entre autres choses, l'opposition à la volonté de légaliser la folie dégénérative du penchant pour la zoophilie ?

Ceux qui constituent un danger pour la démocratie et pour l'humanité, ce sont ceux-là qui veulent homogénéiser le monde et qui enlèvent à la majorité leur liberté de choisir. Ceux qui constituent un danger pour la démocratie, ce sont ceux-là qui sont prêts à emprisonner les gens, à les bâillonner ou à les supprimer parce qu'ils refusent de s'homogénéiser. Ceux qui sont les ennemis de la démocratie et qui constituent un danger pour la bonne entente sociale, ce sont ceux-là qui n'acceptent pas la différence et qui se comportent comme des tyrans qui veulent imposer à tous une vision unipolaire du monde. Mais Donald Trump qu'on décrit comme étant le Tyran ne se retrouve pas dans cette vision d'un monde dominé par la seule vision chrétienne des choses. Il n'est pas celui qui fait des pressions sur les catégories sociales, que celles-ci soient majoritaires ou minoritaires, c'est plutôt du côté de ses adversaires qu'on voit brandir des menaces sérieuses contre certaines catégories sociales dont notamment les Chrétiens qui résistent à l'homogénéisation du monde que veulent imposer la gauche internationale et une très bonne partie de la droite.

Ceux qui font peur aux gens, et donc à la démocratie, ce n'est pas Donald Trump, ni ses partisans qui comprennent son combat, ce n'est pas lui-même qui menace les droits des gens de vivre leur liberté. Ce n'est pas lui-même qui menace de jeter en prison, de faire taire ou d'éliminer quiconque ne le suit pas dans sa vision des choses, ce sont ceux-là mêmes qui vantent et vendent une démocratie en laquelle ils ne croient pas et qu'ils ne protègent pas. Ce sont ceux-là qui s'enragent, qui deviennent féroces dès qu'ils sont remis en question ou qu'on ne les suit pas aveuglement dans tout ce qu'ils disent et proposent. Ce sont ceux-là qui inventent des concepts à tout va pour caractériser tous ceux qui ne courbent pas l'échine devant eux et devant leurs projets. Ce sont ceux-là qui ont poussé à la clôture sur YouTube, sur l'ancien Twitter, sur Facebook, etc., de toutes les chaînes qui avaient montré leur attachement aux idées de Donald Trump. Ceux qui ne laissent pas aux autres le droit de faire librement leur choix ne sont pas démocrates, et il apparaît clairement que ceux qui veulent un monde uniformisé, sans différence de conception, sans différence de vision, sans différence de perception, sans différence de croyance sont ceux-là mêmes qui sont antidémocrates. Ceux qui se tournent contre tous ceux qui ne suivent pas la vague de la pensée dominante, voilà les tyrans et les dictateurs. Enfin, un dernier petit détail pour reconnaître les démocrates et les antidémocrates : ceux qui seront outrés jusqu'à vouloir faire des représailles contre ces propos sont ceux que vous devrez découvrir comme des menteurs et des antidémocrates. Pourtant ce sont les vocabulaires qu'ils prêtent à l'autre camp.

Le problème de ces gens avec Trump n'est exposé ni par eux-mêmes, ni par Donald Trump lui-même qui ne se défend jamais de rien, c'est que ces gens ont une haine viscérale contre les Chrétiens et toute la civilisation chrétienne ; or, Trump lui-même est un défenseur de la culture chrétienne. Et le problème, c'est que même les prétendus Chrétiens ne cherchent pas à comprendre les enjeux de cette guerre impitoyable que ces gens livrent à Trump. Je n'entends nullement par là que Donald Trump est un homme parfait, mais il est l'un des rares qu'on peut compter sur les doigts de la main qui se lèvent pour défendre les valeurs chrétiennes. Et dans son combat pour la préservation des valeurs chrétiennes, il ne cherche pas à unipolariser le monde sur les seules valeurs chrétiennes, comme ses ennemis et aussi les ennemis du Christianisme qui veulent en finir avec tout ce qui se rapporte à ce dernier ou qui veulent imposer à l'ensemble du globe leurs valeurs antichrétiennes. Quiconque tient un discours de ce genre, le vrai pourtant qui expose les choses dans leur véritable nature, comme nous le faisons, est passible de toutes les persécutions imaginables. Alors, qui est tyran et qui est contre la démocratie ? La démocratie ne sous-entend-t-elle pas que tout le monde indistinctement doit disposer de son entière et pleine liberté de dire tout ce qui est droit, même si ce qu'il dit ne plaît pas à d'autres ? Le mensonge n'est pas dans le camp qu'on dit, ni qu'on croit. Est-ce de la démocratie que de vouloir détruire toutes les cultures autres que la sienne ou de vouloir supprimer la cohabitation entre les cultures ? Toutes les politiques qui veulent imposer la destruction de certaines entités par l'uniformisation du monde sont antidémocratiques. Voilà l'enjeu majeur de la guerre qui est livrée contre Donald Trump, elle est prioritairement spirituelle, à côté des autres aspects de cette guerre.

g.2) Caricatures et palabres aberrants

Dans le même contexte de la stratégie du désespoir qui fait multiplier les méthodes de combat par les ennemis qui sont vus dans la bulle de la géopolitique de la survie, nous avons observé un nombre important de caricatures et de propos aberrants attribués à Donald Trump. N'oublions pas que nous sommes en présence d'une guerre impitoyable et que tous les moyens sont bons pour combattre l'ennemi. Libres tous ceux qui veulent y voir des peintures réelles dans ces descriptions, mais nous, nous ne sommes pas dupes qu'il s'agit de stratégies et de tactiques pour gagner face à l'ennemi.

Depuis 2017, Donald Trump fait l'objet des caricatures et portraits les plus désobligeants. Il suffisait d'un rien ou d'une chose des plus insignifiantes pour qu'on en fasse une histoire sérieuse, grossie à l'auxèse. On se souvient de la scène où Trump semblait avoir une petite gêne d'articulation quand il descendait de la Air Force One ; cela suffisait pour que toute la presse s'en soit saisie pour en faire un drame sur son état de santé. On se souvient également d'une fois, en 2020 sans doute, où la première dame descendait de l'avion sans montrer probablement d'attention à Donald Trump. Toute la presse s'était également saisie de ce petit problème apparent pour raconter plein de paroles insensées sur la dégradation des relations entre le président et la première dame.

Pourtant, le président Biden a montré maints déséquilibres physiques, psychologiques et cognitifs, mais la presse mondiale dans sa totalité n'en a quasiment pas parlé, et quand elle était obligée d'en parler contrainte par les circonstances, c'était toujours pour le défendre désespérément à travers des discours décousus et aberrants, sauf quand le mot d'ordre semble avoir été donné de se lever en masse pour le mettre hors d'état de vouloir et de pouvoir briguer un second mandat. Et même à ce moment -là encore, quelques voix s'étaient levées pour le défendre en disant que toutes les choses qui se racontaient sur lui étaient du « fake news ». Pourtant, tout le monde a vu Biden trébucher, tomber, perdu, cherchant sa mère, se tromper de son chemin, délirer, tourner le dos, en France, à la fanfare lors de la commémoration, pour se retourner en face du public, en perdant le sens de l'orientation. Lors de cet événement où Biden a montré maintes déconnexions au temps et à l'espace, on a parlé uniquement de la scène où, semblant ne plus pouvoir se tenir, il voulait s'asseoir. Puis l'on connaît bien d'autres scènes encore où Biden confondait Emmanuel Macron avec François Mitterrand, Olaf Scholz avec Helmut Kohl, Volodymyr Zelinsky avec Vladimir Poutine. Que de scandales la presse internationale n'aurait-elle pas faites, s'il s'agissait de bévues commises par le président Trump lui-même ! Tout cela ne montre-t-il pas une machination extravagante orchestrée contre Donald Trump dont un seul petit millième des erreurs commises par Biden lui-même lui aurait valu un lynchage médiatique titanesque ?

Ainsi voit-on toute la presse internationale palabrer sur l'âge de l'ancien président, sur son ignorance, sur le déclin de ses facultés cognitives, etc. A l'exception de l'expérience pratique de terrain de l'animal politique presque hors pair que fut Joe Biden, expérience que n'a pas Donald Trump qui reste cependant l'une des rares figures politiques qu'auront connues les USA, tout le reste est faux sur Trump. L'âge de l'ancien président présente-t-il un handicap pour l'homme ? Soyons sérieux ! Connaît-on homme plus énergique, plus vivace, plus puissant que Trump ? Il suffit de regarder toute l'énergie qu'il montre depuis le troisième trimestre de l'année 2021 dans les différentes prestations et campagnes qu'il a faites et qu'il continue encore de faire pour se convaincre que cet homme est d'une vigueur, d'une vivacité et d'une puissance extraordinaires. Depuis fin 2021, il est continuellement engagé dans ces campagnes infinies pour les élections de mi-mandat en 2022, puis depuis plus d'un an pour les élections générales, dont notamment la présidentielle, de 2024. Quel infatigable homme ! De plus, quel moral chez cet homme qui fait l'objet des attaques de toutes sortes, puis traîné dans la boue à travers les différentes affaires qu'on sait ! Pourtant, rien ne l'atteint ni dans sa santé mentale, ni dans sa santé physique. A-t-on jamais vu homme aussi infatigable, aussi fort, aussi puissant, aussi énergique, aussi frais ? Quel moral !

g.3) Une vivacité intellectuelle bafouée

Nous devrions traiter cette partie dans la g.2. Mais étant donné notre intention de mettre en exergue une aptitude bafouée chez Donald Trump par ses ennemis, nous préférons la traiter à part. Un certain nombre d'intellectuels, d'hommes politiques et de journalistes de gauche aiment à classer au rang d'incultes les présidents américains suivants, à savoir Ronald Reagan, Georges Bush fils et Donald Trump. Quant au quarante-cinquième président des Etats-Unis, étant donné toute l'aversion qu'il s'attire parce qu'il porte à son dépens ou à son bonheur une révolution qui fait trembler le monde, il cristallise sur lui toute la haine du monde. Le sujet qui nous préoccupe ici concerne l'esquive que Donald Trump a faite de la question qui lui avait été posée, lors de son débat avec Biden, sur le 6 janvier. Il a répondu à cette question en la contournant et en disant qu'au 6 janvier 2021 l'économie allait bien, qu'il n'y avait pas d'inflation, qu'il n'y avait pas guerre en Ukraine, ni à Gaza. Il a été critiqué par la majorité des médias du monde comme ayant accusé une déficience cognitive et intellectuelle ou comme un simple d'esprit qui n'a pas de méthode. Mais voyons ce qu'il en est exactement à travers une analyse rhétorique minutieuse de son procédé de discours.

La technique utilisée par Donald Trump qui a donné le sentiment d'esquiver la question relative au 6 janvier, lors du débat du 27 juin 2024 dernier avec Biden, relève à la fois de l'hypotypose et de la schématisation, deux procédés qui sont pourtant aux antipodes l'un de l'autre. L'hypotypose tient un tableau vivant et énergique de la situation du pays avant et pendant le 6 janvier. La schématisation propose un mouvement de dissolution et de remplacement du narratif ambiant sur le 6 janvier. Il y a aussi une troisième figure utilisée par l'ancien président, il s'agit d'une ironie. Il tourne brillamment et très furtivement en dérision la question du 6 janvier, de sorte à ce que personne ne s'en aperçoive. Mais l'un des procédés rhétoriques des plus ingénieux et des plus fertiles dans cette réponse reste l'astéisme, ce procédé par lequel Trump détruit et renverse ironiquement le reproche et le blâme qu'on lui fait en occasion pour mettre en valeur son mandat et se faire une louange. Toutefois, le procédé le plus extraordinaire et le plus parfait utilisé par l'ancien président est le rejet rhétorique – notamment l'apodiosis grâce auquel il rejette le blâme comme enfantin – à travers lequel il démontre que la question est trop longue pour être expliquée dans seulement deux minutes, ou encore grâce auquel il montre une sérénité imperturbable qui pourrait probablement cacher quelque évidence à apporter à l'avenir sur la question.

Il y a aussi dans l'apodiosis ou le rejet rhétorique via cet apodiosis une sorte d'indifférence ou une prise de hauteur de la part du concerné qui refuse d'argumenter sur la question en raison de la bassesse, de la légèreté et de la violence de l'intention qu'il pense caractériser l'accusation. C'est-à-dire il la disqualifie d'emblée en refusant de s'y arrêter ; rappelons qu'Angenot, selon Bernard Dupriez, appelle autrement le procédé dit de l'apodiosis une disqualification. Alors, est-ce donc cet homme qui use d'autant de ressources rhétoriques, même inconsciemment comme d'ailleurs la plupart des sophistes du monde politique ou du monde de la communication, qu'on accuse d'inculture et de non-maîtrise de la stratégie politique comme Maxine Waters le prétend à propos de lui ? Alors que ceux qui se dressent contre lui pour pléthore de raisons inavouées trouvent l'occasion de faire ressortir chez lui une quelconque absence de profondeur intellectuelle, nous voyons à travers son détour de la question portant sur le 6 janvier une magistrale façon, digne d'un grand sophiste, de faire valoir différents points de vue sur la question. Rappelons que c'est l'usage du même procédé qu'il avait fait quand, interrogé sur Nikki Haley, il avait fait exprès de la confondre avec Nancy Pelosi en demandant pourquoi n'avait-elle pas accepté sa proposition de faire surveiller l'événement par la Garde Nationale.

Alors qu'on parle de déficience de la mémoire (passagère ou en début de phase)[23] chez l'intéressé, moi je vois un procédé volontaire dans cette confusion des personnages. C'est une façon pour Donald Trump de montrer qu'il n'y a pas de différence entre Nikki Haley et Nancy Pelosi, une façon de pointer du doigt la responsabilité de Haley dans ce qui se trame contre lui actuellement, puisqu'elle est considérée comme ayant fait accord avec le Deep State pour le jeter, ainsi qu'il en était de Pelosi avec le 6 janvier. Ce qu'il lui reproche notamment, c'est sa contribution et ses efforts complices pour le « faire avoir » par tous les moyens, lesquels font d'elle une ennemie au même titre que Pelosi. Nikki Haley est décrite à travers une hypotypose elliptique et extrêmement condensée qui l'assimile à Nancy Pelosi ; c'est aussi une métaphore, un miroir qui renvoie l'image d'une, tel qu'on peut voir celle de l'autre à travers cette image. Nul doute que cette accusation ne met pas le doigt sur l'implication de Nikki Haley dans les événements du 6 janvier, – peut-être aussi, qui sait ? – mais sur son attitude viscéralement anti-Trump dans le rôle que le Deep State lui avait confié contre lui, en finançant sa campagne contre lui. Elle est la Pelosi du Parti Républicain, voilà en quelque sorte ce qu'il faut entendre dans la confusion volontaire établie par Donald Trump entre Haley et Pelosi. "Elles sont les mêmes, elles sont motivées par la même raison et le même objectif et agissent de la même façon à me faire tomber" ; c'est un peu le message de Trump. A côté de cette hypotypose, nous voyons également une litote qui dit le moins pour faire entendre le plus sur Haley.

g.4) Une campagne violente et injurieuse

Donald Trump est caricaturé comme un homme trivial et violent. Mais est-ce réellement vrai et quelle est la vérité ? Quelques observations sur le comportement et l'attitude de l'homme et sur la violence révélée dans cette campagne pour la présidentielle de 2024 nous permettraient peut-être de voir ce qu'il en est exactement. L'on sait tous que Donald Trump

---

[23] Il n'a pas été précisé que cette perte de mémoire est passagère ou en début de processus, c'est nous-même qui le soulignons.

n'est pas le genre d'homme à prendre des gants pour s'exprimer contre ses adversaires. Parmi toutes ses manières de s'en prendre à ces derniers, il faut noter son goût pour leurs origines. L'on se souvient comment insistait-il sur l'origine géographique et spatiale d'Obama et notamment sur la question du lieu de sa naissance. Quant à Kamala Harris, il aurait signalé tout récemment qu'elle est indienne mais qu'elle est devenue noire pour des raisons électoralistes. Kamala Harris a beau être d'origine indienne et jamaïcaine, mais il reste à savoir quelle est la nature de ses rapports avec les Noirs et quelle est leur nature avec les Indiens. A ce propos nous n'avons aucune espèce d'informations, et nous préférons ne pas nous engager dans des analyses qui ne seraient pas justes.

Nous sommes en politique, ne l'oublions pas, Trump semble vouloir faire une exploitation de la situation. Quel est le pourcentage du vote indien comparé au vote noir ? Aucune comparaison possible dans cette Amérique où le vote noir représente 13,7% et le vote asiatique dans son ensemble, à peine 6,3%. Quant au vote indien, il ne représente qu'à peine 1%. Quand on dit que le candidat Républicain y va d'un discours raciste en ce qui concerne Harris, il faut plutôt comprendre qu'il flirte avec le vote noir. Est-ce vraiment du racisme de dire que Kamala Harris est devenue noire pour des raisons électoralistes, d'autant plus qu'on sait que l'Office de gestion et du budget américain classifie les Noirs et les Indiens (les Asiatiques) dans deux catégories raciales différentes, et que d'ailleurs les Indiens acceptent volontiers d'être jaunes et non noirs. Par contre, quand Donald Trump fait une telle affirmation, en faisant fi de l'origine en partie jamaïcaine de sa rivale, on doit se demander qu'est-ce qu'il en est de la qualité de la relation de Kamala Harris avec les Noirs. Mais sans plus nous attarder sur ces interrogations, nous pensons plutôt qu'il cherche à exploiter le vote noir.

A propos du juge Merchan, Donald Trump dira qu'il est un corrompu qui aurait truqué son procès. Cette déclaration a choqué le camp adverse et Joe Biden sera le premier à être concerné. Mais quand on pense à la jubilation de tous ceux qui avaient constitué ce tribunal, ainsi qu'à la fuite sur Facebook de la décision par un cousin d'un juré, que faut-il penser des propos de Trump ? Maintenant, venons-en à

Laetitia James pour en finir avec la liste. Parlant de la procureure de New York, Donald Trump a souligné qu'elle était un raciste à l'envers. Cette affirmation est-elle réellement raciste ou est-ce un constat en raison de l'état de fait des choses dans les Etats-Unis actuels ? Ce coup était-il politique ? Nous ne répondons pas à ces questions, nous vous laissons la liberté d'en juger vous-mêmes.

La politique est le lieu de tous les coups et il ne faut pas espérer qu'il en est autrement. Trump avait souhaité du bien pour Obama et pensé qu'il ferait de bonnes choses pour les Etats-Unis. Le président Bill Clinton et sa femme Hillary avaient été invités à son dernier mariage et ils y étaient allés ; à les voir posés à son mariage, on eût dit des amis. Pourtant, l'on sait ce qu'il dira à sa rivale Hillary quand ils étaient tous deux candidats à l'élection présidentielle de 2016. Hillary Clinton ayant demandé à l'auditoire : « Allez-vous confier le pouvoir à un homme comme lui ? » Et lui-même de répondre à l'adversaire : « Parce que vous irez en prison ». Trump est un provocateur, un homme au langage cru. Mais utilise-t-il pour autant un langage violent ou trivial ?

Par contre, ses adversaires Démocrates, eux, ne le ménagent pas du tout. Quand on pense à Biden qui le traite de délinquant, de repris de justice, expressions qui sont reprises par presque tous, et quand on pense à bien d'autres qualificatifs désobligeants encore, comme les mots « menteur », « looser », etc., qu'on utilise pour le caractériser, on les trouve assez injurieux et puérils. Mais c'est la politique, rien n'est beau, rien n'est élogieux dans ce domaine-là, et les politiques n'ont que faire d'être passés pour ridicules. Car quand on considère le terme « looser » employé pour le qualifier, cela n'est digne que des enfants à la maternelle qui piquent leurs camarades au vif. Néanmoins, cela peut avoir un important effet psychologique sur l'adversaire. Mais quand on pense à Biden sur qui pèsent maintes accusations et implications dans l'affaire ukrainienne de son fils ou dans d'autres dossiers de corruption en rapport avec la Chine, ou encore dans la rétention de documents classés secrets, etc., on peut s'apercevoir que les expressions utilisées par Trump pour parler de lui ne sont pas aussi violentes que les siennes. D'ailleurs, l'expression courante qu'il utilise ordinairement pour le qualifier, c'est « Joe le dormeur », et cela n'a rien de violent, ni d'injurieux. Quant à Pelosi, il en parle comme étant la folle. Tout compte fait, la campagne démocrate paraît plus violente et injurieuse que celle de Donald Trump.

h)   La manipulation des sondages comme stratégie

Parmi toutes les stratégies possibles que les adversaires de Trump peuvent utiliser pour parvenir à leur fin, il ne serait pas étonnant qu'ils cherchent à manipuler les sondages de façon à préparer l'opinion à la victoire de Kamala Harris. L'on se demanderait sûrement comment manipuler les sondages. Mais il n'y a rien de plus simple et de plus facile. Pour ne pas être désagréable seulement à l'égard des Démocrates, disons que la même chose pourrait arriver également avec Donald Trump, sauf qu'il n'aurait pas les gros moyens dont disposent ces gens et aussi qu'il n'a pas nécessairement besoin de cela pour dominer dans les sondages. Il est vrai que le fait de dominer pendant longtemps dans les sondages ne signifie pas que la tendance ne peut pas changer. Mais toutefois, il s'est levé tellement de gens qui veulent du changement et qui pensent que le changement ne peut se faire qu'avec Trump qu'il faudrait beaucoup pour détrôner le roi. A propos de ce moyen très efficace pour manipuler l'opinion publique, écoutons ce que dit Robert F. Kennedy Junior : *Au lieu de montrer sa substance et son caractère, le DNC et ses organes de presse ont créé une vague de popularité pour la vice-présidente Harris qui ne se fonde sur rien. Pas de politique, pas d'interviews, pas de débats, seulement de la fumée, des miroirs et des ballons dans un cirque de Chicago très bien produit.*

Ainsi que je me rappelle l'avoir dit en 2007, lors de l'élection française où j'avais donné gagnant Nicolas Sarkozy, quoique les sondages ne se trompent pas pour leur majorité, il faut rappeler qu'ils ne sont pas des référendums qui reflètent exactement la réalité. La preuve que Hillary Clinton dominait dans les sondages en 2016 par rapport à Donald Trump, tandis qu'elle n'a pas été élue. Cela vaut pour tous, autant pour les Démocrates que pour le candidat Républicain. Mais étant donné la détermination des premiers à ne pas laisser passer Trump, – d'ailleurs ils ne se cachent pas pour le dire, puisque Biden lui-même avait dit en 2022 que « Trump représente une menace pour la démocratie, nous ne pouvons pas le laisser gagner – ce ne serait pas étonnant qu'ils usent de stratagèmes pour l'en empêcher. Ce n'est pas être complotiste que de le dire, puisqu'ils disent ouvertement qu'il ne faut en aucune manière qu'il passe. Tous les moyens sont bons apparemment pour gagner, et ce à quoi nous allons faire allusion plus loin semble un projet qui va dans ce sens. Mais voyons d'abord les différentes autres manipulations qui se faisaient dans le camp même des Républicains.

L'effet le plus concret des sondages est plutôt psychologique. C'est une façon de jouer dans l'imaginaire des gens en les amenant le plus souvent possible là où l'on veut. Dans cette bataille, les instituts de sondage et les médias ont un rôle prépondérant, ils vont chercher, quoiqu'on dise, quoiqu'on pense, l'adhésion des gens pour les candidats qu'ils veulent faire gagner. On a vu comment ont-ils propulsé le gouverneur Ron DeSantis, qui avait toujours été proche de Donald Trump, en lui faisant espérer à travers des sondages fallacieux et des soutiens venant des Démocrates pouvoir battre Donald Trump. DeSantis y croyait vraiment jusqu'au jour où il était confronté à la réalité et s'était rendu compte qu'il ne pouvait pas battre Trump dans la primaire. Des sondages au début truqués qui lui faisaient croire au mirage, on en est venu à de vrais, au fur et à mesure que le terrain faisait voir les choses dans leur véritable nature. Après la chute du château DeSantis, les Démocrates et leur foison d'agents médiatiques se sont tournés du côté de Nikki Harley à qui on a fait espérer également qu'elle pouvait battre Trump dans la primaire républicaine, et elle y a cru énormément.

Aujourd'hui les mêmes médias de gauche qui humiliaient Kamala Harris pendant plus de deux ans, viennent la propulser avec des sondages alléchants pour faire croire qu'elle a renversé la courbe des sondages qui étaient favorables à Trump et qu'elle va le battre. Tout cela ne semble participer que de la stratégie du désespoir ou de la géopolitique de la panique. C'est sûr qu'on prépare l'opinion à accepter la « défaite » de Trump, et tout cela participe de la stratégie d'ensemble qui fait croire que le candidat Républicain ne va pas accepter les résultats du scrutin. Pire, c'est qu'on parle à l'affirmatif, comme si les dés étaient déjà jetés et que Trump avait déjà perdu, depuis le jour même qu'il avait déclaré sa candidature. Il en fut de même pour l'élection de 2020 où l'on disait d'avance, plus de deux ans avant l'élection, qu'il n'allait pas accepter les résultats. Mais comment peut-on savoir l'issue des résultats quelques années avant l'élection ? Tout cela ne participe-t-il pas également du même plan qui prévoit de ne pas certifier l'élection, si Donald Trump gagne, d'après les propos d'Hillary Clinton ?

i)   **Des plans pour annuler l'élection ?**

Le sentiment du trop-plein de pouvoir du Deep State, comme les partisans de Trump appellent ce monde, fait parler librement ces gens qui se sentent bien trop puissants pour ne plus avoir à se cacher les mains quand il s'agit de révéler leurs projets de faire échouer leur adversaire. Mais aussi ils savent que la peur des gens de se faire passer pour des complotistes les bâillonne au point où, même s'ils comprennent les choses, ils ne s'exprimeront pas pour dire ce qu'ils comprennent et bien moins encore ce qu'ils pensent. Alors forts de leur pouvoir tyrannique et de la frayeur qu'ils exercent sur les gens qui n'oseront pas les affronter, les éléments de ce qu'on appelle le Deep State agissent avec une confiance absolue en leur capacité d'imposer à l'humanité entière les conduites qu'ils commandent à tous de tenir. Ils exposent de plus en plus ouvertement leurs plans, quelque machiavéliques que soient ces derniers. Ainsi voit-on un tas de complots qu'on a peur de nommer par leurs noms, par peur d'être taxé de conspirationnisme.

Dans son meeting à Dallas le 6 février dernier, le président Joe Biden raconte une anecdote, comme il aime à le faire. Il raconte que s'étant trouvé dans un sommet de l'OTAN, le chancelier allemand lui a fait cette remarque : « Que diriez-vous, Monsieur le Président, si demain vous preniez le journal le London Times et que le London Times écrivait : "un millier de personnes ont envahi la Chambre des communes, ont enfoncé les portes. Deux bobbies ont été tués, ceci afin d'empêcher l'élection du Premier ministre ? Que diriez-vous ?" » Il continue en disant : « Je n'y ai jamais pensé, de ce point de vue. Que dirions-nous, si cela s'était passé dans une autre démocratie dans le monde ? » (Public Sénat, Trump/Biden : la démocratie américaine est-elle malade ?, 15 février 2024.)

« Je n'y ai jamais pensé... Que dirions-nous, si cela s'était passé dans une autre démocratie dans le monde ? » Voilà ce qui intrigue ! Quel est l'intérêt de cette figure d'allusion ?

Rappelons dès l'abord qu'il ne s'agit pas d'une vraie figure d'allusion qui est fondée sur un fait historique ou quasiment tel ; c'est une fausse allusion qui feint de passer pour une vraie grâce à l'anecdote prétendument racontée par le chancelier et qui prend bizarrement la dimension d'une projection prophétique. La vraie allusion que veut exploiter ici Joe Biden est une allusion elliptique, nous le verrons plus loin. Ce vieux lion, en dépit de la diminution de ses facultés cognitives et mentales, reste un maître incontesté dans l'art de manipuler les esprits à travers son emploi magistral de la rhétorique des figures. Dans cette allusion au soi-disant discours du chancelier allemand, nous voyons la fabuleuse figure de style qu'est l'« antéoccupation ». Celle-ci met en scène, nous voulons dire dans la narration, une situation où deux adversaires s'affrontent. Le locuteur qui met en scène cette situation feint que l'adversaire lui oppose une objection qu'il exprime lui-même, ça c'est le premier mouvement de l'antéoccupation construit sur une figure dite de « prolepse », puis vient le deuxième mouvement de l'antéoccupation qui s'organise sur une figure d'« hypobole » où le locuteur profite pour exprimer son propre avis, en d'autres mots et pour parler comme Georges Molinier, pour « prendre les devants ».

Oui en effet, Biden prend les devants sur Trump à la prétention duquel il fait allusion mais sans citer ladite prétention. Voilà pourquoi j'ai parlé ci-dessus d'allusion elliptique puisque Joe Biden ne mentionne pas ce qu'ils prêtent tous à Donald Trump comme prétention ou intention, à savoir son intention de ne pas accepter les résultats de la prochaine élection. Cela dit, puisque Biden ne fait pas mention de cette intention de son adversaire de ne pas reconnaître les résultats de l'élection, il n'y a ni de prolepse, ni d'allusion directe. Cette technique est l'une des plus prospères qui soient, à savoir que l'absence de la prolepse qui est nécessaire à l'articulation de l'antéoccupation et de l'allusion directe est une méthode excellente pour ne pas être compris de tous. Le message est adressé à Donald Trump lui-même et à quelques rares personnes qui sont au courant des choses ou qui ont une connaissance assez solide de la rhétorique ; ces personnes sont seules à pouvoir le comprendre. Mais qu'elle est donc le contenu du message ?

Vu le contexte temporel au cours duquel Biden a fait allusion à l'anecdote du Chancelier allemand, à l'approche de l'élection, Biden qui n'emploie pas directement l'argumentation de Trump à savoir que s'il n'est pas élu, il ne reconnaîtra pas les résultats des urnes, utilise par contre l'hypobole pour le prévenir qu'il pourrait mettre en scène un événement tel que celui des deux bobbies anglais pour empêcher que se tiennent les élections.

- « Que diriez-vous, Monsieur le Président, si demain vous preniez le journal le London Times et que le London Times écrivait : "un millier de personnes ont envahi la Chambre des communes, ont enfoncé les portes. Deux bobbies ont été tués, ceci afin d'empêcher l'élection du Premier ministre ? Que diriez-vous ?" »

- « Je n'y ai jamais pensé, de ce point de vue. Que dirions-nous, si cela s'était passé dans une autre démocratie dans le monde ? »

Quoi de plus clair sur l'intention de Joe Biden ? Le message est envoyé à Trump afin qu'il le comprenne ainsi : « Vous dites que vous n'accepteriez pas les résultats de l'élection, et si celle-ci ne se tenait pas ? Je pourrais provoquer une situation qui empêchera de faire les élections ! » A ces propos un peu voilés viennent s'ajouter ceux d'Hillary Clinton qui dit que même si Trump est élu, il ne faut pas le certifier devant le Congrès. Complot ou complotisme ? Pourquoi laisser le sentiment qu'il pourrait y avoir une raison pour provoquer un événement qui pourrait faire annuler l'échéance électorale ? Les « complotistes » n'avaient-ils pas prévu et annoncé un tel scénario ? Beaucoup de partisans de Trump laissaient entendre depuis au moins trois ans que ses adversaires chercheraient des prétextes, tels par exemple des émeutes, une guerre civile, la troisième guerre mondiale, etc., pour faire déployer un peu partout les militaires et annuler l'élection.

Bien sûr que cela ne se passerait peut-être pas ainsi que prédit, mais quelle que soit la forme que cela prendrait, elle fait ressortir la peur des ennemis de Trump pour on ne sait quelle raison et leur volonté de l'écarter par tous les moyens. Pour ceux qui auront l'audace de nous assimiler aux complotistes, nous profiterons pour leur demander ce qu'ils pensent à la fois du motif qui a amené Biden à faire allusion à l'anecdote, puis de penser à sa réponse : « Que dirions-nous, si cela s'était passé dans une autre démocratie dans le monde ? » Quoiqu'on puisse penser, quoiqu'on puisse dire, quelque couverts que fussent les propos de Biden, il n'y a pas l'ombre d'un doute que ceux-ci prédisent un plan pour faire annuler l'élection, même si cela ne se concrétise pas pour X raisons.

j)   Menace d'une troisième guerre mondiale

Tout ce qui est dit dans ce travail est en rapport avec la question Trump, mais que vient faire ici un sujet comme la troisième guerre mondiale ? Il paraît normalement déconnecté de la problématique géopolitique qui nous intéresse, pourtant il est dans un rapport indéniable et substantiellement indissociable avec la question Trump. La troisième guerre mondiale comme réalité fait partie du narratif des trumpistes et de Donald Trump notamment qui pense que ses ennemis ont l'intention de provoquer la guerre, afin de déployer les militaires dans le monde et pour trouver le prétexte d'annuler l'élection. Ce discours a été considéré, comme tous ceux qui se rapportent à Trump, comme un discours complotiste. Mais au regard d'un certain nombre de facteurs, est-ce vraiment du complotisme que de penser que la provocation d'une guerre mondiale, que ce soit avec la question russo-ukrainienne ou avec la question sino-taïwanaise, sans parler des messianistes qui attendent la guerre d'Apocalypse 9 sur les rives de l'Euphrate, fait partie du plan des ennemis de Trump pour l'empêcher de retourner au pouvoir ? Nous l'avons vu deux fois déjà que Joe Biden a dit qu'ils ne peuvent pas laisser Trump gagner, puisqu'il représente une menace pour la démocratie, ce qui suppose qu'ils pourraient tout faire pour ne pas le laisser gagner.

Vladimir Poutine aurait dit dernièrement, il y a tout juste quelques mois, que l'Etat profond a bien plus contre Trump qu'il n'en a contre lui. Cette affirmation n'a rien d'étonnant pour quiconque suit les informations et les événements avec intérêt. Mais comment pourrait-on penser que Donald Trump représenterait un bien plus grand danger pour le monde des puissants que Vladimir Poutine lui-même ? En effet, avec Poutine, si la menace est grande, il y a au moins chez ses ennemis de l'Occident cette illusion de pouvoir l'affronter et le battre. Mais les ennemis de Trump savent que s'il est passé, il ne sera plus rien d'eux, et c'est pour cela d'ailleurs qu'on les entend tous dire faussement qu'il pense venir se venger des inculpations et des procès qu'ils ont a intentés contre lui. Oui en effet, ils savent tous qu'ils traînent tellement de dossiers derrière eux qui les accusent d'un tas de faits dont ils devront rendre compte, d'après Trump, qu'ils savent que son retour à la Maison Blanche marquera la fin de leur caste. Autant pour les choses moralement répugnantes, selon les trumpistes, que pour toutes les formes de corruption, toutes les perversions, toutes les guerres dans lesquelles ils ont entraîné le monde, toutes les formes d'exploitations, tous les assauts qu'ils ont lancés contre le Christianisme et la civilisation humaine, aussi bien que pour l'orientation qu'ils veulent donner à l'humanité, etc., ils s'imaginent que Trump viendra arrêter tout cela.

Voilà autant de projets que Vladimir Poutine porte également en tant que valeurs, mais qu'il ne peut pas imposer au monde entier, en raison de certains facteurs géopolitiques qui restreignent, du moins pour l'instant, la portée du mouvement qu'il pourrait conduire. Par contre, les puissants hommes qui veulent radicalement transformer le monde au gré de leurs désirs tordus, savent que Donald Trump lui-même peut renverser la courbe historique actuelle que suit le monde et détruire par là tous leurs plans et projets. Voilà pourquoi il représente un bien plus grand danger pour eux et leur système que Poutine ne l'est. En fait, les transformations que Trump veut apporter dans l'Ordre actuel du monde, même si elles sont prévues dans tous les aspects de la vie des sociétés, sont plus d'ordre moral. Quant à Vladimir Poutine lui-même, s'il est vrai qu'il est sur tous les fronts, il faut savoir que du point de vue moral, il n'entend pas vouloir imposer sa vision morale de la société au monde entier ; il entend seulement ancrer son modèle de morale sociale dans les valeurs conservatrices et l'offrir comme un modèle alternatif à la dérive occidentale. Il n'est pas dans le colportage ou l'imposition de sa vision morale au reste du monde, contrairement à Donald Trump dont les conséquences de sa politique de rééquilibrage des choses ont plus de chance de s'imposer à tout le reste du monde. Par contre, les transformations que veut délibérément apporter Poutine à toute l'hémisphère sud s'articulent dans tous les domaines de l'économie, de la politique et des relations internationales.

Si la priorité phénoménologique qui se perçoit dans la vision du monde de Donald Trump est le redressement moral des sociétés, sans dire qu'il est indifférent aux autres aspects des choses, chez Poutine, ce qui constitue prioritairement son combat, dans le contexte des relations internationales, c'est le rééquilibrage des rapports de force. Cela étant ainsi perçu, les deux hommes apparaissent comme étant dans une complémentarité nécessaire. Le Deep State ainsi nommé le sait et c'est pour cela qu'ils représentent tous deux des dangers existentiels pour eux, et non pour l'humanité comme ils le prétendent. Comme nous l'avons dit précédemment, quand nous avons dit qu'Hillary n'avait pas tout à fait tort de dire qu'il y avait collusion entre les deux hommes, en raison de cette dite complémentarité entre eux, ils font trembler toute l'architecture du système de gouvernance actuelle qui repose sur l'immoralité la plus abyssale et sur l'exploitation la plus criante d'autrui.

Face à cet état de choses qui vient remettre en question l'Ordre actuel du monde si laborieusement construit et si puissamment imposé aux populations, voir partir en vrille tout le système est inacceptable. Donc, provoquer et porter une guerre mondiale est l'une de toutes les solutions envisageables possibles qui permettraient d'empêcher l'élection de Trump et de causer de très sérieux dégâts contre la Russie. Ainsi, quand Lloyd Austin a dit que si Poutine gagne la guerre, il faudra faire la troisième guerre mondiale, il n'a pas seulement visé Vladimir Poutine ; il a également pensé à la possibilité d'écarter Donald Trump d'une seconde élection, parce qu'il sait que l'élection de Trump sera une monumentale catastrophe pour leur caste, encore qu'il ne fasse pas lui-même partie de celle-ci mais n'en est qu'un humble serviteur. Aussi quand ils disent tous, comme Joe Biden, que Trump est une menace existentielle pour la démocratie, il ne faut entendre qu'une menace pour l'existence de leur système et de leur caste.

Oui effectivement, sans s'être forcément concertés pour renverser l'Ordre actuel du monde proposé par ces hommes, tant de gauche que de droite, et l'orientation future que ces derniers dessinent pour l'humanité, les deux hommes les plus redoutés du monde par le système semblent de bonne intelligence spirituelle pour changer le cours des choses. C'est ce changement tant redouté qui provoque autant de panique dans les milieux de ceux qui parlent sans cesse de démocratie et qui ont tout essayé pour freiner en vain leurs deux ennemis communs. Les provocations faites à Vladimir Poutine depuis quelques années et surtout en ces derniers moments, notamment par l'Angleterre, la France et la Pologne qui ont maintes fois cherché à le pousser à l'énervement, ont toutes pour finalité de le faire sortir de sa réserve dialectique, afin de l'amener à provoquer la guerre nucléaire. Ces hommes qui n'ont que les mots qu'il faut à la bouche pour mentir aux populations, n'ont rien à faire de celles-ci. Ils veulent aller jusqu'à pousser la Russie à la guerre nucléaire, afin de provoquer la destruction en masse des populations qu'ils prétendent défendre contre la menace Trump. Il ne leur importe absolument rien de provoquer la destruction de toute l'humanité, même de leurs serfs qui mentent pour eux à longueur de journée et aussi de ceux qui ne se retrouvent pas nécessairement dans leur politique mais qui ont peur de lever la tête devant eux, par souci de perdre leurs privilèges, leur travail, etc. Mais ils mourront tous, la foule de leurs serviteurs qui n'ont pas de bunkers pour se réfugier comme eux.

Oui, juste pour la préservation de leurs prérogatives et de leur soi-disant honneur, ils veulent provoquer une fournaise nucléaire, puisqu'ils ont peur que les actions à venir ne viennent les exposer à nus. Toute cette folie dans laquelle ils veulent entraîner la planète n'est envisagée que pour empêcher Donald Trump de venir remettre les pendules à l'heure. Et puis, les serfs pauvres diables qui sont responsables de faire la propagande pour leur politique morbide, sans s'interroger sur les conséquences désastreuses qu'aura autant pour nous autres que pour eux-mêmes qui allons rôtir dans la fournaise infernale de la guerre nucléaire, se mettent à faire le travail servilement, sans aucune considération. Mais ont-ils des abris antinucléaires pour se protéger ? Savent-ils même que ces gens qu'on peut compter sur les doigts de la main sont eux-mêmes pourvus de tous les moyens pour se protéger pendant plusieurs années des conséquences du volcan nucléaire qu'ils veulent provoquer ? Que devient l'humanité sinon qu'une foule d'insensés ?

Pire, c'est que quand des hommes et des femmes de bon sens encore comme Dominique de Villepin, Henri Gaino, Caroline Galactéros, Ségolène Royal, Jacques Baud, François Asselineau, Nicolas Dupont-Aignan, Douglas McGregor, Mark Levin, Scott Ritter, Michael Dale Huckabee, Clayton Morrison, Viktor Orbán, Nicolas Sarkozy, etc., élèvent leur voix contre la provocation nucléaire, toute la foule des employés du système, où qu'ils soient, crie au scandale. Dans quel monde vit-on ? Les gens de bon sens et de raison passent aujourd'hui pour des ridicules et se font donner des leçons par des fous à lier qui ne savent pas qu'ils les défendent avec leurs proches également ! Pensent-ils disposer dans leur piteux état de structures de protection comme les maîtres dont ils défendent la folie génocidaire ou bien pensent-ils qu'ils soient des êtres spirituels qui ne peuvent être atteints par le feu ? Ils seront rôtis agréablement. Ils s'imaginent peut-être que leurs maîtres leur feront une petite place dans leurs bunkers. Mais non, vous ne serez plus utiles à rien, vos maîtres vous laisseront brûler ! Il n'y aura pas dans cette folie furieuse de sauve qui peut pour les serfs zélés. Ils seront déçus en rôtissant dans les flammes où ils se rendront compte, avant de rendre péniblement l'âme, que leurs maîtres ne faisaient que les utiliser avec un mépris affecté. Heureusement que la retenue de Vladimir Poutine lui empêche de céder à la folie sanguinaire de ceux qui veulent nous amener à la fournaise de l'Apocalypse.

Sont-ils assez insensés, les serviteurs zélés du monde des puissants, pour penser que ces derniers leur feraient une petite place dans leurs bunkers ? Rien qu'en prenant la peine de penser aux messages voilés du Guidestones où il était prévu une population de 490 millions d'habitants seulement, ces pauvres serfs devaient s'imaginer que seuls certains médecins, certains professeurs, certains scientifiques, les grands spiritualistes, même pauvres, quelques rarissimes éleveurs-agriculteurs, couturiers (?) et cuisiniers, parmi toute la bande des pauvres, c'est-à-dire ceux dont la fortune n'est pas estimée à des dizaines de milliards au moins, auraient une place dans le monde voulu par ces milliardaires dont la fortune se compte en des centaines et des milliers de milliards. Toute la bande de pauvres retenue ne sera sélectionnée, en plus, que pour devenir les esclaves des hommes hautement fortunés. Puis après avoir pris avec eux, comme Noé dans l'arche, tous les éléments nécessaires, tous les autres qu'ils auront utilisés pour faire la propagande de leur système et de leur monde se verront laisser au dehors de l'arche pour être emportés par les événements préparés d'avance par ces très puissants hommes qui seraient aux anges de s'en débarrasser avec un sadisme enjoué. Ce sera la première sélection. Quand les crues seront passées[24] et qu'ils sortiront de leur arche protectrice, au fur et à mesure que le temps s'écoulera, ils finiront par se débarrasser de tous indistinctement, sauf des spiritualistes et des scientifiques qui leur fabriqueront des robots pour remplacer tout le reste : et les professeurs, et les médecins et les éleveurs, les agriculteurs, les cuisiniers, les couturiers. Les robots remplaceront tous ces inutiles, il n'y aura de place que pour les grandes fortunes et les scientifiques dans le monde des 490 millions d'individus. Quant à la bande des journalistes et de tous ceux que nous n'avons pas cités ici mais qui se connaissent, ils ne seront même pas pris dans la première sélection. Et s'agissant des petits centaines de millions de dollars ou d'euros, ils peuvent s'illusionner d'avoir leur place dans ce monde-là, mais soit qu'ils n'en auront pas du tout, soit qu'ils deviendront les prolétaires de demain dans ce monde de gros milliards.

---

[24] Vous comprenez que nous parlons comme pour le déluge de Noé.

Péroraison

Ceux qui ont jusqu'ici encore le contrôle du monde et qui se croient puissants à un point tel que le pouvoir ne pourra jamais leur échapper ne semblent pas tirer leçon de l'histoire. Pourtant, toute la mouvance dialectique de l'histoire montre des civilisations qui émergent, puis s'en vont pour faire place à d'autres, comme dans une suite d'enchaînement inéluctable et ininterrompu de faits qui ne peuvent pas échapper à un déterminisme d'essence purement métaphysique auquel obéit l'histoire.

1) L'illusion des puissants du monde

Il est certes vrai que dans sa forme actuelle portée au plus haut point de l'organisation politique, économique, militaire et sociale, degré de superstructure qu'aucune autre civilisation n'a jamais atteint, la civilisation occidentale pense avoir de bonnes raisons de penser que ses bases ne seront point ébranlées. Mais qu'en est-il donc exactement ? En fait, l'une des choses qui semblent avoir jusqu'ici assuré le semblant de pérennité du dispositif architectural économique, politique, militaire et social de la civilisation occidentale est un système de gratifications et de faveurs attribuées à une quantité non négligeable de gens depuis près d'un siècle, lequel les servilise en les transformant en des obligés du Système. Cela apparaît comme une sorte de partage des privilèges, en parts très inégales bien entendu, entre des gens qui deviennent les défenseurs de la caste des puissants contre leurs propres classes. Y a-t-il meilleure façon de fidéliser les gens, de les utiliser à empêcher leurs pairs de se dresser ou de se soulever contre le système ? Ayant fabriqué dans tous les domaines de l'administration de loyaux serfs appelés à pérenniser le Système par leur déloyauté aux foules de gens qui leur ressemblent dans leurs situations et leurs statuts, ils se rassurent que la bâtisse ne s'écroulera jamais, puisque ces trop-zélés et fidèles serviteurs seront prêts à faire échouer tous mouvements, peu importe leur nature, qui voudront abattre le Système.

Néanmoins, c'est méconnaître l'histoire dans toutes ses dimensions que de penser qu'il suffit de serviliser les gens auxquels on accorde un certain pouvoir, économique, politique, militaire, social, religieux, etc., pour inverser la courbe historique de l'histoire. En fait, l'histoire a cette dimension métaphysique incontournable qu'ils méprisent mais qui commande pourtant toutes les autres dimensions. Ils sont dans une illusion gigantesque de penser que le temps est venu d'amener l'humanité là où ils veulent, vers une civilisation de l'obscurité tel qu'ils reçoivent l'ordre de leur maître pour le faire, puisqu'ils ne font rien que pour leur Chef, quand bien même ils font semblant de l'ignorer ou de nier son existence. Cette dimension de l'histoire que j'appelle la dimension métaphysique leur échappe, en raison de leur orgueil vain.

En effet, le livre qu'ils rejettent par outrecuidance, par un orgueil aux proportions démesurées et par sentiment d'un trop plein de pouvoir sur le temps et l'histoire, est celui par contre qui dessine les contours de cette histoire. Ils ont beau le rejeter ou faire semblant de ne pas y croire, tandis pourtant qu'ils ne font rien d'autre que de l'appliquer en partie, en sorte que l'enjeu primordial de toute l'effervescence des situations géopolitiques, politiques et économiques auxquelles on assiste est d'abord spirituel, avant que d'être politique et économique. Tout le monde sent et voit un malaise civilisationnel sérieux dans nos sociétés qui préparent une surprise pour l'humanité, à savoir la préparation de l'avènement du prince de l'abime dont on dore le blason. Alors que de nombreux signes se sont déjà exhibés depuis quelques bonnes années à cet égard, lesquels n'ont été jusqu'ici ni dénoncés, ni critiqués, on a vu particulièrement à l'ouverture des jeux olympiques de Paris une démonstration phénoménale de ce qui semble être le projet obscur des mondialistes : des scènes obscènes et hideuses, une infâmante parodie du repas que Jésus avait pris avec ses disciples avant sa mort. Cette représentation métaphorique de la cène de Christ par des gens du LGBTQ, venue quelques temps après notre observation sur la nouvelle religion que représente le LGBTQ, confirme notre impression. Il n'y a pas l'ombre d'un doute que cette métaphore qui se crée sur une très solennelle hypotypose propose de supplanter le Christianisme. Le tableau décrit et exhibé par ces puissantes figures que sont l'hypotypose et la métaphore annonce le projet des mondialistes de frapper et de détruire le Christianisme, et l'on peut comprendre que quiconque vient, tel Donald Trump, s'opposer à un tel projet de déplâtrement du Christanisme, serait passé pour une « menace existentielle ». Les images étaient si puissantes et si exhibitionnistes que beaucoup de personnalités du monde en ont parlé avec une certaine consternation, pour certains. Parmi toutes ces personnes, je vais mentionner l'une des rares figures politiques qui a eu le courage de braver l'omerta et de la briser. Nous parlons de François Asselineau qui s'est demandé, dans sa vidéo du 10 août, si les élites du monde ne sont pas en train de promouvoir Satan.

Ces gens semblent vouloir échapper ou faire échapper l'histoire à la catastrophe annoncée dans l'Apocalypse, en prenant les devants sur Dieu qu'ils prétendent pourtant ne pas exister, alors qu'en réalité ils ont peur des choses annoncées dans le livre d'Apocalypse et cherchent, tels leurs devanciers de Babel, à construire un nouveau monde pour échapper à tout cela. Mais si nous reconnaissons que ce monde qu'ils cherchent à construire prendra une certaine réalité, nous savons pertinemment, grâce au chapitre 12 d'Apocalypse qui dessine sept mouvements ou périodes historiques, que leur temps n'est pas encore arrivé. Qu'ils le veuillent ou qu'ils ne le veuillent pas, ils devront attendre que la main surnaturelle qui dirige l'histoire amène les choses jusqu'au bout avant de pouvoir construire leur monde. Ils s'imaginent dans leur illusion que leur temps[25] est déjà arrivé, comme Emmanuel Macron l'avait annoncé par sa Bête de l'événement, pour amener le monde là où ils veulent. Mais ils se trompent tous sur cet aspect des choses. Ce sont d'autres générations d'hommes des leurs qui accompliront cette prophétie. Quelque orgueil illustrant une outrecuidance démesurée veut aujourd'hui que tout ce qui provient de la culture judéo-chrétienne soit décrié comme relevant de l'obscurantisme. Pourtant, les racines profondes de ce qu'il convient d'appeler la culture occidentale restent encore ancrées à plus de quatre-vingt dix pour cent dans le

---

[25] Ils auront ce temps pour faire vraiment les choses qu'ils prévoient de faire, mais celui-ci n'est pas encore là.

paradigme judéo-chrétien. Le rejet des valeurs judéo-chrétiennes ne frappe pas nécessairement de flaccidité ou d'inconsistance certaines vérités bibliques. Ainsi le texte d'Apocalypse 12 nous donne une cartographie de faits, vérifiables dans l'histoire, qui devaient se produire à partir de l'an zéro de notre ère jusqu'à ce qu'on appelle la fin du monde. Dénier au fait biblique, ou plutôt à certains faits bibliques, toute valeur factuelle est un orgueil insensé et une erreur incommensurable !

Des sept périodes de l'histoire dessinées dans Apocalypse 12, nous n'en sommes qu'à la cinquième qui, suivant tous les faits géopolitiques qui frappent nos regards actuellement, ne semble pas loin de faire place à la sixième. Les cinq premiers sont facilement identifiables dans l'histoire des faits. Ce n'est qu'à la septième période que les nouvelles générations de mondialistes qui descendront immanquablement de ceux d'aujourd'hui pourront faire tout ce qu'ils seront mandatés de faire, sauf que nous ne connaissons pas les données sur le temps que durera la période intermédiaire entre les gens d'aujourd'hui et leurs descendants. Mais sachant que la durée de temps pour chacune de ces périodes est variable, cette sixième qui va bientôt s'ouvrir pourrait ne pas aller sur des siècles, tout comme elle le pourrait également. Ceux qui doivent accomplir les présages pour lesquels ils ont reçu la mission peuvent tout faire, ils ne pourront jamais faire échouer (ou ne parviendront jamais à écourter) le protocole temporel qui a été prévu pour les choses. A leur déception, ils devront s'attendre à voir l'échec de tous leurs projets de transformation du monde avant le temps qui a été décidé pour cela. Mettez la charrue avant les bœufs et vous verrez que rien ne bougera. Il en est de même du protocole des projets eschatologiques échafaudés pour prendre Dieu de court, ils ne marcheront que quand l'heure aura sonné. Aux grands cuistres qui auront tendance à vouloir souiller de crachats ce que nous disons ici, nous les conseillerons fortement d'engager une formation épistémologique approfondie sur ces questions, parce que les puissants dont ils servent la cause de bien des manières savent eux-mêmes de quoi nous parlons, puisqu'ils vont puiser aux mêmes sources que nous, à savoir la Bible, sauf seulement qu'ils se trompent sur les choses qu'ils pensent pouvoir modifier. Ils verront à leur grande déception arriver ce qu'ils repoussent ou cherchent à repousser, parce que celui-là est inévitable et inéluctable.

2)   L'illusion de Donald Trump

Donald Trump bénéficie du soutien de deux Démocrates importants, à savoir Robert Francis Kennedy Junior et Tulsi Gabbard, pour quasiment les mêmes raisons. En réalité, le soutien de Gabbard remonte, si on peut le dire ainsi, au début de l'année 2022 ; son soutien va faire l'objet d'une expression publique solennelle à peu près au même moment que celui de RFK Junior. Robert Kennedy met fin à sa campagne pour apporter son soutien à Trump et il justifie sa décision pour être d'accord avec Trump sur la question ukrainienne et aussi sur la question de la protection des enfants. A propos de la question ukrainienne, c'est une façon pour RFK de reconnaître ouvertement que Trump œuvre pour la paix, contrairement aux Démocrates chez qui il dit ne plus reconnaître la tradition des valeurs démocratiques auxquelles ses parents, dont son père et son oncle, adhérèrent. Quant à Tulsi Gabbard, elle établit la différence qui suit entre Kamala Harris et Donald Trump. Selon elle, ce à quoi il faut s'attendre de Kamala Harris, c'est de la tyrannie et la confiscation de la liberté des citoyens, tandis que Trump, lui, garantira la paix, la prospérité et la liberté. Elle rejoint RFK sur la question de la paix et de la sécurité dont Trump semble un garant indubitable.

Il est vrai que sur un certain plan Donald Trump apparaît comme une garantie pour la paix et la sécurité dans le monde, contrairement à ce qu'on entend dans les discours de ses ennemis qui le diabolisent et le décrivent comme une menace existentielle pour la démocratie dans le monde. A ce propos, les témoignages apportés par les deux personnalités démocrates, même s'ils ne font plus partie du parti démocrate qu'ils ont quitté depuis l'année dernière pour devenir des indépendants, informent sur la réalité des faits. Mais si l'équipe de Trump paraît incarner le recouvrement futur de la démocratie et de la liberté bafouées par des générations d'hommes et de femmes qui les confisquent tout en prétextant qu'elles font partie des valeurs patrimoniales qu'ils défendent, il n'empêche que Trump se laisse aller dans une grande illusion à propos de sa perception des choses. C'est même une double illusion, comme allons le voir.

a)   L'illusion d'une paix sur mille ans

Le président Donald Trump laisse entendre assez régulièrement dans ses discours qu'il viendra préparer une période de paix pour mille ans. Quoique sa perception des choses soit différente de celle de ses ennemis du Deep State et qu'il soit dans une bien bonne disposition d'esprit, il pêche autant que ses adversaires de mégalomanie, une mégalomanie bien entendu différente de celle de ses opposants, ennemis notoires de Dieu. Comme tous les mondialistes matérialistes ou les mondialistes spiritualistes qui se reconnaissent dans les valeurs spirituelles lucifériennes qui se font l'illusion de pouvoir changer le cours de l'histoire, en ignorant que l'histoire suit une courbe métaphysique dont personne ne peut infléchir la direction, Donald Trump tombe dans le même piège également. En effet, en espérant bâtir un système ou un règne de paix de mille ans dans le monde, Trump se berce d'illusion de pouvoir infléchir, lui-même aussi, la courbe historique des événements, contrairement à ce qui avait été historiquement conçu par le grand Concepteur et Créateur. Les hommes ne peuvent pas pacifier le monde pour longtemps, comme Trump s'illusionne de pouvoir le faire, parce que tout cela fait partie du méga plan conçu par le Grand Créateur.

En fait, Donald Trump pense donner un coup de main à Dieu ou, pire, pense que l'homme est un grand acteur, à l'égal de Dieu, qui peut manipuler ou infléchir l'histoire comme il l'entend. L'homme est certes un acteur de l'histoire, cependant non en tant que cause déterministe ou cause agissante de celle-ci, mais en tant que cause actante, c'est-à-dire en tant qu'acteur qui pose ou fait l'acte suivant une cause extérieure à lui-même et non en tant que méta-cause ou cause de la cause ou encore en tant que cause qui déclenche la cause de l'acte. Cela étant, les événements qui suivent le cours d'un déterminisme métaphysique inéluctable finiront par avoir gain de cause sur Donald Trump et son équipe, en ce sens que tout redeviendra comme par le passé, suivant ce déterminisme historique qui voudra que la période ouverte par Donald Trump – nous pensons que c'est lui-même qui ouvrira la sixième période d'Apocalypse 12 – finisse par s'éteindre pour faire face à la septième période qui sera marquée par le retour de ceux qu'il aura évincés. D'ailleurs, il ne pourra jamais couper la tête que de quelques-uns des plus grands serpents, puis tout le reste de leur postérité se reconstituera dans le nouveau système. Cela se passera inéluctablement ainsi, en raison du plan cosmique qui veut que les choses soient ainsi dans un premier temps, puis en raison du fait que tout autour de Trump se trouvent, à son insu, bien des éléments du Deep State en vue de la reproduction ou de la préservation de celui-ci.

En 2020, un homme d'affaires américain, un Démocrate, Patrick Berne, avait pressenti que la plupart des gens qui constituaient l'équipe de Donald Trump étaient insincères envers lui et étaient quasiment tous animés du désir de lui faire perdre l'élection. Il promit son aide au président qui lui répondit avoir apprécié le service qu'il voulait lui rendre, mais refusa gentiment. Le constat fait par Patrick Berne était fondé sur une réalité incontestable, car on l'a vu après. Toutefois, nous n'allons pas analyser la proposition de Berne pour savoir s'il était sincère ou non, nous proposons seulement son exemple ici, afin de souligner qu'il peut exister aujourd'hui encore autour de Trump bon nombre de gens qui viennent défendre des intérêts qui ne sont pas les siens ou ceux du peuple. Il serait très étonnant que certains éléments du Deep State ne se soient pas déjà rangés auprès de Trump, afin d'assurer soit leur arrière, soit la protection prochaine des intérêts de leur caste. Prenons par exemple le cas de Mark Zuckerberg. L'attitude de Zuckerberg qui vient se confesser pour le rôle qu'il avait joué dans l'élection de 2020 n'est autre que la recherche d'une rédemption. Le type joue au plus intelligent de toute la bande. Il sait peut-être que les dés sont jetés, alors il fait semblant de se repentir afin de s'assurer que les éventuelles représailles ne soient pas trop sévères pour lui. Mais qui sait s'il n'a pas ou s'il ne se donne pas une mission qui serait celle de veiller sur les privilèges de la majorité des éléments du Deep State, à travers son rachat par lequel il préparerait celui de nombreux de ces derniers ?

Le monde doit aller vers son destin, advienne que pourra. Personne ne peut l'y amener plus vite, personne ne pourra non plus dévier le cours de ce destin inexorable. C'est une affaire d'eschatologie. En réalité, la plus grande majorité des gens du monde n'ont que faire de l'eschatologie. Par contre, il y a une catégorie qui croirait à une eschatologie historique ou sociale dont les hommes seraient eux-mêmes les acteurs, c'est-à-dire que les hommes seront perçus comme étant les seuls à pouvoir agir sur l'histoire. Une autre catégorie serait encline à croire à l'eschatologie cosmologique qui situe les choses sur une échelle de temps extrêmement longue qui laisserait aux nombreuses générations d'hommes à se succéder au cours de cette longue ère historique le temps de répéter et de répéter indéfiniment et sans cesse leurs bêtises de toutes sortes. Enfin, il y a l'eschatologie biblique à laquelle ne croit qu'une poignée d'individus qui nous renseigne sur deux autres périodes de temps restantes avant que ne se produisent les événements prédits dans l'Apocalypse. Cela dit, les deux catégories de gens qui se battent actuellement pour la domination du monde qu'ils pensent devoir conduire, l'une vers un destin sombre et nocturne, l'autre vers un destin qu'elle croit être la bonne, se battent en vain, car il n'y a pas un seul événement qui se passera qui n'ait été conçu dans le déroulement du grand tapis protocolaire cosmique.

b)   L'illusion de rendre aux Etats-Unis leur grandeur

Depuis la campagne pour l'élection de 2020, le slogan de Donald Trump, lequel il a repris pour la prochaine élection, est de rendre aux USA leur grandeur. Si les slogans comme redonner le pouvoir au peuple ou nettoyer le marais semblent avoir quelque chance de se concrétiser, par contre il est bien plus difficile, et cela contrairement à tout ce qu'on pourrait penser, de redonner aux Etats-Unis leur grandeur. Leur prestige ou un certain prestige, oui, mais leur grandeur paraît assez impensable à se réaliser.

En effet, rendre les Etats-Unis grands présuppose qu'ils soient forts économiquement, politiquement, militairement parlant ; cela présuppose qu'ils le soient également sur les plans scientifique, technologique, éducationnel, moral, etc. Mais si nous considérons par exemple la dimension économique, nous savons que la grandeur économique des USA repose essentiellement, entre autres points, sur la disproportion des échanges économiques qu'ils entretiennent avec les autres nations, c'est-à-dire sur l'exploitation de celles-ci, et sur l'industrie de la guerre ; or, nous savons que Trump lui-même promet un monde de relations plus ou moins saines et justes. Mais à moins qu'il refonde totalement les relations entre les nations et qu'il réforme ou refonde également en profondeur l'économie, la société, la vie américaine à travers la dévaluation du coût du travail, des matières premières, des produits et du marché en général en vue d'une réadaptation ou d'un réajustement de la vie, en même temps que la refondation des relations internationales, nous ne voyons pas vraiment comment cette grandeur économique pourrait-elle se réaliser. Par contre, une refondation des relations internationales articulées sur des échanges justes et équitables pourrait amener un nombre important de nations à se retourner volontiers vers les Etats-Unis qui ne seraient plus considérés comme les agresseurs du monde, mais comme un partenaire avec qui elles font des affaires. Et dans ce cas, cette nouvelle doctrine fondée sur des relations équitables et non (trop) disproportionnées passerait pour la doctrine idéale dont le monde a besoin et mettrait en confiance les nations, cent fois plus que l'illusoire doctrine du bon voisinage de Roosevelt n'avait rassuré les pays de l'Amérique vis-à-vis des Etats-Unis. Effectivement, si une telle doctrine se mettait en place, cela pourrait donner aux USA un peu de grandeur. Mais peut-on espérer que les Etats-Unis, même les Etats-Unis de Donald Trump, révisent leur philosophie ou leur politique des échanges et des relations internationales avec les autres peuples, et changer le paradigme du statuquo géopolitique qui fonde, assure et justifie leur existence ? Ce n'est pas un pari gagné.

Ne nous illusionnons pas, Donald Trump ne viendra pas changer l'ordre économique et des échanges du monde entre les peuples, ni même les relations internationales dans certains aspects de ces relations comme les transactions commerciales, économiques et financières. Il pourrait vouloir continuer sur la même ligne doctrinale de relations et d'échanges disproportionnés et inéquitables, sauf que les temps qui viennent et qui lui échappent ne seront pas favorables à la perpétuation de l'ordre économique, commercial et des échanges actuel. Et puisque les conséquences qui résulteront des mutations historiques, politiques, économiques, militaires, sociales et morales profondes qui vont se produire dans le monde, et notamment dans le monde occidental, annoncent de très mauvais présages pour les puissances impérialistes, les Etats-Unis en pâtiraient probablement si sévèrement que le rêve de Donald Trump de redonner leur grandeur aux USA pourrait rester dans le simple cadre d'un paradigme onirique tout simplement. Néanmoins, les USA pourraient retrouver, tout dépend de la politique qui y sera conduite, un certain prestige tout comme le prestige de la Grèce antique continue de se refléter encore dans l'histoire. Si Trump veut que les Etats-Unis restent ou redeviennent grands, il n'a qu'à instituer, comme je l'ai souligné plus haut, une nouvelle ère, une nouvelle doctrine de relations et d'échanges justes et équitables[26] entre les Etats-Unis et les reste du monde qui amènerait les autres peuples à de meilleurs sentiments à l'égard des Etats-Unis. Par contre, l'éviction de l'Occident ne sera que pour une période seulement, suivant les textes de Daniel et d'Apocalypse. Nous promettons pour très bientôt un travail sur cette question.

---

[26] Pour savoir ce que je pense de la question des relations et des échanges justes et équitables, qui mérite d'être revue en raisons de certains paramètres de la situation géopolitique internationale actuelle, je vous réfère à mon dernier livre paru chez Langaa, *L'Etoile poignardée ou poétique de la nécessité*, 2023.

Conclusion

J'avais terminé ce livre par un très grand point d'interrogation dont l'intention était de ramener le lecteur à mon projet de départ qui consistait à proposer dans cet essai un autre genre littéraire dit « genre interrogatif », comme je l'ai dit et rappelé antérieurement. Aucun texte ne figurait dans cette partie-ci, seulement ledit point d'interrogation. Mais deux événements m'ont amené à proposer cette conclusion-ci au travail. Il s'agit de deux déclarations d'une extrême importance faites par Mark Zuckerberg et le chef d'état-major des armées françaises, le général Thierry Burkhard, toutes deux faites tout récemment. Ces déclarations nous semblent d'autant plus importantes qu'elles semblent donner une idée de ce qui advient, en dépit de la réfutation de cette idée par certains agents qui travaillent au profit des pouvoirs publics occidentaux.

Dans un communiqué du 27 août 2024 dernier, le chef de l'état-major prévient qu'il « faut se préparer à des temps assez durs, sinon très durs, pour l'Occident. […] On entre dans une nouvelle ère [d'un] Occident qui est contesté… » (Europe 1, LCI). Le Général Burkhard fait ici office d'un lanceur d'alerte qui n'annonce pas de bonnes choses pour l'Occident. Je voudrais notamment attirer l'attention des lecteurs sur un certain nombre de choses que j'ai laissé pressentir dans ce travail ; la déclaration du Général vient sinon apporter une confirmation par rapport à mes analyses, du moins un soupçon que nous n'étions pas autorisé à jeter sur les événements. Mais notre Général, d'une perspicacité éminemment inouïe, comme c'est généralement le cas de la part de ces militaires de hauts rangs, extrêmement cultivés et d'une grande érudition, en raison de son autorité et des connaissances qu'il a des dossiers géopolitiques brûlants, a dit ce que nous ne pouvions pas dire. Il est certes vrai que nous avons brossé les choses de façon un peu clair pour que les plus perspicaces puissent se faire une idée de ce qui se joue en lieux secrets, mais alors que nous sommes nous-même dans des conjectures, le Général, lui, sait de quoi il parle. Mais derrière ce que dit le chef d'état-major, il y a des informations qu'on peut aller chercher, parce qu'elles sont disponibles derrière une telle déclaration. Nous y reviendrons.

Maintenant, voyons quelle a été la déclaration de Zuckerberg, un jour avant celle du Général Burkhard. Celui-là, après avoir été auditionné pour une seconde fois devant le Congrès américain, après une première audience l'année dernière, si notre mémoire est bonne, a fait la déclaration suivante à travers une lettre qu'il a postée sur Meta le 26 août dernier. Je vous reproduis ici la lettre dans son entièreté, je vous donne sa traduction française, puis l'original anglais.

« De Mark Zuckerberg à Jim Jordan
Le 26 août 2024

Président Jordan,

Je suis conscient de l'intérêt que porte le Comité à la modération des contenus sur les plateformes en ligne. Comme vous le savez, Meta a produit des milliers de documents dans le cadre de votre enquête et a mis à disposition une douzaine d'employés pour des entretiens transcrits. Dans le cadre de notre coopération avec votre enquête, je suis heureux de pouvoir vous faire part de ce que j'ai retenu de ce processus.

On parle beaucoup en ce moment de la façon dont le gouvernement américain interagit avec des entreprises comme Meta, et je tiens à préciser clairement notre position. Nos plateformes sont destinées à tous : nous voulons promouvoir la liberté d'expression et aider les gens à se connecter de manière sûre et sécurisée. Dans ce cadre, nous recevons régulièrement des gouvernements du monde entier et d'autres pays l'expression de diverses préoccupations concernant le discours public et la sécurité publique.

En 2021, de hauts responsables de l'administration Biden, y compris la Maison Blanche, ont fait pression à plusieurs reprises sur nos équipes pendant des mois pour censurer certains contenus liés au COVID-19, notamment l'humour et la satire, et ont exprimé beaucoup de frustration envers nos équipes lorsque nous n'étions pas d'accord. En fin de compte, c'était nous qui décidions de supprimer ou non des contenus, et nous assumons nos décisions, y compris les changements liés au COVID-19 que nous avons apportés à notre application à la suite de cette pression. Je pense que la pression du gouvernement était injustifiée, et je regrette que nous n'ayons pas été plus francs à ce sujet. Je pense également que nous avons fait des choix que nous ne ferions pas aujourd'hui, avec un peu de recul et de nouvelles informations. Comme je l'ai dit à nos équipes à l'époque, je suis convaincu que nous ne devons pas compromettre nos normes sur les contenus, en raison de la pression exercée par une administration quelconque dans un sens ou dans l'autre, et nous sommes prêts à réagir si une telle situation se reproduit.

Dans une situation différente, le FBI nous a alertés d'une éventuelle opération de désinformation russe sur la famille Biden et l'affaire Burisma à l'approche des élections de 2020. Cet automne-là, lorsque nous avons vu un article du New York Post faisant état d'allégations de corruption impliquant la famille du candidat démocrate à la présidence, Joe Biden, nous avons envoyé cet article à des vérificateurs de faits pour qu'ils l'examinent et l'avons temporairement rétrogradé en attendant une réponse. Il a depuis été clairement établi que ce reportage n'était pas de la désinformation russe et, rétrospectivement, nous n'aurions pas dû rétrograder l'article. Nous avons modifié nos politiques et nos processus pour nous assurer que cela ne se reproduise plus - par exemple, nous ne rétrogradons plus temporairement des articles aux États-Unis en attendant les vérificateurs de faits.

Outre la modération du contenu, je souhaite aborder les contributions que j'ai apportées au cours du dernier cycle présidentiel pour soutenir les infrastructures. L'idée ici était de m'assurer que les juridictions électorales locales de tout le pays disposent des ressources nécessaires pour aider les gens à voter en toute sécurité pendant une pandémie mondiale. J'ai apporté ces contributions par le biais de la Chaîne Zuckerberg Initiative. Elles ont été conçues pour être non partisanes et réparties dans les communautés urbaines, rurales et suburbaines. Pourtant, malgré les analyses que j'ai vues montrant le contraire, je sais que certaines personnes pensent que ce travail a profité à un parti plutôt qu'à l'autre. Mon objectif est d'être neutre et de ne pas jouer un rôle d'une manière ou d'une autre - ou même de sembler jouer un rôle. Je n'ai donc pas l'intention d'apporter une contribution similaire pendant ce cycle-ci.

Respectueusement,
Mark Zuckerberg.

From M. Zuckerberg to Jim Jordan
August 26 2024

Chairman Jordan:

I appreciate the Committee's interest in content moderation on online platforms. As you're aware, Meta has produced thousands of documents as part of your investigation and made a dozen employees available for transcribed interviews. Further to our cooperation with your investigation, I welcome the opportunity to share what I've taken away from this process.

There's a lot of talk right now around how the US government interacts with companies like Meta, and I want to be clear about our position. Our platforms are for everyone - we're about promoting speech and helping people connect in a safe and secure way. As part of this, we regularly hear from governments around the world and others with various concerns around public discourse and public safety.

In 2021, senior officials from Biden Administration, including the White House, repeatedly pressured our teams for months to censor certain COVID-19 content, including humor and satire, and expressed a lot of frustration with our teams when we didn't agree. Ultimately, it was our decision whether or not to take content down, and we own our decisions, including COVID-19-related changes we madeto our enforcement in the wake of this pressure. I believe the government pressure was wrong, and I regret that we were not more outspoken about it. I also think we made some choices that, with the benefit of hindsight and new information, we wouldn't make today. Like I said to our teams at the time, I feel strongly that we should not compromise our content standards due to pressure from any Administration in either direction and we're ready to push back if something like this happens again.

In a separate situation, the FBI warned us about a potential Russian disinformation operation about the Biden family and Burisma in the lead up to the 2020 election. That fall, when we saw a New York Post story reporting on corruption allegations involving then-Democratic presidential nominee Joe Biden's family, we sent that story to fact-checkers for review and temporarily demoted in while waiting for a reply. It's since been made clear that the reporting was not Russian disinformation, and in retrospect we shouldn't have demoted the story. We've changed our policies and process to make sure this doesn't happen again - for instance, we no longer temporarily demoted things in the US while waiting for fake-checkers.

Apart from content moderation, I want to address the contributions I made during the last presidential cycle to support infrastructure. The idea here was to make sure local election juridictions across the country had the resources they need to help people vote safely during a global pandemic. I made these contributions through the Chan Zuckerberg Initiative. They were designed to be non-partisan-spreed across urban, rural, and suburban communities. Still, despite the analyses I've seen showing otherwise, I know that some people believe this work benefited one party over the other. My goal is to be neutral and not play a role one way or another - or to even appear to be playing a role. So I don't plan on making a similar contribution this cycle.

Respectfully
Mark Zuckerberg.

Nous ne voulons voir aucune espèce de coïncidence entre l'intervention de Zuckerberg et celle du général Burkhard, en dépit de la proximité temporelle observée entre elles. En réalité, ce n'est pas tant sur ce point que joue la coïncidence que sur la nature même des déclarations. Si nous considérons celle de Mark Zuckerberg, nous comprenons qu'il s'agit d'une communication qui peut mettre à mal les Démocrates, ou dirions-nous de préférence, les ennemis de Donald Trump, puisqu'il y a beaucoup de gens aux hautes responsabilités parmi les Républicains qui n'aiment pas l'ancien président et qui feraient tout pour l'empêcher de revenir à la Maison Blanche. Oui effectivement, la lettre publique de Zuckerberg n'est pas de nature à faciliter les choses pour les adversaires de Trump. Pourtant l'on sait que ce dernier vote à gauche et l'on sait également quelle était la très grande contribution qu'il avait apportée au parti démocrate : près de 500 millions de dollars, dont une première contribution de 400 millions et une dernière de 100 millions. Etait-ce le bon moment pour faire de telles révélations, même s'il avait fait quasiment les mêmes l'année dernière ? Que s'est-il passé ? Est-ce que Zuckerberg a trahi les Démocrates et leur administration ou bien est-ce qu'il veut paraître honnête ou se blanchir maintenant, tout en montrant à l'équipe Trump qu'il a regretté sa contribution en faveur des Démocrates à l'élection de 2020 ? Que se passe-t-il pour que Zuckerberg ait fait de telles révélations qui pointent du doigt les mensonges ou les pratiques antidémocratiques des Démocrates et de l'establishment dans son ensemble ?

Oui en effet, il ressort de ces révélations que ces derniers ont utilisé la pression[27] pour forcer Facebook et les autres réseaux à censurer les discours qui n'allaient pas dans le sens du gouvernement, et pire, même l'humour et la satire étaient également censurés. Si ces derniers étaient censurés, devinez ce que furent les discours critiques à l'égard du gouvernement autant sur le Covid-19 que sur bien d'autres sujets encore, comme le 3 novembre et le 6 janvier. Pourtant, c'est cette Administration qui accumule les accusations contre l'ennemi Trump qui est passé pour être la plus grande menace contre la démocratie. On peut se demander ce que serait un procès juste où les avocats de Trump feraient usage de telles informations. Comment pouvons-nous nous prévaloir du statut de défenseurs de la démocratie quand toutes nos attitudes montrent que n'avons aucun respect pour cette démocratie qui revient tant dans nos bouches ? De plus, comment peut-on prétendre que les institutions sont garantes de la démocratie quand on entend l'accusation de Zuckerberg contre le FBI qui lui a menti sur l'affaire Burisma de Hunter

---

[27] Les Démocrates, sont-ils vraiment démocrates ? On se souvient des menaces que Chuck Schumer avait proférées contre les juges Neil Gorsuch et Brett Kavanaugh et aussi des menaces que Maxine Waters brandissait contre les partisans de Donald Trump en 2021, en les prévenant qu'ils (les Démocrates) allaient arriver sur eux, s'ils ne restaient pas tranquilles. Et tout cela était public.

Biden ? Le patron du réseau est clair, sauf si seulement il ment : il dit que son équipe a subi des pressions de la part de l'Administration Biden et même de la Maison Blanche et que le FBI lui a menti sur Burisma. Où est donc la morale incarnée par les Démocrates qui n'ont qu'un seul mot à la bouche, à savoir que Donald Trump est un menteur, un menteur, un menteur ?

Mais quelle bête a donc piqué Zuckerberg ? Sous quelle pression est-il ? Est-il constamment sous la pression ? Dans un premier temps, sous la pression de l'équipe de Biden, puis maintenant sous celle de l'équipe de Trump ? Ou bien sait-il que tout est joué pour l'équipe en place ? Cherche-t-il sa rédemption ? Et si oui, pourquoi ? Que sait-il que nous ignorons nous-mêmes ? Sait-il que rien ne peut plus désormais arrêter Donald Trump ? De quoi a-t-il peur pour trahir ses partenaires Démocrates ? Mais est-ce une trahison ? Ne serait-ce pas une ruse pour s'attirer les faveurs de celui qu'il croit être en très bonne posture pour gagner l'élection, afin de ne pas s'attirer d'ennuis ? Est-ce que les Démocrates le considèrent contre un traître ? Ne serait-il pas un pion qu'on prépare pour qu'il entre demain dans les seins de l'ancien président, afin d'aplanir le chemin pour le futur retour de ses amis ? Quel jeu joue-t-il ? Disposerait-il de certaines informations sur l'issue du scrutin de novembre prochain pour daigner exposer ses amis Démocrates sans aucune crainte ? N'est-ce pas chez lui le coup de quelqu'un assez intelligent qui comprend que le vent tourne dans l'autre direction et qu'il doit le suivre ? En tout cas, il doit avoir de bonnes raisons pour exposer ses amis les Démocrates. Il cherche sûrement sa rédemption.

Maintenant, venons-en au général Burkhard. Ce n'est pas sans raison qu'il alarme sur les temps durs qui s'annoncent pour l'Occident et sur l'avènement d'une nouvelle ère qui sonnera la fin de celui-ci. Il est évident que le Sud global pose de grands questionnements sur l'avenir de l'Occident à travers la politique de libération des nations qui constituaient les réservoirs des ressources et richesses dont l'Occident a toujours besoin pour bâtir sa fortune et pérenniser son statut, mais le problème semble plus profond qu'il n'en a l'air. Apparemment, il y a aussi en-deçà du problème posé par le grand Sud un désespoir nourri par la perte du pouvoir pressentie par l'establishment traditionnel aux Etats-Unis. L'on doit sûrement se dire qu'il y aurait encore une chance pour que l'Occident reprenne le contrôle des choses, notamment s'il engage l'humanité dans une guerre mondiale. Mais cette guerre n'est possible qu'avec la classe politique traditionnelle ; or, il y a très peu de chance que celle-ci gagne face à Donald Trump, et l'on sait que Donald Trump est pour la pacification du monde. Sans doute que c'est ce constat qu'a fait la classe politique traditionnelle internationale sur l'impossibilité de battre Donald Trump et sur la moindre chance de faire cette guerre qui participera elle aussi de la géopolitique de la nécessité, comme nous l'entendons dans notre conception des choses, une géopolitique de la nécessité pour la survie de l'Occident. Comme nous l'avons dit dans la péroraison, avec Donald Trump c'est presque la fin des Etats-Unis du système actuel, pour un monde plus juste et plus équitable.

Donald Trump ne représente pas un danger que pour les Etats-Unis uniquement ou pour les libertés libertaires, l'industrie de la guerre, les trafics d'humains, les crimes contre les enfants, comme la pédophilie entre autres, et les autres crimes de toutes sortes qui gangrènent les sociétés actuelles, il représente également un très grand danger pour la survie de l'Occident. En effet, au point où le monde est parvenu avec la libération des différents peuples du monde entamée par la Russie, il n'y aurait de salut pour l'Occident pauvre en ressources naturelles qu'à travers une guerre mondiale seulement par laquelle il tenterait, même vainement, de l'emporter sur ses ennemis sudistes afin de préserver son statut de seule puissance dominante dans l'échiquier international. Mais même si d'un point de vue métaphysico-historique cette guerre n'apporterait pas de victoire pour l'Ouest, ils auraient le sentiment et feraient croire que c'est la doctrine anti-belliqueuse de Donald Trump qui serait responsable de la chute de l'Occident. Or, ils ont pourtant eux-mêmes longtemps préparé cette chute à travers leur outrecuidance et leur arrogance. Donc voilà autant de raisons pour lesquelles Donald Trump constitue un danger et une menace existentiels, non pour la démocratie, comme on le dit faussement, mais pour l'Occident en passe d'être effacé sur la carte géoéconomique, politique et géopolitique du monde.

C'est d'ailleurs l'une des multiples raisons pour lesquelles on martèle que Donald Trump ne doit pas gagner ou qu'il ne faut pas lui certifier sa victoire, s'il gagne. Hillary Clinton l'avait dit, aujourd'hui c'est Jamie Raskin qui le redit, suivant ce que nous venons d'écouter chez Stephen Gardner. Mais écarter Trump d'une manière ou d'une autre, cela va-t-il changer quelque chose dans le plan cosmique des changements à venir suivant Apocalypse 12 et Daniel 11 que j'invite ceux qui le veulent à aller consulter, s'ils peuvent comprendre le langage divin ?

La force toute-puissante qui a amené les choses jusqu'ici avait volontairement jeté les dirigeants occidentaux dans une suffisance arrogante et un aveuglement incontournable afin d'amener les choses à ce point de non-retour pour que se réalise le passage de la cinquième période à la sixième, selon Apocalypse 12. Mais contrairement aux inquiétudes exprimées par les Occidentaux qui se demandent, comme le général Burkhard, si ce n'est pas une nouvelle ère sans l'Occident qui commence, nous venons les rassurer sur deux choses. La première est que les événements qui vont arriver n'annoncent pas une nouvelle ère, mais seulement une nouvelle période ; la deuxième est que l'Ouest a un rôle prophétique à jouer dans l'histoire de l'humanité qu'aucun autre ne jouera à sa place. Il reviendra pour jouer ce rôle. D'ailleurs, depuis le temps même de ceux qui auront chassé l'équipe actuelle des maîtres du monde, il se mettra en place tout une série de dispositifs pour préparer le retour en force de ces derniers qui seront très bientôt chassés pour un peu de temps. Pour l'instant, rien ne saura être fait pour éviter ce qui doit se faire. On aura beau faire pour évincer Trump, mais qu'est-ce que cela changera-t-il, puisqu'il n'est pas seul ? Peut-être que cela donnerait encore un autre cycle de quatre ans à l'équipe actuelle avant que ne s'émerge quelqu'un d'autre. Mais est-ce dans les plans de la force toute-puissante qui décide les choses ? Rien n'est moins sûr. Trump est-il seul ?

On dit dans les milieux pro-Trump que l'ancien président a l'armée avec lui, et lui-même n'a pas cessé de le dire également. Est-ce vrai ou faux ? Qu'on se rappelle l'ovation qu'il avait reçue au match du samedi 12 décembre 2020 entre l'armée de terre et la marine. Il y a deux phénomènes qui doivent attirer l'attention sur cet événement. Toute l'armée, tous corps confondus, scandait à travers cette belle métonymie où le président Trump était confondu avec les Etats-Unis : « USA, USA, USA ! » Cette acclamation faite au président confondu avec les USA signifiait que le président Trump était celui qui défendait les Etats-Unis, la démocratie, la Constitution dans tous leurs états. On lui reconnaissait le statut du vrai nationaliste qui n'avait aucune fausseté en lui, celui qui se sacrifiait pour la nation. Le deuxième phénomène était la pose que les militaires avaient faite avec lui. Ils l'entouraient complètement au point où l'on ne pouvait voir que sa tête seulement. Il était comme perdu au milieu d'eux. Cette image signifiait que l'armée constituait un rempart, une forteresse pour lui. Cela a-t-il changé ? Ne bénéficierait-il plus de cette protection ?

Qu'on l'assassine aujourd'hui, puisqu'il n'est pas impossible qu'on intente un nouvel assassinat contre lui, cela va-t-il changer grand-chose dans le projet qu'il porte non pour lui-même mais pour le groupe qui l'a choisi pour porter les changements souhaités dans les rapports sociétaux et internationaux ? S'il est mort aujourd'hui ou demain, cela mettra une pause au projet, mais pas une fin définitive. Dans cette éventualité, il est fort probable qu'à la prochaine échéance présidentielle de 2028 il y ait une personnalité, civile ou militaire, capable d'unifier presque toute l'armée et la population des patriotes, qui se présente à l'élection, car il y a dans la population un vrai désir de changement. Le plan échouera-t-il forcément et définitivement avec sa suppression ? Comme nous l'avons dit plus haut, cela ne pourrait donner qu'un laps de temps très bref pour les projets utopiques de ses adversaires, pour le moment, car j'ai dit, et je le confirme, que non seulement les événements géopolitiques mais aussi les prévisions métaphysico-cosmiques prédisent des choses qui ne manqueront pas d'arriver. Néanmoins, comme je le soutiens également, l'équipe actuelle sera seulement mise au banc pendant quelques temps avant de revenir.

En ce qui a trait à l'assurance de Donald Trump que rien ne peut lui arriver et à son entière confiance qu'il briguera son deuxième mandat et donnera le coup de départ au projet des patriotes de changer l'état des choses aux Etats-Unis et dans le monde, qu'est-ce qu'il faut en penser ? Autant Donald

Trump lui-même que la plupart de ses partisans pensent que l'armée lui viendra immanquablement au secours, quoi que puissent faire ses ennemis. J'ai entendu un peu partout chez ses partisans que le dernier recours sera effectivement l'armée, mais en sera-t-il le cas ? Quelle assurance ceux qui ont fait porter cette lourde responsabilité à Trump lui ont-ils donnée, et quelle est la possibilité que Trump réussisse face à cette meute qui veut faire bonne chaire de sa peau ? Est-ce réellement l'armée qui marche avec lui, et puis quelle chance celle-ci a-t-elle de l'amener à la victoire ? Trump ne serait-il pas naïf de prendre autant de risques avec toute sa famille en osant défier et affronter les éléments du Deep State, si puissants, si vindicatifs ?

Nous avons supposé dans une partie de ce travail qu'il doit sûrement avoir eu un deal entre Trump et le gouvernement Biden. A supposer qu'il y ait eu effectivement cet arrangement, en raison de tout ce que nous avons vu et entendu, tels l'arrivée de Biden à la Maison Blanche à travers le fret d'un jet privé, le non-respect du protocole constitutionnel sur l'inauguration et l'appel de Donald Trump à rapporter le code nucléaire ! Tout cela devrait signifier qu'il y aurait eu des clauses convenues entre les deux parties et la Cour Suprême Fédérale, d'une part, et le ministère de la Défense, d'autre part. Laquelle de ces deux institutions a protégé ou semble protéger Donald Trump contre toutes les séries d'attaques et de persécutions déclenchées comme de violentes tempêtes contre lui ? Il a semblé qu'il ait accordé bien plus de confiance à l'armée, et en l'occurrence à la Défense, qu'à la Cour Suprême Fédérale ou le ministère de la Justice. Mais suivant les observations, c'est la Justice à travers la Cour Suprême qui semble, et non le ministère lui-même, venue à sa rescousse, plutôt que l'armée. A ce propos, les avis étaient plutôt partagés entre les partisans de Trump et ceux de la gauche. Ces derniers pensaient que la Cour suprême, du fait qu'elle comptait six juges nommés par les Républicains et trois par les Démocrates – il faut rappeler que la composition depuis Biden est de cinq par quatre –, constituait une aubaine pour Trump. Mais après l'élection de 2020, nous avons vu l'attitude adoptée par la Cour Suprême qui refusait d'intervenir dans l'arbitrage entre Trump et Biden, en ayant estimé ne pas avoir eu assez d'éléments de preuves qui lui étaient fournies par le plaignant. Cela avait fait dire par les partisans de Trump, dont notamment Lin Wood et bien d'autres encore, que presque tous les juges étaient corrompus par le Deep State, sauf Clarence Thomas et Samuel Alito.

Quant aux Républicains eux-mêmes, ils ont toujours pensé que le dernier recours pour Donald Trump reste l'armée. Mais est-il dans les prérogatives de l'armée d'intervenir dans ces genres de problèmes ? Selon la Constitution, il n'y a que trois seuls centres de pouvoirs, à savoir l'Exécutive, le Législatif et la Justice. Contrairement à ces trois pouvoirs qui sont indépendants chacun, l'armée n'a pas une telle attribution et est sous l'autorité, à la fois, du président et du Congrès. Par contre, comme le général Mike Milly n'avait cessé de le dire et que certains constitutionnalistes aiment à le rappeler, elle a pour mission de veiller sur la Constitution contre toutes les menaces des tyrans. Maintenant, il reste à nous demander si l'armée est assez impartiale pour voir la vérité et rétablir l'ordre républicain, car en réalité, et la nation et la démocratie sont en grand danger. Mais comme le constatent Joseph F. Dunford, Graham Allison, and Jonah Glick-Unterman, dans l'article **Guardians of the Republic** : *Only a Nonpartisan Military can protect american democracy* du 5 janvier 2023, Foreign Affairs, l'éthique non-partisane des forces armées est en grand risque et la maintenir est essentiel pour la survie de la démocratie américaine. Selon les auteurs, l'armée n'a pas pour obligation d'être apolitique, mais elle doit être non-partisane. Ils croient que, suivant la tradition républicaine et constitutionnelle, l'armée veille bien à protéger cette éthique, quoiqu'ils constatent que depuis ces trois dernières décennies, il y aurait une tendance chez tous les gouvernements à vouloir politiser l'armée. Néanmoins, ils rassurent que l'armée reste encore assez fidèle à sa vocation que d'être non-partisane, en dépit des affinements que certains militaires peuvent avoir avec tel ou tel parti.

En tenant compte de ces facteurs contrastants entre eux comme l'affinité pour tel ou tel parti et le devoir non-partisan de l'armée, est-il possible que celle-ci se montre fidèle à l'éthique de l'institution sans que ses membres ne se montrent infidèles aux partis qu'ils votent ou auxquels ils adhèrent ? Même s'il est dit qu'elle a toujours respecté son serment et son éthique qui lui imposent de veiller sur la démocratie, il ne faut pas oublier que nous avons affaire à des hommes dont la faiblesse et les passions peuvent les amener à prendre parti pour différentes raisons pour un camp plutôt que pour la nation. Car, à moins que l'ancien général Mike Milley ait été du côté de Trump en faveur duquel il aurait joué le trouble-fête pour masquer son jeu, il n'avait pas l'air d'être impartial et paraissait au contraire même très remonté contre lui, puisqu'il n'avait pas cessé de le qualifier de tyran, alors qu'il n'a jamais osé rien dire sur le vrai tyran. Mais il n'est pas impossible qu'il jouait un jeu pour laisser croire aux Démocrates ou au Depp State qu'il était de leur côté sans l'être vraiment, étant donné la façon dont Donald Trump l'avait défendu dans le dossier que les journalistes de Washington Post, Bob Woodward et Robert Costa avaient ébruité sur lui dans leur livre. En effet, ceux-ci auraient fait croire qu'à la fin du mandat de l'ancien président, Mike Milley aurait appelé son homologue chinois pour l'assurer, devant la peur que Donald Trump, décrit comme étant fou, n'ait engagé une guerre contre la Chine, que les Etats-Unis n'engageraient pas de guerre contre la Chine. Il nous avait paru étrange, à ce moment-là, que Donald Trump l'ait défendu, le connaissant, puisque cette attitude semblait un désaveu de son autorité par le général Milley. Oui en fait, peut-on penser que la partisannerie politique dans l'armée est vraiment surmontée par l'éthique non-partisane, au regard de l'attitude de Milley à l'égard de Trump qu'il qualifiait toujours de tyran, alors qu'il n'avait jamais été critique à l'égard de Biden ? Peut-on penser que le respect de leur serment sera assez fort pour empêcher les militaires d'aller à la dérive sectaire et les amener à se positionner en faveur de la démocratie quand la situation le requiert ?

Si le respect de l'éthique et leur serment de protéger la Constitution sont les valeurs supérieures qui motivent les militaires et guident leurs actes, on ne devrait pas s'étonner qu'ils fassent le bon choix en ce qui a trait au pressant besoin qu'il y a de restaurer la démocratie américaine qui agonise sur son lit de mort. Alors il faudrait croire que les partisans de Trump et ceux qui se font appeler « les patriotes » n'ont pas tort d'imaginer que l'armée reste le seul recours possible dont dispose l'ancien président pour briser la vitre infernale dans laquelle on le tient enfermé et par laquelle on empêche le peuple de voir la réalité. Mais si l'armée a toujours été avec Trump pour le mettre dans une bulle et le protéger, comme certains partisans de l'ancien président le disent, où était l'armée pendant tout le temps où Donald Trump contestait l'élection de 2020, et surtout lors de l'attentat du 13 juillet dernier ? Ne serait-ce pas une illusion de la part des partisans de Trump de penser que l'armée est avec lui, le protégeant et attendant de le ramener au pouvoir au cas où la prochaine élection lui serait volée ?

Sur la question de la sécurité, nous ne pensons pas que ce soit l'Administration qui assure la sécurité de Donald Trump depuis son départ de la Maison Blanche, car elle a(vait) bien trop de raisons qu'il ne soit plus en vie pour leur donner du fil à retorde. Si on ne l'a pas tué bien avant l'attentat du 13 juillet, si on n'a pas pu le faire exploser dans sa maison, si on n'a pas fait exploser sa voiture, son avion, si on n'a pas utilisé ceux qui entretiennent sa voiture, son avion, ceux qui travaillent chez lui, ceux qui lui préparent à manger ou qui vont lui acheter sa nourriture au McDonald's (puisqu'on prétend très grossièrement qu'il ne mange que du McDonald's), si on n'a pas réussi jusqu'ici à l'assassiner de bien des manières, nous pensons que ce soit grâce aux officiers de l'armée qui lui sont fidèles. Mais l'attentat du 13 juillet a montré les limites et les faiblesses du système de défense qui le protège, comme il en résulte de tout système humain. Par contre, comme il était persuadé que Dieu et les militaires veillent sur lui, ce qu'il avait dit clairement le 20 janvier 2017, lors de son investiture, alors, que doit-on en penser ? Nous ne répondrons pas à cette question, nous laissons tout le monde, rationalistes ou croyants, libre d'y répondre soi-même.

Sur la question que l'armée est la seule instance qui interviendrait pour restaurer les choses et le ramener au pouvoir, voyons ce qu'il en est ou ce qu'il en sera. Rappelons que la plus grande majorité des partisans de Donald Trump croyait que l'armée serait intervenue pour rétablir la vérité et le ramener au pouvoir, après la production de preuves sur les fraudes massives dans l'élection de 2020, comme le soutiennent Trump et ses partisans. Rappelons aussi au passage que le général Michael Flynn, lui-même, avait précisé en 2021 qu'il n'était pas facile que l'armée intervienne sans la production de preuves indubitables et en l'absence de conditions exceptionnelles, mais il ne niait pas l'idée qu'elle pouvait intervenir, en prenant l'exemple de la Birmanie. En fait, je me rappelle avoir déjà dit dans cet essai que l'armée ne pouvait pas intervenir pour maintes raisons, dont celle qui l'aurait fait accuser de perpétrer un coup d'Etat au profit de Donald Trump. J'ai également expliqué qu'elle pourrait intervenir dans la prochaine échéance pour sauver la démocratie. En effet, si elle n'intervient pas face à tous les plans que brandissent les Démocrates pour mettre le pays à feu et à sang[28] à travers leur désir de « ne pas laisser gagner Trump », ce qui ressemble évidemment à un projet de truquer les urnes, ou leur intention « de ne pas certifier Trump s'il est élu », comme Hillary Clinton l'avait longtemps déjà laissé entendre et que Jamie Raskin l'a repris tout récemment, ou encore devant le projet de Joe Biden simulé en février à travers son anecdote sur la mort des deux bobbies anglais, les USA, et en l'occurrence le monde, seront plongés dans un chaos sans précédent. Ceux qui n'ont que le mot conspirationnisme dans leur bouche seront offusqués devant ces propos. Mais que signifie « ne pas laisser gagner Trump » si ce n'est « être prêt à tout faire, oui tout, pour l'empêcher de revenir au pouvoir » ? Les mots portent un sens, et l'expression « ne pas laisser gagner Trump » veut dire ce qu'elle veut dire. De quel côté se trouve la menace contre la démocratie ? Ne serait-on pas capable de tout faire pour sauver les grands intérêts menacés du Système au nom d'une soi-disant démocratie dans laquelle on ne croit pas ? Donald Trump représente une grande menace réellement, mais pas contre la démocratie qu'il veut recouvrer au contraire pour le peuple, mais contre les intérêts du Système mondial.

---

[28] Ils sont les seuls à vouloir que le pays soit en feu et en sang, contrairement aux accusations qu'ils font courir sur Donald Trump, à savoir que c'est lui-même qui affirme vouloir plonger le pays dans le chaos. Qui a toujours proféré les menaces si ce n'est eux-mêmes, comme dans les cas de Schumer et de Maxine Waters ? Trump serait-il assez fou pour brandir de telles menaces, lui qui sait qu'il suffit d'un rien pour qu'on l'accuse de bien des horreurs improbables ? A qui profiterait-il que le pays soit à feu au sang ? Qui a le plus à perdre dans cette guerre ? Qui a le pouvoir de mettre le pays à feu et à sang ?

Somme toute, nous ne voyons, hélas, pas d'issue possible pour les mondialistes qui vont droit au mur, avec ou sans Donald Trump. Celui-ci leur semble leur seul problème et ils feront tout l'empêcher de revenir, parce qu'il leur inspire la plus épouvantable peur qui se puisse. Mais, que toutes les institutions démocratiques ne fonctionnent plus et que l'armée soit de leur côté pour réprimer toutes les résistances ou tous les mouvements qui leur sont opposés, ce qui a été décidé par le Tout-Puissant qui gère l'Histoire ne manquera pas de s'accomplir. Et nous le verrons. Soyez sceptiques ou non, pensez à quelque absence de rationalisme dans notre opinion, soit ! Mais nous le disons et nous y croyons : il y a un temps qui avait été décidé pour les choses auxquelles nous assistons et advienne que pourra, rien ni personne ne peut les arrêter. Avec ou sans Donald Trump, les événements en cours ne manqueront pas de s'accomplir. Nous promettons un autre ouvrage sur cette question.

Que ceux qui pensent que l'homme est assez maître de l'histoire pour en disposer comme il l'entend essayent de changer le cours des choses et ils verront s'ils n'iront pas vers l'échec. Nous ne demandons à personne de cesser de se battre, ni n'invitons qui que ce soit à rester passif dans ce rude combat géopolitique pour la survie, mais nous avertissons seulement ceux qui pensent qu'ils peuvent encore changer le cours des choses de bien observer les événements pour voir s'il y a lieu de se montrer aussi arrogants en pensant que c'est eux-mêmes qui font l'histoire ou s'ils la subissent. Oui, nous avons dit qu'ils sont aussi acteurs de l'histoire, mais non en tant que cause première, cause agissante ou cause de la cause, mais tout simplement en tant que cause actante, c'est-à-dire en tant que de simples acteurs qui n'ont même pas choisi leurs rôles mais qui se les voient assignés. Enfin, nous rappelons aussi pour tout le monde que l'Occident ne sera pas mort avec ce qui arrivera, comme certaines personnalités très importantes telles que le Général Burkhard et bien d'autres encore le croient, mais qu'il passera par un temps de réflexion comme Nébukadnetzar, avant de revenir. Sceptiques ? Attendez de voir !

Pour dérangeantes que puissent paraître nos réflexions, nous avons tendance à dire, comme le prophète Daniel qui disait avec certitude au roi Nébukadnetzar, que notre explication des événements métaphysico-historiques est certaine et qu'il faut seulement patienter pour voir la réalisation des choses. Après vous avoir fait un travail en sciences sociales, nous voilà chuter, nous diriez-vous, dans le domaine de la religion. Nous avons envie de vous dire qu'il y a une science religieuse et qu'elle fait partie des sciences sociales et humaines également. C'est une façon de demander à ceux qui se réclameraient du rationalisme au point de rejeter les points de vue afférents au fait religieux de ne pas se montrer trop arrogants. Attendez seulement de voir les choses. Nous ne sommes pas venu défendre un individu, car on peut croire que nous sommes venu défendre Donald Trump, étant donné notre façon de présenter les choses. Notre intérêt ici consiste à faire ressortir les choses cachées aux hommes, quoiqu'elles soient pourtant révélées quelque part, dans la Bible que nous rejetons de nos jours. Ce n'est pas une question de Donald Trump, ce qui doit être fait le sera peut-être sans Trump, peut-être avec lui. Et cela nous importe peu. Ce qui importe, c'est que vous sachiez que ce qui a été décidé, l'a été plus de deux millénaires auparavant. Battez-vous, battez-vous pour la défense de vos intérêts, et nous ne sommes pas dans quelque ironie en vous le disant. Seulement nous vous disons que tout a été décidé d'avance, et peut-être que la plupart de ceux qui s'enferment dans l'orgueil qu'il n'y a personne qui dirige l'histoire seront amenés à l'idée du contraire quand ils auront vu les choses. Drôle de façon de conclure un essai de ce genre, mais comme nous vous le disons, le fait religieux relève des sciences sociales et humaines.

Battez-vous, battez-vous, vous-mêmes qui pensez que nous sommes venu vous décourager à travers notre approche des choses qui vous laisse entendre que rien ne se fait qui n'ait été décidé en haut lieu métaphysique. Ce n'est pas parce que nous vous annonçons ces choses qu'il faut vous décourager et mettre fin à vos luttes pour la sauvegarde de vos intérêts. Nous vous rappellerons une dernière fois qu'il nous est bien égal de défendre qui que ce soit, parce que tout est illusion et déception en politique. Si vous ne vous battez pas, vous trouveriez un prétexte pour proférer des accusations sur le fait qu'on vous avait découragés de vous investir corps et âme dans votre combat géopolitique pour la survie, sous le prétexte qu'on vous avait dit que les présages avaient parlé, et parlé ex cathedra. Mais si vous vous battez dans votre désir de changer le cours de l'histoire à travers les paramètres du temps et de l'espace et que vous constatez votre échec sur ces choses que nous vous annonçons, alors vous comprendriez que l'histoire comporte réellement cette dimension métaphysique qui vous a longtemps échappée. Cette dimension métaphysique de l'histoire n'est ni sur la courbe du temps, ni sur celle de l'espace. Elle ne prend pas de valeurs, positives ou négatives, comme sur l'axe des points de l'espace ou sur celui du temps, et ne s'oriente pas non plus dans le même sens que ceux-ci. Elle part du haut pour descendre vers le bas où elle vient frapper l'axe commun de l'intersection entre l'espace et le temps, comme une demi droite diagonale qui part du haut et qui s'arrête au point zéro de l'axe des abscisses et des ordonnées. Elle est la droite du déterminisme métaphysique responsable de tous les actes historiques en tant que cause première.

Cela dit, nous terminerons ici par ces derniers propos. Sachez que ni le Deep State, ni Donald Trump ne viendront apporter rien de meilleur dans l'état du monde. Ce qui se voit à travers les événements géopolitiques qui vous semblent bouleverser le monde des hommes et vous semblent en passe de mettre fin à la domination de l'Occident sur les autres peuples du monde est un ensemble de choses qui ont été décidées par cette main que vous ne voyez pas et en laquelle vous ne croyez pas. Ces choses, c'est-à-dire les événements qui secouent nos assurances et nos croyances en la capacité de l'homme actuel à maîtriser et à dominer l'histoire échappent à la fois aux sciences sociales et aux sciences de l'homme, ni même les sciences religieuses n'ont pas su jusqu'ici encore saisir le comment des choses. Face à cette déconvenue que personne n'a été encore capable de prévoir, ni même l'homo orans qui prétend être habitué aux oracles, il faut avouer que ce qui va se passer prendra de court à la fois et le Deep State et Donald Trump.

Dans son désespoir le plus profond, le Deep State croit qu'il finira par avoir le dessus sur Donald Trump. Cela restera un rêve et rien d'autre qu'un rêve. Trump lui-même pense qu'il viendra remettre la pendule de l'histoire contemporaine à l'heure à travers maintes promesses auxquelles croient des millions et même des milliards d'individus de par le monde. Mais autant le Deep State s'est-il engagé dans la poursuite d'une illusion creuse et vide qui ne s'accomplira jamais, autant Donald Trump également se berce lui-même d'un tas d'illusions qui ne deviendront jamais des réalités. Oui certes il finira par chasser les éléments de l'Etat profond pour un temps, mais il participera à la destruction de l'Occident, sans qu'il le sache. Si l'on dit à Donald Trump qu'il est venu pour aider le Sud global à détruire l'Occident, il ne croira pas, pourtant c'est ce qu'il vient faire à son insu. A ce propos, ses ennemis qui connaissent un peu les oracles, quoiqu'ils puissent feindre le contraire ou feindre ne pas croire du tout en ces choses, n'ont pas tout à fait tort d'être tombés dans cette peur angoissante qu'il soit à nouveau élu. C'est une anxiété pour leur position, leur statut, leurs privilèges et pour la mise à mort de l'Occident. Mais les changements que Trump viendra apporter dans l'histoire de l'humanité lui échappent totalement ; ils ne seront pas ceux qu'il croit, et Dieu seul sait s'il aurait accepté, s'il savait en quoi consiste la mission qu'il porte. Donald Trump est l'innocent du village sur qui le Dieu d'Israël a mis la main pour l'amener à faire échec à l'Occident à travers le coup de pouce qu'il va apporter au patron du Sud global qui lui-même aussi vient donner sa contribution à l'histoire. Et le pauvre Trump qui ignore et la nature et les enjeux de sa vocation se met à faire des fanfaronnades dont il ne verra jamais la réalisation. Tout a été décidé, tous sont acteurs dans le jeu et portent des rôles qui leur ont été assignés à leur insu, qu'il s'agisse des agents du Deep State, de Donald Trump ou de toutes les forces qui sont avec lui.

Epilogue

Quels risques avec le Deep State, et quels risques avec Donald Trump ? En nous fondant sur une méthode de réflexion qui privilégie la pensée dialectique, mais aussi en nous basant sur le déroulement de la dialectique de l'histoire qui expose sous nos yeux des scènes de conflits et de passions de toutes sortes qui font taches d'huile dans l'histoire, nous ne pouvons que nous rendre à l'évidence que toute l'humanité est très fermée au progrès. Nous sommes encore des animaux de la jungle qui nous battons pour la sauvegarde de nos avantages, et dans ces combats nécessaires à la survie de nos clans, comme dans la théorie évolutionniste de Darwin, il n'y a que les plus aptes qui puissent l'emporter. Mais pour l'emporter sur l'ennemi, il faut mobiliser toutes les ressources possibles, sans réserve, sinon on risque de se voir soit écrasé par l'autre, soit à force égale qui obligerait de concéder certaines parties et certains droits ; or, il ne doit y avoir ni concession, ni partage. On doit être seul, sans personne en face, ni même autour de soi. C'est la dure mais la sacro-sainte loi de la jungle.

Les empires se sont succédés dans l'histoire. Quand on les observe suivant le mouvement dialectique qui les fait émerger, s'accroître et s'étendre dans l'histoire jusqu'à atteindre parfois une cime imposante, on les voit tous donner par la suite sur la courbe du temps des signes de faiblesse, puis décliner et enfin disparaître de la scène politique et historique. Il en va comme s'il y avait en deçà des paramètres historiques qui sous-tendent les différentes évolutions de ces puissances une force qui détermine de tels mouvements et à laquelle elles ne peuvent résister. Apparemment les causes du déclin et de la chute des pouvoirs, des puissances et des empires sont presque toujours les mêmes, sauf quelques exceptions. Néanmoins, quand on étudie ou observe le dernier mouvement politico-historique qui a fondé les sociétés modernes depuis 1789, puis le foisonnement d'études qui sont consacrées aux causes historiques et sociales qui sont à l'origine de la déstabilisation et du renversement des régimes et enfin la politisation et la policiarisation d'agents fidélisés pour être les garde-fous du système impérial occidental, on ne s'imaginait pas que ce système pourrait un jour pâtir. Or, c'est ce à quoi on assiste aujourd'hui, le système occidental s'ébranle à une vitesse éclair qui surprend tous indistinctement. C'est que les mêmes causes qu'on dit produire les mêmes effets ont échappé à l'arrogance de l'Occident qui les percevait comme des épiphénomènes minimes qui ne pouvaient ébranler sa très solide superstructure. Mais hélas, il y avait en deçà des phénomènes des causes invisibles, méprisables ou méprisées qui ont sévèrement fissuré les structures au point où tout semble irréversible.

Le Sud global n'était pas prévu, et pire c'est qu'il sera aidé par l'Ouest, nous dit Daniel 11. Oui, effectivement le Sud gagnera face au Nord, et cela quoique puisse faire ce dernier d'où sera issu de l'aide attribuée au Sud. Sans être de connivence avec Vladimir Poutine, je le dis, suivant mon interprétation du Chapitre 11 du livre de Daniel, que Donald Trump ou tout autre que lui apportera en ces temps-ci une aide conséquente et substantielle à la Russie dans le mouvement de libération des peuples opprimés du monde. Soyons clair pour encore une fois sur ce point. Je dis qu'ils ne sont pas de bonne intelligence entre eux pour mener un tel mouvement, et il pourrait advenir même que Trump regrette par la suite d'avoir été, sans se rendre compte, un instrument dans la dislocation du bloc occidental.

Mais quelle est cette aide que le bloc de l'Ouest apportera-t-il au Sud et pourquoi pensons-nous qu'il pourrait effectivement s'agir de Donald Trump ? En ayant mis environ deux décennies à étudier ce texte, – d'ailleurs, je dois dire qu'il est facile de vérifier tous les mouvements historiques prônés dans ce texte depuis Alexandre le Grand – j'ai accordé une importance particulière à suivre les événements politiques et les phénomènes géopolitiques de ces vingt dernières années que j'ai étudiées à la lumière de ce texte, ainsi que de celui d'Apocalypse 12, et j'ai compris que tout a été mis en place pour ce qui arrive. En effet, j'ai dit que les éléments du Deep State, qui ont amené les choses au point où elles sont dans leur orgueil, leur arrogance et le mépris des autres, n'ont que les leviers d'une guerre mondiale pour éviter, d'après eux, le démantèlement de l'Occident. Mais la troisième guerre mondiale ne pourra être que nucléaire, et

Vladimir Poutine prévient qu'il n'y aura ni gagnant, ni perdant dans une pareille guerre. Néanmoins, pour réparer leur erreur d'avoir conduit le monde à ce point de détestation de l'Occident et éviter qu'une autre puissance ou un autre bloc vienne asseoir l'Occident, ils seront prêts à aller jusqu'à un holocauste général de l'humanité. Mais les Etats-Unis qui restent la seule puissance à pouvoir se mesurer avec la Russie sur fond d'une guerre nucléaire et donner l'assaut pour une telle folie va revenir à l'équipe de Donald Trump qui ne veut pas faire de guerre. Par sa politique de pacification du monde et de non-gendarmisation de la planète par les USA, Donald Trump volera, sans le savoir, au secours du mouvement du Sud Global qui profitera de cette période de paix pour s'édifier et se solidifier, et c'est ainsi qu'il va faire tomber le monde de l'Ouest. L'opposition à Donald Trump, qui sera écartée du pouvoir pendant un certain temps avant de se reconstruire, lui fera porter la charge de la chute de l'Occident, alors qu'en réalité ce sont ses adversaires eux-mêmes qui ont amené et les Etats-Unis et l'Occident dans son ensemble à cette grande défaite qu'il devrait essuyer prochainement. Mais seraient-ils capables de gagner la guerre contre la Russie eux-mêmes ? Tout porte à croire que si l'ensemble des nations occidentales se mettent en guerre contre la Russie, elles gagneraient. Mais quand Vladimir Poutine dit qu'il n'y aurait ni perdant, ni gagnant dans cette guerre nucléaire, n'a-t-il pas raison ? Et puis, la force invisible qui est la Cause première qui détermine les choses, a-t-elle laissé la chance qu'on en vienne pour le moment présent à cette guerre ?

Somme toute, Donald Trump est une menace pour le Deep State dans son ensemble, mais aussi, et malheureusement à son insu, pour l'Occident à la chute duquel il participera sans le vouloir, ni le savoir, à travers sa philosophie d'un monde sans guerre, ou du moins sans guerre conduite par les impérialistes. Mais comme je l'ai dit, au beau milieu de son illusion d'un monde pacifié, sans guerre ni violence, il pourrait advenir qu'il regrette d'avoir contribué de quelque manière au retrait de l'Occident de la scène mondiale où il parlait ex cathedra pour les peuples du monde. Pour l'instant, Donald Trump ignore à quoi la force toute-puissante qui dirige l'histoire l'appelle, mais il aura vu bientôt quel était son rôle dans l'histoire des Etats-Unis et de l'humanité. Voilà la menace qu'il représente réellement, ce n'est pas vraiment tout ce qu'on dit de lui. A vous de juger à qui rendra-t-il service et qui desservira-t-il !

Sources

YouTube :

Pour la vérification des sources, le "l" se confondant avec le "I" majuscule, s'il venait qu'une source comportant l'une de ces lettres affiche un message d'erreur, prière d'interchanger l'une par l'autre de ces lettres, s'il vous plaît.

- The Sun : President Trump does coin toss at Army-Navy football game ; 13.12.2020 ; https://youtu.be/ZIxi5VGvnbA
- Robert Gouveia Esq. : Tucker gets 41,000 hours of J6 footage ; 21.02.2023 ; https://youtu.be/PPa84V8aYD4
- FOX Business : 'How could we not impeach Biden ?' GOP rep. rips bombshell over Hunter Laptop ; 21.04.2023 ; https://youtu.be/2Scmlt6Oz74
- Fox News : The scandal in Biden's White House ; 21.04.2023 ; https://youtu.be/Cp28mhkGcyE
- Fox News : This Hunter Biden news could lead to indictments : Concha ; 21.04.2023 ; https://youtu.be/a3moE8U-rD4
- Fox News : Ainsley Earhardt : Merrick Garland could be in trouble if this is true ; 21.04.2023 ; https://youtu.be/resu47dWUz8
- Stephen Gardner : Biden just made a big mistake ! ; 21.04.2023 ; https://youtu.be/zvGK1aEwfUk
- France 24 : Fausses informations, à quel prix ? ; 19.04.2023 (sur les 800 millions que Fox News a payé à Dominion) ; https://youtu.be/FvusscBUH-0
- Fox News : FBI, CIA crossed a red line ; 16.05.2023 (l'enquête de John Durham sur la collusion Trump-Russe) ; https://youtu.be/FGp8qLOjDQc
- WION : 'FBI lacked actuel evidence' : U.S. prosecutor says Trump-Russia probe relied on opponents' tips ; 16.05.2023 ; https://youtu.be/K98oO5QBvDE
- Fox News : Hannity : The Russia 'histeria' has end ; 16.05.2023 ; https://youtu.be/p4yDtRw1xgA

- Fox News : Former Trump campaign adviser : This is a profound indictment of the intel community ; 16.05.2023 ; https://youtu.be/12pzKrMRSF4
- Sky News Australia : 'Witch hunt' : Durham's damning findings on FBI Trump-Russia probe revealed ; 16.05.2023 ; https://youtu.be/22jhcq0XgHE
- Fox News : Seen and unseen : Oprah took a page from Biden's book ; 16.05.2023 ; https://youtu.be/TqukCR3SIbk
- Forbes Breaking News : Exclusive : Alan Dershowitz responds to Durham report ; 16.05.2023 ; https://youtu.be/CjyHim9xk6Y
- Fox News : Durham report : Schiff staffer reportedly intimidated researcher over Trump-Russia ties ; 17.05.2023 ; https://youtu.be/oSXhRKA_XIE
- Fox News : How Durham proved the FBI rigged the 2020 election | Will Cain podcast ; 17.05.2023 ; https://youtu.be/BCdD8Y9fhq8
- Forbes Breaking News : Donald Trump lays out case that Pelosi is to blame for failure to get troops on Capitol grounds on Jan.6 ; 17.05.2023 ; https://youtu.be/-sizoyk55m0
- Forbes Breaking News : Kennedy delivers epic rant against 'assault' on Supreme Court, shreds Dem witness ; 17.05.2023 ; https://youtu.be/Qr7ipXGp-80
- Forbes Breaking News : Just in : John Kennedy explodes at Schumer, Dems 'Loon wing' for 'threats' against Supreme Court ; 02.05.2023 ; https://youtu.be/4-WxWdKn-aM (Sur les menaces que C. Schumer avait lancées contre les Juges Gorsuch et Kavanaugh en 2020)
- Forbes Breaking News : Matt Gaetz plays shoking video of whistleblower, alleges 'political capture' of FBI ; 18.05.2023 ; https://youtu.be/4uw0PYwk0x0
- Next Level Soul Podcat : Gregg Braden : Nouvelles preuves ! La vérité choquante sur la façon dont ils ont construits les … ; 27.04.2023 ; https://youtu.be/mwCsW2VgEPg
- Fox News : 'Reckless' : Bill Barr has words for Trump over handling of classified docs ; 11.06.2023 ; https://youtu.be/-eE7WIC3ArE

- NTD (@LaetitiaRodriguesNA) : « Donald Trump a mis en danger les Etats-Unis » : l'ancien président dément les accusations ; 12.05.2023 ; https://youtu.be/5NxDJ6qxObg
- Robert Gouveia Esq. : Trump defense details special prosecutor misconduct by Jay Bratt ; 12.06.2023 ; https://youtu.be/gUzpLmbUIoE
- Forbes Breaking News : 'He knows the indictment is total bulls --- !' : Trump explodes on Bill Barr in new video ; 17.06.2023 ; https://youtu.be/vLzt2dWGCUo
- Fox News : Joe Biden sworn in as president of the United States ; 20.01.2021 ; https://youtu.be/gEWRqXZajW8
- Fox News : Presidential Biden's inaugural adress | Full remarks ; 20.01.2021 ; https://youtu.be/2oYYN-GZBYk
- FOX Business : GOP lawmaker calls out a potential 'real mistake' for Democrats ; 03.08.2023 ; https://youtu.be/3IRdHgVqI7M
- Fox News : Trump claims 'I need more indictment' to win 2024 ; 04.08.2023 ; https://youtu.be/IHkeyNKuXoc
- Fox News : 'Tired of it' : Voters sound off after latest attacks on Trump ; 03.08.2023 ; https://youtu.be/ji3_6mqsRJo
- Fox News : We're more focused on 'workeness' than military readiness : Robert Charles ; 04.08.2023 ; https://youtu.be/EMLvKZnCO4Q
- FilmlsNow Movies : Governments and media role in war propaganda | The war you don't see | John Pilger Documentary ; 20.07.2023 ; https://youtu.be/5mDuxFnn2RY
- Robert Gouveia Esq. : Former Capitol police chief : It was a cover-up ; 05.08.2023 ; https://youtu.be/ddZ7XtoJcuA
- Liberal Hivemind : Wow. Tucker Carlson just release dit all !! Blows the lid on Nancy Pelosi's Sham !!! ; 12.08.2023 ; https://youtu.be/oIDZ9NVZMLA
- TheDC Shorts : Tucker interviews former Capitol police chief about what really happened on January 6th ; 11.08.2023 ; https://youtu.be/W9R9oysRLK4
- FORGOTTEN HISTORY : Least corrupt : Donald J. Trump – Part I – Forgotten history ; 27.12.2023 ; https://youtu.be/97eFJBsC4Sc?si=ee6QVkGcHk2c3c-1

- Robert Gouveia : Michael Cohen admits to creating fake cases with AI but "didn't know" ; 02.01.2024 ; https://youtu.be/Dwlb8uGC0kA?si=mHuzEE4RIFqNH-f
- Stephen Gardner : Trump was right, the election looks rigged !; 03.01.2024 ; https://youtu.be/0tuw0psAIc0?si=xY3Ru_N9dZ6vrick
- Le Figaro : Donald Trump a-t-il des chances d'être élu en 2024 ?; 10.01.2024 ; https://youtu.be/0m4kpbzfp0Q?si=11J9JFKXaVzT0SPe
- PBS NewsHour : What Supreme Court justices signaled in hearing on removing Trump from Colorado ; 09.02.2024 ; https://youtu.be/pYUhk-I81ZI?si=dfxOOkYu075mlH4h
- Redacted : Putin about to drop a bombshell on Hillary Clinton in Tucker Carlson interview ? 09.02.2024 ; https://youtu.be/swL9QYbNLU?si=TFyT8sURSRdL_Kj
- Forbes Breaking News : Massie Presses Jan.6 Committee Chair Bennie Thompson about pipe bombs at DNC and RNC on January 6 ; 06.02.2024 ; https://youtu.be/Q-YGSWbXfbY?si=pNtFg2hwd3hHix9k
- The Daily Signal : Former Capitol police officer speaks out about Jan. 6 protest ; 28.03.2023 ; https://youtu.be/qkCUHHInv58?si=5GLq2UJjeVewZT9n
- France 24 : Le débat : Donald Trump inéligible ? 08.02.2024 ; https://youtu.be/wwKHM2R1hZw?si=PdIWKtMNyVuTNLPp
- The Telegraph : Nancy Pelosi says she will 'puch' Trump and happily 'go to jail' in new Capitol riots footage ; 14.10.2022 ; https://youtu.be/B0Phr6rsRh0?si=yGfOvjUftq6-7fcy
- Public Sénat : Trmp/Biden : la démocratie américaine est-elle malade ? 15.02.2024 ; https://youtu.be/UIqYG_bO0ZI?si=CXaj5uWNMAmLbiwF
- Stephen Gardner : Top Democrat reveals plan to remove Trump from all ballots !06.03.2024 ; https://www.youtube.com/live/ee6FMUDiRts?si=XeeASwesXR2IxL2_
- Bombshell dropped today in GA Senate Fani Willis hearing ! Kamala & Fani meeting exposed ! 06.03.2024 ; https://youtu.be/9jSD4_C1WJA?si=lqfl5nKpzddz6XKr

- Tucker Carlson Tonight 3/7/24 | Tucker Carlson tonight March 7, 2024 ; https://youtu.be/D1x-az6eY04?si=OAhtfJDkUbTVJz-J (sur les bombes placées non loin du Capitole : vidéo non disponible)
- Tucker Carlson Tonight March 14, 2024 ; https://youtu.be/jGAw2jdocYY?si=VsTmtLpWZRnWJ09Y (Tucker entretien avec Jacob Chansley : video non disponible)
- Watch MTGgets up and destroy Pelosi with shocking claim on Jan. 6 ; https://youtu.be/S-wbt0rwL-U?si=Cm7Xd6eMmI3DjYwg (vidéo non disponible, le compte a été clôturé).
- Redacted : "Biden will drop out of the 2024 election" and this is their plan to replace him ; 13.06.2024 ; https://youtu.be/SQxAjgyBeR0?si=M9Rjp_BO_9810rNs
- David Foster : Why does the US want war with Russia ? The truth ! | v012 ; 08.06.2024 ; https://www.youtube.com/live/Ke16ttwfXu4?si=yPcxcBGsi2hafgyy
- Michael Duffy : Judge Merchan freaks out after facing to be disbarred after juror ; 13.06.2024 ; https://youtu.be/N85pKbJsIqk?si=Dp9Y4EHH12k-qIeB
- Robert Gouveia Esq. : Trump exonerated after J6 timeline proves Cheney and Pelosi lied ; 17.06.2024 ; https://youtu.be/epz2n5UKT8U?si=rh92-ki-xeW5I2tu
- Garland "starts babbling" when Gaetz & Jordan exposed DOJ's role in Trump ... https://youtu.be/W648IgukNqc?si=8B3d1ZHw47KYtIX7 (vidéo non disponible)
- Robert Gouveia Esq. : Prosecutors destroyed Trump evidence and must be punished ; 03.07.2024 ; https://youtu.be/KU0fUgLDnf8?si=0pDAWo7tT0S-pJrb
- Johnny Harris : The "Deep State" explained ; 13.03.2024 ; https://youtu.be/tWxh2oS7Ays?si=VvUMsiyKI7pq1Ueg
- Garland "trembling in fear"after Hawley exposes his lack of knowledge ; https://youtu.be/chNI4-eveLM?si=I5qBtD8j00m2iPtZ (video non disponible)
- Robert Gouveia Esq. Garland sued to force release of Biden audio tapes ; 04.07.2024 ; https://youtu.be/A4Xjtqzzw4?si=kDYwncTNT3IQNb0P

- Sky News Australia : Left threatens Donald Trump with 'assassination' following debate week ; 04.07.2024 ; https://youtu.be/IFjXC3hHk_s?si=hMSOU1pGjrxJ8i0r
- Stephen Gardner : You won't believe what Pelosi did to save herself ! 09.07.2024 ; https://youtu.be/KutEmYn7VEg?si=XD7AI3QgEMIw-0Xw
- True Geordie : The real reason they tried to assassinate Donald Trump ; 14.07.2024 ; https://youtu.be/N65ttfW-s10?si=inVhHpoBu1MaDXaO
- Redacted : "They waited 42 second to shoot Trump's assassin" New questions eme ; 14.07.2024 ; https://youtu.be/5t9Qc3MOPww?si=1y0DGf2Ut9HB97-F
- NBC News : Full interview : President Joe Biden interviewed by Lester Holt ; 16.07.2024 ; https://www.youtube.com/live/iUSmk1SqEu8?si=67CgRozn-_S9LSlt
- MSNBC : 'Combative' : see Rachel Maddow and colleagues react to Joe Biden's interview with NBC's Lester Holt ; 16.07.2024 : https://youtu.be/loKDL47gZr0?si=7nWks0sXaJy9xglt
- Trump shooting an inside job !? Special Forces Sniper speaks out ! https://youtu.be/KMk8CPgewM4?si=RPBjfECAnk-ZCCh0 (vidéo supprimé pour non respect de règlement)
- Jesse ON FIRE : FBI connected directly to Donald Trump assassination attempt in new ; 19.07.2024 ; https://youtu.be/D5MDzmxJquQ?si=V1qwK55WzbvxqYEW
- NissCee.Social : The story just got worse ... there's no way he acted alone against Trump ; 19.07.2024 ; https://youtu.be/baJPnJMN5eE?si=dMXHRxmoQ5HvZRdW
- People Says : USA Victoria Nuland – three days before the assassination attempt on Trump (Quotes) ; 17.07.2024 ; https://youtu.be/Q4ybXyujBps?si=dOQo0ovDql-B_aTJ
- WSJ News : Pelosi : 'Time is running short' for Biden's decision to remain in race ; 10.07.2024 ; https://youtu.be/tp5rARgeHd8?si=O414mnPtry1pXeBt
- CNN : Reporter asks Pelosi if Biden has her support. Hear her response ; 10.07.2024 ;

https://youtu.be/h_xOhxMqWIE?si=6H0HxvaoBIwEdMU9
- The Rubin Report : Watch host's head explode when Nancy Pelosi confirms this insane rumor ; 04.09.2024 ; https://youtu.be/Z8bVQ5wcMI8?si=gnFy-effVMFq8Fsz
- Chaîne officielle TVL : Etats-Unis : un climat de guerre civile – Le nouveau passé-présent, 14.02.2023 https://youtu.be/-EtD2_LCGVs
- Sud Radio : Michel Maffesoli – "Les élites sentent leur fin et deviennent totalitaires !", 14.02.2023 ; https://youtu.be/bYr0eoZgSm4
- Le Figaro : L'idéologie transgenre est-elle une menace ?, 10.02.2023 ; https://youtu.be/LGN0RCvG7bQ
- Epoch Times France : « Tous les mensonges finiront par tomber », Véronique Bouzou ; 31.01.2022 ; https://youtu.be/AicvTt7KCIU
- Epoch Times France : Alexandre del Valle : « Il y a une domination totale des élites mondialistes en Europe ! » ; 15.11.2021 ; https://youtu.be/zjtG111tayQ
- Dialogue Franco-Russe : Fabrication de l'ennemi dans les démocraties qui vendent la guerre par P. Conesa et J-R Raviot ; 16.02.2023 ; https://youtu.be/oe5-8Fdzr_o
- Sud Radio : Caroline Galacteros – Ukraine – "L'Europe doit accepter le monde multipolaire sinon elle va mourir" ; 20.02.2023 ; https://youtu.be/pzPv6wXnbHc
- Union Populaire Républicaine : Poutine / Biden, le choc des civilisations ; 22.02.2023 ; https://youtu.be/V9ilk1DIUOE
- Sud Radio : André Bercoff : "Après les transgenres, il y a les xénogenres, maintenant homme, femme, c'est cliché ; 20.02.2023 ; https://youtu.be/pveom1kcet4
- Europe 1 : Guerre en Ukraine : "Nous ne sommes pas le camp du bien" (Henri Guaino) ; 26.02.2023 ; https://youtu.be/DYMo9bZWVHo
- Dialogue Franco-Russe : Jacques Baud : 1 an de conflit russo-ukrainien. Partie 1 ; 27.02.2023 ; https://youtu.be/CMiiovvEpj0
- Dialogue Franco-Russe : Jacques Baud : 1 an de conflit russo-ukrainien. Partie 2 ; 01.03.2023 ; https://youtu.be/mt9XIRSQf2s

- Chaîne officielle TVL : Ukraine, Otan, Afrique : la France en déclin – François Asselineau dans le Samedi politique ; 04.03.2023 ; https://youtu.be/Fyh6N4WSQ1g
- LCI : Donald Trump inculpé : quelles sont les prochaines étapes ? ; 31.03.202 ; https://youtu.be/oLOncqBBsVU
- MoneyRadar : La redoutable alliance qui bouleverse l'Ordre mondial – Documentaire ; 07.04.2023 ; https://youtu.be/Yw87B_v5n2A
- Chaîne officielle : Russie-Ukraine : c'est l'industrie qui va gagner la guerre – Le plus d'Eléments ; 07.04.2023 ; https://youtu.be/yoJ32JMUV5c
- David Woo Unbound : Global North and Global South at war ?; 01.05.2023 ; https://youtu.be/pFq4QbOUkMo
- Notre Monde : ONU, impunité à tous les étages – Scandale – Corruption – Argent public – Documentaire monde – MP ; 03.05.2023 ; https://youtu.be/zGcxBfTCJbc
- LCI : Armes : Moscou – Pékin – Pyongyang, le nouvel axe ; 16.08.2023 ; https://youtu.be/QYNHu0SRX90
- Europe 1 : Figaro Magazine : Nicolas Sarkozy parle de l'Ukraine et des questions internationales ; 16.08.2023 ; https://youtu.be/Sxddp3H4NuE
- Europe 1 : Nicolas Sarkozy invité exceptionnel de l'émission "Pascal Praud et vous" sur Europe 1 ; 29.08.2023 (Partie 1) ; https://youtu.be/NciAht3p0Oo?si=mHU2LNE4t180VKzo
- Sud Radio : Bercoff dans tous ses états – Emission du 29.08.2023 avec Jean-Paul Gourevitch (sur l'arrogance et la décadence de l'Occident) ; https://youtu.be/S5eEBSB5u-g?si=qXGne1Lwhy6B6hg
- LCI : Une attaque russe ? L'OTAN s'y prépare ; 15.01.2024 ; https://youtu.be/M71s-fIUII4?si=ZpJq4QQiH1FiP4V5
- NeoEconomicus : PIB en PPA : La Russie surprend l'Occident, une explication économique ; 07.01.2024 ; https://youtu.be/o_oKMjEHac?si=7xEWF28-vA7i67xT
- SaneVox Français ; 10.01.2024 ; La fin de l'hégémonie américaine au Moyen-Orient | L'ambassadeur américain Chas Freeman ; https://youtu.be/i5pUOEJGR-I?si=kcKkybNfbU6nUaV4
- Nicolas Dupont-Aignan : Les stupéfiantes révélations du Forum de Davos 2024 ! ; 21.01.2024 ;

https://youtu.be/DV_EeMOaatk?si=yKUqh-VbEdoO6HGB
- Russie-OTAN : une guerre dans quelques années ? 25.01.2024 ; https://youtu.be/B6En6uyLEvo?si=knmXzmNBuimAqal
- Chaîne officielle TVL : Ukraine : le coup de grâce européen – Nicolas Dupont-Aignan dans le Samedi politique ; 03.02.2024 ; https://youtu.be/FCiKSXQ7-_Y?si=-aC3CN74cYi1z3aO
- Europe 1 : Alain Bauer : "Depuis 20 ans la Russie se prépare à un conflit majeur avec l'Occident" ; 27.02.2024 ; https://youtu.be/_KrwQz5wI2s?si=PZBuCeSYqgcS457
- Nucléaire : la nouvelle doctrine russe qui inquiète ; 02.03.2024 (Lloyd Austin prévient que si l'Ukraine perd, l'OTAN entrera en guerre contre la Russie) ; https://youtu.be/LL-n7VORC34?si=OX6AMUV7MJQxwNAe
- LCI : "Une escalade qui peut être mortelle" : la mise en garde de Dominique de Villepin sur LCI ; 08.03.2024 ; https://youtu.be/_YnkZkBCKeM?si=O7HBbHkqp52eDiC
- Europe 1 : Henri Guaino sur le soutien français à l'Ukraine : "Face à une défaillance intellectuelle terrible ; 13.03.2024 ; https://youtu.be/mFeXueKk7nI?si=tDI2z_2N8evSIPcD
- Chaîne officielle TVL : Ces oligarques milliardaires qui possèdent les médias – Le nouvel I-Média – TVL ; 21.03.2024 ; https://youtu.be/-GVs09W7BBc?si=waJr82gr6gYsOg78
- Donald Trump : l'histoire de la famille qui veut détruire l'Etat profond ; 23.03.2024 ; https://youtu.be/Gy94swKBKS0?si=NDt00fs7_QD7YBTN
- Chaîne officielle TVL : Ukraine : la dangereuse décrépitude de l'Occident – Caroline Galactéros dans le Samedi politique ; 08.06.2024 ; https://youtu.be/19sgqcwh46M?si=uJTmldvYMwWC681-
- Europe 1 : Face à Philippe De Villiers – L'émission intégrale du 31 mai 2024 ; https://youtu.be/r5os96zCBpo?si=GTehCtqBD5QL6N3Z

- Chaîne officielle TVL : Attentat contre Trump : les médias responsables ? Le Nouvel I-Média – TVL ; 18.07.2024 ; https://youtu.be/f3m-TPWRDAY?si=-W5HCzdfsJR-IVFp

Articles de journal écrit :

- 20 Minutes : Donald Trump visé par l'enquête sur l'assaut du Capitole ; 18.07.2023.
- SWI swissinfo.ch : L'état déplorable du monde : un emballement bien réel de crises ou une vision trop alarmiste ?; https://www.swissinfo.ch/fre/I-%C3%A9tat-%C3%A9plorable-du-monde--un-emballement-bien-r%C3%A9el-de-crises-ou-une-vision-trop-alarmiste-/49100078
- The Tennessee Star : 10 Revelations that changed Americans' understanding of events on January 6 ; 14.12.2023 ; https://tennesseestar.com/news/10-revelations-that-changed-americans-understanding-of-events-on-january-6/jtnews/2023/12/14/
- Forbes : New Jan. 6 videos released launching wild conspiracies from the far right ; 19.11.2023 ; https://www.forbes.com/sites/saradorn/2023/11/19/new-jan-6-videos-released-launching-wild-conspiracies-from-the-far-right/
- The FEDERALIST : 7 revelations from ex-Capitol police chief that explode Democrats Jan. 6 narrative ; 11.08.2023 ; https://thefederalist.com/2023/08/11/7-revelations-from-ex-capitol-police-chief-that-explode-democrats-jan-6-narrative/
- Palmer Report : Disturbing new revelations in January 6th attack ; 06.03.2023 ; https://www.palmerreport.com/analusis/disturbing-new-revelations-in-january-6th-attack/49207/
- Eightify : New J6 videos raise questions about credibility of witnesses – Eightify ; https://eightify.app/summary/politics-and-government/new-j6-videos-raise-questions-about-credibility-of-witnesses
- TPM : Jan. 6 Committee : Public can expect new 'bombshell' revelations during hearings ; 05.06.2022 ;

https://talkingpointsmemo.com/news/january-6-committee-schiff-cheney-revelations-public-hearings
- Public Notice : The state of right-wing extremism nearly 3 years after J6 ; 15.09.2023 ; https://www.publicnotice.co/p/andy-campbell-interview-proud-boys-jan-6-tarrio
- The Sean Casey Show : Episode 597-The Casey commentary (10 revelations about January 6 ; https://player.fm/series/the-sean-casey-show/episode-597-the-casey-commentary-10-revelations-about-j6
- ANTIFA Warlord John Sullivan admits orchestrating J6 plan to take down trump in video confession ; 19.11.2023 ; https://original.newsbreak.com/@jack-farad-1818612/3235851606358-antifa-warlord-john-sullivan-admits-orchestrating-j6-plan-to-take-down-trump-in-video-confession
- Accountable.us : Ahead of final J6 report, analysis finds corporate interests gave $34M+ to election deniers after insurrection ; 21.12.2022 ; https://accountable.us/ahead-of-final-j6-report-analysis-finds-corporate-interests-gave-34m-to-election-deniers-after-insurrection/
- Amazon : Another J6 lie is blown-up and Hunters lawyers lied tothe court ; https://www.amazon.fr/Another-blown-up-Hunters-lawyers-Episode/dp/B0CCPQR484
- FIGAROVOX : Goldnadel : « Pour la majorité de la population mondiale, la colonisation occidentale incarne désormais le mal absolu ; 23.01.2024 ; https://www.lefigaro.fr/vox/monde/goldnadel-pour-la-majorite-de-la-population-mondiale-la-colonisation-occidentale-incarne-desormais-le-mal-absolu-20240122
- NBC News : Pelosi said in new Jan. 6 video she wanted to 'punch' Trump out ; 14.10.2022 ; https://www.nbcnews.com/politics/congress/pelosi-said-new-jan-6-video-wanted-punch-trump-rcna52247
- RollingStone : Pelosi wanted Trump at Capitol on Jan. 6 … So she could 'punch him out ; 14.10.2022 ; https://www.rollingstone.com/politics/politics-news/pelosi-wanted-punch-out-trump-capitol-jan-6-1234611135/
- The Hill : Pelosi on whether she would've punched Trump on Jan. 6 : He didn't have 'the courage to come to the hill' ;

19.10.2022 ; https://thehill.com/homesnews/house/3695945-pelosi-on-whether-she-wouldve-punched-trump-on-jan-6-he-didnt-have-the-courage-to-come-to-the-hill/
- Washington Post : Pelosi said she wanted to punch Trump as Jan. 6 riaot began, video shows ; 14.10.2022 ; https://www.washingtonpost.com/national-security/2022/10/14/pelosi-punch-trump-footage-jan-6/
- Agenzia Nova : Trump confond sa rivale républicaine Haley avec Nancy Pelosi ; 20.01.2024 ; https://www.agenzianova.com/fr/news/Trump-confond-sa-rivale-r%C3%A9publicaine-Haley-avec-Nancy-Pelosi/
- BFM TV : Donald Trump : la Cour Suprême se saisit de la question de l'immunité de l'ex-président américain ; 28.02.2024 ; https://www.bfmtv.com/international/amerique-nord/etats-unis/elections-americaines/donald-trump-la-cour-supreme-se-saisit-de-la-quest-ion-de-limmunite-penale-de-l-ex-president-americain_AD202402281029.html
- France Info : Présidentielle aux Etats-Unis : Joe Biden assure que Donald Trump n'acceptera pas le résultat du scrutin ; 09.05.2024 ; https://www.fancetvinfo.fr/monde/usa/presidentielle/donald-trump/presidentielle-aux-etats-unis-joe-biden-assure-que-donald-trump-n-acceptera-pas-le-resultat-du-scrutin_6534059.html
- BFM TV: Présidentielle américaine : une vidéo mentionne un "Reich unifié" sur un compte de Donald Trump ; 21.05.2024 ; https://www.bfmtv.com/international/amerique-nord/etats-unis/elections-americaines/presidentielle-americaine-une-video-mentionne-un-reich-unifie-sur-un-compte-de-denald-trump_AD-202405210230.html

Milton Keynes UK
Ingram Content Group UK Ltd.
UKHW020829231024
450026UK00004B/479

Take the Risk

Evangeline Crowe

Published by Evangeline Crowe, 2024.

This is a work of fiction. Similarities to real people, places, or events are entirely coincidental.

TAKE THE RISK

First edition. October 9, 2024.

Copyright © 2024 Evangeline Crowe.

ISBN: 979-8227639318

Written by Evangeline Crowe.